四川大学一流学科建设专项经费资助

范式转换与史学新探

Paradigm Shifts and New Approaches in History

原祖杰　主编

四川大学出版社

项目策划：李思莹　于　俊
责任编辑：张　晶
责任校对：于　俊
封面设计：墨创文化
责任印制：王　炜

图书在版编目（CIP）数据

范式转换与史学新探 / 原祖杰主编. — 成都 : 四川大学出版社, 2020.3
ISBN 978-7-5690-3275-8

Ⅰ. ①范… Ⅱ. ①原… Ⅲ. ①史学史—西方国家—文集 Ⅳ. ①K091-53

中国版本图书馆 CIP 数据核字（2020）第 004904 号

书名　范式转换与史学新探
Fanshi Zhuanhuan yu Shixue Xintan

主　　编	原祖杰
出　　版	四川大学出版社
地　　址	成都市一环路南一段 24 号（610065）
发　　行	四川大学出版社
书　　号	ISBN 978-7-5690-3275-8
印前制作	跨　克
印　　刷	四川盛图彩色印刷有限公司
成品尺寸	170 mm×240 mm
插　　页	1
印　　张	16.5
字　　数	324 千字
版　　次	2020 年 4 月第 1 版
印　　次	2020 年 4 月第 1 次印刷
定　　价	78.00 元

◆ 读者邮购本书，请与本社发行科联系。
电话：(028)85408408/(028)85401670/
(028)86408023　邮政编码：610065
◆ 本社图书如有印装质量问题，请寄回出版社调换。
◆ 网址：http://press.scu.edu.cn

四川大学出版社
微信公众号

编者说明

四川大学世界史学科具有悠久的历史，卢剑波、赵卫邦、谭英华、杨宗遂、顾学稼等老一辈学者为这一学科奠定了坚实的学术基础，经过一代代学者的努力，四川大学世界史学科在当今国内世界史学界占据了重要的地位。

2011年四川大学世界史学科成为一级学科博士学位授权点，目前世界史专业已形成培育本科、硕士、博士和博士后等专门人才的完整培养体系，已拥有一支结构合理的高素质学术科研队伍。经过长期的积淀，四川大学世界史学科已形成鲜明的学科特色，拥有独特的研究专长，在西方近代史学史、文艺复兴史、美国史、南亚史和中外交通史等领域的研究在国内外学术界产生了较大的影响。

为了展现近年来四川大学世界史同仁的学术成果，我们特地编选了这部论文集，名为《范式转换与史学新探》。接下来，我们将简述每一篇论文的核心内容。

张箭教授在《论古代中世纪的世界通用语》中以古代中世纪的四种世界通用语，即希腊语、拉丁语、汉语和阿拉伯语为研究对象，简述其形成、发展、盛衰和嬗变的历史，分析它们盛衰的原因，对其作为世界通用语的历史地位、积极作用和深远影响进行评价，概括四大语种在语言文字

上的特点，最后总结出世界通用语发展的五条规律，指出世界性大帝国与世界通用语之间既有必然的也有或然的关系。

庞霄骁博士在《贵霜帝国的城市与丝绸之路在南亚次大陆的拓展》中指出，贵霜帝国时期是中亚和西北印度历史上一个承前启后的重要阶段，也是其境内丝绸之路逐渐成形的关键时期；伴随着贵霜帝国的扩张，许多新兴城市得以在南亚次大陆的广阔区域出现，它们主要集中在以犍陀罗为中心的地区，与此同时，一些新的城市也在恒河中上游、印度河河口及克什米尔等地兴起。这些城市以点带线，这样基本上确定了丝绸之路在南亚次大陆的大致走向。

邹薇副教授在《拜占庭对古典医学的继承和发展》中认为，拜占庭医学一方面遵从古典医学经典的要义，继承了古典医学思想、医疗体系和诊治方法的传统；另一方面结合拜占庭帝国国情和文化特点予以发展，在病理机制、治疗方式、医学理念和药学研究等方面成果卓著，形成了不少颇有影响的医学著作；拜占庭医院的诞生标志着拜占庭医学在公共卫生领域达到了欧洲同期的最高水平，同时，拜占庭医院的管理理念和规章制度亦成为西方近代医疗机构形成中所效法的模式。

徐波教授在《传统事例史的兴衰与近代早期西方史学的转变》中主要探讨西方史学史上的“事例史”（exemplar history）。在他看来，所谓事例史，是指自古希腊、古罗马以来的西方传统历史学，它强调历史的实用作用和历史事例的教育效果。“事例史”这一术语是乔治·H. 纳德尔提出来的。徐波教授通过概述西方史学传统中“事例史”的兴衰过程，去探究近代早期西方史学转变的一个面向，即从把“历史”（historia）等同于“事件”（events）、在历史事例中寻求教益，再到把历史看作一个整体去追寻历史知识的过程。

刘耀春教授在《文艺复兴和巴洛克时期意大利城市广场的装饰符号：军事将领与君主的塑像》中探究了城市广场的装饰符号的政治意涵。刘耀春教授认为，自中世纪盛期开始，随着意大利城市的复兴和发展，城市广场再度焕发生机；在文艺复兴和巴洛克时期，意大利城市广场的装饰符号日趋丰富和成熟，从而形成了具有浓郁意大利特色的广场装饰文化；其中，军事将领与君主的塑像构成了意大利城市广场装饰文化的一个重要面向，它们不仅塑造了意大利城市广场的形态，而且对欧洲其他国家的城市广场文化也产生了较大的影响。

陈波教授在《西方“中华帝国”概念的起源（1516—1688）》中提醒我们，欧洲建构“中华帝国”（the Chinese Empire）话语经历了一个漫长的历史过程。元朝以后，因欧洲海员在16世纪初的航海活动中接触到“China”，欧洲知识界对中国政体的概念始有更新；巴博萨和传西栾那因触及明朝的维度不同，先后以“帝国”和“王国”的概念来理解“China”。1585年，门多萨基于朝贡制度的多级体系，指出“China”属帝国级别；此后经利玛窦、曾德昭、卫匡国而至柏应理，以帝国—王国等级比对、欧中概念对译和谱系建构等方法渐次建构出“中华帝国”这一概念，并以清朝接续之。但欧洲的帝国观基于军事暴力、政体等级，亦限于两级，与中国的政治经验相左，故无法解释中华体系；相反，中国政体模式则包容之。

石芳副研究员在《反启蒙运动的两种研究范式——反启蒙思想与反哲学运动》中指出，过去半个世纪中，思想史研究的一个趋势是重新认识和阐释对启蒙运动的抵制现象。基于研究方法和研究对象的不同，反启蒙运动研究形成了两种范式——“反启蒙思想”和“反哲学运动”。“反启蒙思想”，是对启蒙思想的对立面的思辨研究，依据传世经典，展开文本分析、抽象推理，对一些主要思想家的思想进行阐释，这是其主要研究方法。这种研究范式的代表人物是以赛亚·伯林。“反哲学运动”，则遵循思想观念的社会史研究范式，将反对启蒙思想家的人及其活动置于18世纪复杂的社会现实之中，发现思想在社会中生产、传播、被接受、被拒绝的方式和引起的反响。“反启蒙运动”这个概念已经成为一个非常方便的理论装备，但它很容易误导研究者，将他们引入一个截然对立的幻象之中。

王禹博士在《“大佬”拉福莱特与美国“进步主义运动”的悖论》中塑造了一种有别于以往的“进步主义运动”形象。在美国的进步主义运动中，罗伯特·M. 拉福莱特被认为是一位向“政治机器”和“大佬”们发起斗争的改革者。然而在很多他同时代的政治对手眼中以及不少政党政治的研究者笔下，他又成了一名政党“大佬”，手中掌握着一架不折不扣的“政治机器”。拉福莱特个人身上的这一看似非常矛盾的特质，其实也体现了美国“进步主义运动”的一个特征，甚至是这场改革运动的一大困境。在历史研究者，尤其是进步主义学派的学者们看来，进步主义是底层民众为改善经济条件、扩大民主参与而与“镀金时代”的僵化政治体制所做的一番斗争。“进步派”们通过一系列立法运动破坏了旧制度。然而在旧制度的废墟上，新制度是否已建立起来，新建立的制度能否跨越旧体制的藩篱，却是对进步派改革者们的一场考验。拉福莱特个人身上的矛盾性，在一定程度上解释了为何一些人认为“进步主义”是激进的，另一些人却认为它是保守的。

李若愚特聘副研究员在《陷入逻辑自洽困境的日本战后领土政策》中指出，当下日本与三个国家存在领土纠纷，其中在钓鱼岛问题和日俄北方领土问题上都出现过“搁置争议”的提法。然而，同样是“搁置争议”，日本的处理方法却截然不同。日本一面承认在北方领土上的“搁置争议”，一面又不惜篡改历史档案并否认中日间存在“搁置争议”的共识。这种罔顾事实的极端功利主义是日本外交的一个基本特征。然而事实永远只有一个，罔顾事实的谎言使得日本在钓鱼岛问题和北方领土问题上的陈述自相矛盾。

王磊副教授在《打破“双重边缘化”的困境——论当代苏格兰妇女的平等代表权运动》中揭示了苏格兰女权运动与苏格兰宪政改革之间的关联。他指出，自20世纪80年代以来，为了打破妇女“双重边缘化”的困境，苏格兰女权主义者积极参与苏格兰的宪政改革运动。该文以苏格兰妇女争取平等代表权为中心，从苏格兰女权运动与宪政改革运动相结合的视角，阐述苏格兰女权主义者争取妇女平等代表权的奋斗历程，从争取社会各界认可平等代表权的原则开始，再到其实施机制达成一致妥协结束。

辛旭副教授在《儿童与社会的相互建构：儿童史研究突破的一种可能》中总结出儿童史学科存在两种研究取向。“社会建构”取向认为童年概念并非生物性使然，而是一种文化产品，是不同时空之下的社会现象。“生活经验”取向基于对累世普遍共同的“人性”的强调，着意探讨具体时空之下的儿童生活与亲子关系，否认“情感革命”这种“断裂式”的论断。在辛旭副教授看来，无论哪种取径，儿童似乎只是一个“被动的”和“消极的”角色，儿童对社会的作用几乎完全被否定。辛旭副教授指出，我们可以在“社会建构论”的基础上提出“儿童—社会相互建构”的研究取向。该理论由两部分组成：（1）突破传统儿童史中的家庭史研究取向，将儿童置于更为广阔的社会环境中加以认知；（2）从成人世界对待儿童的认识、态度、实践和制度等方面，探讨处于“被动”和“消极”地位的儿童是怎样成为历史中的一个行动主体参与社会建构的。

刘祥博士在《西方史学界的人权史研究述评》中概述了西方史学界人

权史研究的大量成果：西方史学界的人权史研究兴起于20世纪90年代，主要受国际局势和史学研究趋势的双重影响；已有研究试图在20世纪40年代之前的权利观念与社会及政治运动的互动中探寻人权的起源，40年代“人权革命”中国家、非政府组织及个人如何处理人权理念与国家利益、国际和平的关系也受到学者关注；西方史学界还考察了20世纪五六十年代人权在国际、区域及国家三个层次的不同历史进程及其影响；关注20世纪70年代全球范围内人权“突破”的学者则重新审视整个人权史脉络，提出了颠覆性看法，引发了激烈争议。

由于篇幅限制，我们仅编选了部分同仁的高水平论文，既有资深教授的大作，也有青年教师的重要成果。可以说，四川大学世界史学科的传承和发展在这本论文集中得到了淋漓尽致的体现。

目录

CONTENTS

论古代中世纪的世界通用语

张 箭*

自从有了人类，就有了语言。由于人类起源于不同区域，又散布于各地，各地的语言一开始便各不相通。《旧约·创世纪》说语言众多是由于上帝担心人们齐心协力把巴别塔（Babel，通天塔）修到天上，便搅乱了人们的语言。这只是一种神话。到了阶级社会，国家和早期民族形成后，也就有了国家的官方行政语言、文字和民族共同语。语言不通往往是确定一个“外国人”“异族人”的主要标志。随着国家的发展和民族的成长，国家民族之间交往的发生、发展以及国家的扩张，一些国家、民族的语言文字便发展为局部世界的通用语文。两河流域的阿卡德语和楔形文字、南亚的梵语梵文、西亚的阿拉米语，都曾成为局部世界的通用语文。但它们的流传和使用范围基本上还局限于有亲缘关系的民族之间，地理上也没有突破大洲、大海、大山脉和大沙漠的限制，且其母语民族没多久就被混血，失去了原来的语言特性，故它们只是局部世界的比较短暂的国际通用语。这种情况也是受生产力发展水平制约的。当时还主要使用青铜器，没有或

* 张箭，四川大学历史文化学院教授，研究方向为世界中世纪史、基督教史、中国中古史、中西交通和比较。

没有普遍使用铁器，这几种语言文字扩展和传播的物质基础是很有限的。

一、古代地中海世界的通用语

第一种称得上世界通用语的语言是希腊语。希腊语属印欧语系希腊语族。最早的希腊语文献是前15—前12世纪爱琴海克里特和迈锡尼的泥版文书，用线形文字乙书写。[1]前11—前8世纪是希腊史上的“荷马时代”，《荷马史诗》是这一时期最基本的文字史料，相传由盲诗人荷马写成，实际上是由许多民间行吟歌手集体创作而成的，到前6世纪集册成书。在荷马时代，希腊文逐渐脱离了线形。历史性的转折发生在前8世纪末[2]，采用了源于腓尼基字母的希腊字母来书写。腓尼基字母只有辅音，希腊人又率先设计了元音字母，使希腊字母成为第一套既有辅音又有元音的字母。希腊字母文字最初也模仿腓尼基文字，从右到左横写，后来变成从右到左再从左到右交替着横写[3]，前500年后进一步变成从左到右横写[4]。前5—前4世纪，希腊各邦的字母基本上统一为爱奥尼亚字母。[5]

早在前8—前6世纪，希腊各邦大规模向外移民。破产者去海外谋生，商人去海外经营，失意者去海外发展，史称“希腊大殖民”。希腊移民在黑海沿岸、欧洲南部（包括意大利）、小亚细亚及北非建立独立的奴隶制城邦，赶走或奴役当地居民。希腊语也随之传到地中海沿岸和黑海沿岸，成为局部世界的通用语。前5世纪末，希腊北部的马其顿王国采用雅典所在地的阿提卡–爱奥尼亚（Attic-Ionic）方言为宫廷和朝廷官话。[6]前337

1 *The Cambridge Ancient History*, Vol. 2, Cambridge: Cambridge University Press, 1980, p. 139.

2 *Большая Советская Энциклспедия*, Том 7, Moscow: Macmillan, 1970, c. 317.

3 肯·卡兹纳：《世界的语言》，黄长著、林书武译，北京：北京出版社，1980年，第114页。

4 *The Encyclopedia Britannica·Micropedia*, 15th ed., Vol. 4, Chicago: Encyclopædia Britannica, Inc., 1974, p. 706.

5 同上。

6 *The Encyclopedia of Language and Linguistics*, Vol. 3, Oxford: Pergamus, 1994, p. 1494.

年，马其顿人基本统一希腊各邦，阿提卡–爱奥尼亚方言亦随之排挤了多利安（Doric）和埃奥利亚（Aeolic）等方言，成为希腊化世界的共同语（κοινή）。

前334年，马其顿国王亚历山大率希腊–马其顿军队数万人东征。到前330年，希腊灭掉了庞大的波斯帝国，并继续进兵中亚。在中亚人民的顽强抵抗下希腊人只占领了一些据点，于是又挥师南下，侵入并占领了印度河流域。前325年，亚历山大班师回新都巴比伦（位于巴格达以南数十公里）。亚历山大东侵后，希腊人建立了人类历史上第二个跨欧亚非三大洲的庞大帝国——亚历山大帝国，其疆域东临印度河流域，西到尼罗河流域，北抵黑海、里海南岸，南濒印度洋、波斯湾和红海。

随着亚历山大帝国的崛起，希腊语成了帝国的官方语言和主要的学术语言。被征服地区一些上层人士和知识分子也开始学习使用希腊语，由此开始了“希腊化时代”，形成了“希腊化世界”。尽管亚历山大帝国国祚短促，在亚历山大病逝后便四分五裂了，希腊本土在前2世纪中叶也被罗马征服，但希腊化时代仍一直延续到前30年罗马灭埃及时期。所以从前4世纪中叶到前1世纪中叶，希腊语是地中海沿岸和中亚一带的希腊化世界的通用语。后来罗马在希腊语已通用的地区仍承认其地位，并在中央行政司法方面给予它和拉丁语并列使用的平等地位。[1]希腊语成为世界通用语的原因，除了军事征服和政治统治，还得力于希腊殖民地、移民城邦所发挥的语言文化据点的辐射作用。以希腊语文为主要载体的希腊文化是欧洲文化之源，比较先进、发达、高雅、丰富，得到各民族部分上层和知识分子的仰慕，包括罗马人。2世纪的罗马皇帝马可·奥勒略用希腊文写下了他的《沉思录》。[2]这个时期铁器的普遍使用，为世界大帝国的出现和世界通用语的形成奠定了物质基础。

1　汤因比：《历史研究》（下册），曹未风译，上海：上海人民出版社，1986年，第56−57页。

2　Cf. *The Encyclopedia of Language and Linguistics*, Vol.3, Oxford: Pergamus, 1994, p. 1495.

希腊化时代结束后，希腊语不再是地中海世界的通用语，但希腊语在希腊本土和东地中海沿岸仍得到广泛使用。1世纪中叶，亚历山大里亚的潘姆菲鲁编写了大部头的希腊语《词典》（*λεξικόν*）。[1] 1世纪中后叶兴起的基督教主要靠希腊语传播，《新约》在1—2世纪成书时便用希腊语书写。进入中世纪后，希腊语从6世纪起，成了东地中海地区的拜占庭帝国的官方语言和通用语。中世纪晚期和近代以来，由于奥斯曼土耳其的征服、统治和压迫，希腊语的使用范围仅限于希腊本土（包括小亚细亚一部和塞浦路斯）。到现代，希腊语是希腊、塞浦路斯两国的国语。另外，还有几种由希腊语演化、派生的小语种，即伯罗奔尼撒南部的查科尼安（Цаконский）语、外高加索中部的乌鲁姆（Урумский）语、亚速海地区的塔夫洛-罗马（Тавро-румейский）语、南意大利和科西嘉的特拉别左德-罗马（Трапевудско-румейский）语。它们都是希腊移民与当地居民交流融合的产物。[2] 受希腊文化的影响，现代数学、物理学、天文学常用希腊字母作为科学符号，如圆周率π，真空磁守率μ，大熊座（北斗）七星分别以希腊字母的前七个来表示，等等。另外，埃及的科普特语（现只用于宗教）、亚美尼亚语、格鲁吉亚语也一直使用希腊字母的变体，而几乎所有的欧洲文字字母都是从希腊字母演化而来的，欧洲各国语文也模仿希腊语常用的复杂的从句。这些是最早的世界通用语——希腊语——给人类语言留下的遗产和印迹。

继希腊语后成为世界通用语的语言是拉丁语。拉丁语属印欧语系罗马语族。现存最早的拉丁语文字为前7世纪一枚扣衣针上的铭文，字母还带有希腊文特征。[3] 前6世纪的都依诺斯铭文已采用从伊特鲁斯堪（Etruscan）字

1 *The Encyclopedia of Language and Linguistics*, Vol.3, Oxford: Pergamus, 1994, p. 1496.

2 См. *Большая Советская Энциклспедия*, Том 7, Moscow: Macmillan, 1970, c. 318.

3 Cf. *The Encyclopedia of Language and Linguistics*, Vol. 6, Oxford: Pergamus, 1994, p. 71.

母发展而来的拉丁字母书写了。[1]伊特鲁斯堪字母源于希腊字母的哈尔基垫（Chalcidian）字体。[2]拉丁文书写排列方式的发展也类似于希腊语，先是横排从右到左再从左到右交替书写，前4世纪以后才固定为横排从左到右的书写方式。[3]

相传罗马城由被母狼哺育长大的罗慕路斯兄弟于前8世纪所建。历史学家和考古学家认为罗马城建于前6世纪70年代。在从罗马建城到前509年建立共和国这个“王政时代”，罗马部落制国家的势力和拉丁语的通用范围仅限于意大利中部台伯河下游的拉丁姆平原。在从前509年至前3世纪初的早期共和国时代，罗马开始了大规模扩张，逐步统一了意大利半岛，拉丁语也逐渐成了全意大利的通用语。接着，罗马通过三次布匿战争，打败并消灭了海上强国迦太基，成为西地中海的霸主。前2世纪中叶，希腊本土被罗马征服。到前1世纪末，罗马成为囊括地中海沿岸广大地区的庞大帝国。原来的共和政体不再适应形势和国情了。前30年罗马建立起帝制，罗马城邦奴隶主阶级的共和国发展成地中海世界的罗马帝国。到2世纪初，罗马的扩张达到了顶点。其疆域东起幼发拉底河、黑海西南岸，西迄不列颠岛，北至达契亚（今罗马尼亚中西部）和莱茵河流域，南达北非、尼罗河中下游，横跨欧、亚、非三大洲，濒临印度洋、大西洋两大洋。浩瀚的地中海成了罗马名副其实的内海。这个统一的庞大帝国颇为长寿：395年正式分裂为东西两个罗马帝国，476年西罗马帝国灭亡，东罗马即拜占庭帝国到1453年才灭亡。

从前2世纪后期到5世纪后期，罗马人的拉丁语是西欧、南欧、小亚细亚、西亚、北非的官方、行政、司法语言和主要的学术、文学语言，唯一

1 Cf. *The Encyclopedia of Language and Linguistics*, Vol. 6, Oxford: Pergamus, 1994, p. 69.

2 *The Encyclopedia of Language and Linguistics*, Vol. 4, Oxford: Pergamus, 1994, p. 706.

3 *Большая Советская Энциклспедия*, Том 14, Moscow: Macmillan, 1970, c. 213.

的军队用语[1]，地中海、西欧和黑海西南岸的世界通用语，罗马人和罗马化人的民族共同语。

拉丁语成为世界通用语的原因首先是罗马的赫赫武功、征服和统治。其次，以拉丁语为主要载体的罗马文化是当时先进、发达、高水平的文化之一。罗马文化继承了希腊文化的精华和优良传统，在建筑、工程、技术、农学、法学和军事等方面则有进一步发展，因而为各民族上层和知识分子所敬畏。第三，罗马当局对非罗马血统的各民族中上层也予以拉拢，对政治臣服者普遍授予罗马公民权，与罗马人平等；在被征服地区普遍建立行省，与罗马本土平等。最后，罗马也相对尊重被征服地区、民族的语言文字、文化和宗教，例如让东地中海地区流行的希腊语文成为与拉丁语文并列的官方行政语文。[2]这些政策促成了各民族部分中上层人士自觉学习使用拉丁语，逐渐罗马化，融入罗马公民阶层。

476年西罗马帝国灭亡后，西欧的罗马人和罗马化人、西欧各地的当地人、新入主西欧的蛮族（主要是日耳曼族，也有匈奴族[3]、突厥族等）相互混血、融合，拉丁语、西欧各地区的本地语和蛮族语言也互相影响、融汇，逐渐形成了罗曼语族的各语种。6、7世纪以后，拉丁语在西欧各蛮族国家逐渐脱离了口语，其使用只保留在书面上。而东罗马帝国辖下的东地中海地区原是希腊化世界，希腊语一直是希腊化各民族的共同语言，主要的学术、宗教语言和两种官方行政语言之一。西罗马灭亡后，加上东、西部教会争夺基督教世界最高领导权、东罗马与西欧蛮族国家争夺地中海霸权等复杂因素，6世纪以后，拉丁语在东地中海地区也逐渐脱离了口语，并且进一步脱离了书面语。6世纪二三十年代东罗马最有作为的皇帝查士丁尼下令编纂了影响西方一千多年、荟萃罗马法精华的《国法大全》

1 汤因比：《历史研究》（下册），曹未风译，上海：上海人民出版社，1986年，第56页。

2 A. J. Toynbee: *A Study of History*, Vol. 7, Oxford: Oxford University Press, 1950, p. 245.

3 现在有学者认为匈人（Huns）不是传统上认为的被汉朝赶跑的匈奴人的后裔，而是生活在东欧、高加索、中亚的另一族群。此处不去详辨。

（或称《民法大全》）。《国法大全》由四部文献组成，前三部为拉丁语文，最后编成的一部《新律》则用希腊语文编成。[1] 所以东罗马帝国这个带有拉丁味的国家也被时人和后人更多地称为带有希腊味的拜占庭帝国。

二、中世纪东方和西方的世界通用语

进入中世纪后，中国的汉语汉字率先发展成为东亚世界的通用语言文字。汉语属汉藏语系汉语族。现存最早的文字是甲骨文，其中最古老的距今3300多年。至于更为古老的陶器上的一些刻画符号是否是文字，是否是甲骨文的先祖均无定论，尚在研究探讨中。汉字经过商代晚期的甲骨文、周代的金文、春秋战国的大篆、秦的小篆等象形文字的发展阶段，在两汉时完成隶变，脱离了象形文字的窠臼，进化为与今天的汉字无甚差别的方块表意文字。

前4世纪，汉语汉字传入朝鲜北部。前2世纪，汉语汉字传入朝鲜南部三个最早的部落制国家马韩、弁韩和辰韩，即“三韩”。在1—7世纪高句丽、百济和新罗鼎立的“三国时代”，朝鲜上层普遍学习使用汉语文。7世纪新罗统一后，把汉文稍加改造，以适应朝鲜语的语法和语音，称为“吏读式”汉文，主要用于公私文书。15世纪时朝鲜创制了民族文字训民正音，又称谚文，汉文被尊为“真书”。从此朝鲜汉语文言、吏读、谚文三种书面语并用，一直到19世纪末甲午战后清朝势力被日本排挤出朝鲜，朝鲜逐渐沦为日本的殖民地，汉语汉字的地位在朝鲜才逐渐丧失。

从3世纪日本九州出现最早的部落制国家邪马台国起，汉语汉字便从朝鲜传入日本，到5世纪，日本上层、高级文人已能熟练地使用汉语汉字。7—9世纪，日本学者相继用汉字、汉字的偏旁部首构件或汉字的一部分、汉字的草书做音符，书写记录日本语，先后形成了万叶假名、片假名和平假名。9世纪时形成了独特的日文，即表音的假名与表意的汉字结合体。其

1 C. W. Previte-Orton: *The Shorter Cambridge Medieval History*, Cambridge: Cambridge University Press, 1953, p. 198.

中的汉字意思基本不变，但发音与汉语大多不同。从此，日本成了日语日文与汉语汉文并用的双语国家。到18世纪，汉语才降格为外语。今天，日文中仍保留了2100多个常用汉字。

秦末汉初，中国的汉族政权灭了今越南北部本土居民前3世纪中叶起建立的部落制国家瓯雒国，汉语汉字随即传入。当地人民不断抗争，于10世纪30年代独立，建立了民族王朝吴朝。独立以来，越南逐渐出现了民族文字字喃，这是借用汉字和仿造汉字来记录书写越南语的越南文字。汉字被尊为“儒字”。字喃到13—14世纪时才系统化并得到推广，但它的地位和使用范围一直远不如汉语汉文。近代以来西力东渐。17世纪，西方传教士为了传教和文化渗透，开始用拉丁字母拼写越南语，创制拉丁化的越南文字。1861年起，法国殖民者染指越南，越南逐步沦为法国殖民地。19世纪末中法战争后，清朝势力被法国排挤出越南，汉语汉文在越南的优势地位丧失，拉丁化越南文全面推行。

所以，在古代末期、整个中世纪和近代初期，汉语汉文既是中国各民族的共同语文，也是朝鲜、日本、琉球、越南等地区的通用语文之一。因而汉语汉文是中世纪东亚世界当之无愧的通用语文，形成了北抵蒙古高原，南达越南、海南岛，东到朝鲜，西迄新疆、中亚一部（西域）的汉语汉字文化圈。汉语汉文成为世界通用语的原因与希腊语、拉丁语不同，它不是扩张、征服、统治的结果，而是因为以汉语汉文为主要载体的中国文化是东亚地区最先进、最发达、最高雅的文化，深受各国、各地区、各民族的仰慕和喜爱，习用汉语汉文，有利于引进中国文化。

中世纪第二种世界通用语是阿拉伯语。阿语属亚非语系闪米特语族。已知最早的阿语文字来自328年的王室墓碑。[1]现存最早的阿语文献是512年阿拉伯文、叙利亚文和希腊文并用的札比德铭刻。[2]阿拉伯字母源于流行于巴勒斯坦的属于阿拉米字母系统的纳巴太安（Nabataean）字母。此时阿语

1 Cf. *The Encyclopedia of Language and Linguistics*, Vol.1, Oxford: Pergamus, 1994, p. 469.

2 同上。

字母只记录辅音，从右到左横排书写，也可以在字母上方、下方加点状符号标识元音。穆罕默德的弟子曾采用两种字体记录先知降示的启示。一种叫纳斯基（Naskh），是常用的草体；另一种叫库菲克（Kufic），是一种楷体，主要做装饰用。[1] 8世纪末阿语语法巨著《西伯威》问世[2]，为阿语成为国际通用语提供了学术支撑。

古往今来，在世界通用语中，阿拉伯语堪称一蹴而就。7世纪初穆圣开始创立和传播伊斯兰教，622年的“徙志”始建立宗教公社，630年麦加臣服始形成政教合一的国家政权。到632年穆圣病逝时，阿拉伯半岛才统一了大半。在这以后的早期哈里发时代和倭马亚朝时期，阿拉伯人进行了持续的大规模的侵略扩张，灭了萨珊波斯这个大帝国和许多小国，占领了东罗马–拜占庭在北非的全部地盘，甚至于673—677年和717—718年两次长时期围攻其都城君士坦丁堡。[3] 阿拔斯朝的开国元勋阿布·穆斯林的部下齐亚德所部还在751年的怛罗斯（今哈萨克斯坦塔拉兹附近）战役中打败唐朝高仙芝的两三万唐军[4]，把唐朝势力逐出锡尔河流域。到8世纪中叶，阿拉伯帝国的疆域已东临印度河，西裹西班牙，北达咸海、里海，南到红海，濒临印度洋、大西洋两个大洋，成为人类历史上又一个空前的大帝国。比之显赫经年的罗马帝国，如果不计地中海的海域，只算陆地面积，阿拉伯帝国的疆域则远大于罗马帝国。随着新的空前的世界大帝国阿拉伯帝国的出现，阿拉伯语也成了阿拉伯–伊斯兰世界军政教语言和主要的文学、学术语言，其使用范围从一个世纪前的阿拉伯半岛一隅一跃成为世界通用语。

阿语成为世界通用语的原因首先在于军事征服、政治统治和行政命令。哈里发马立克统治时期（685—705），下令确定了阿语在全帝国的官

1 肯·卡兹纳：《世界的语言》，黄长著、林书武译，北京：北京出版社，1980年，第166页。

2 纳忠、朱凯、史希同：《传承与交融：阿拉伯文化》，杭州：浙江人民出版社，1993年，第193页。

3 汤因比：《历史研究》（上册），曹未风译，上海：上海人民出版社，1986年，第201页。

4 据《新唐书》卷一三五《高仙芝传》，《资治通鉴》卷二一六，天宝十年，是役，（高）“仙芝大败，士卒死亡略尽，所余才数千人”。

方语言地位，在北非、小亚细亚一部取代了希腊语，在伊朗、中亚一部取代了波斯语（又称佩列维语，Pahlavi）。[1]哈里发哈立德统治时期（705—715），又下令用阿语取代埃及的科普特语，完成了全帝国军政教界书同文、言同语的工作。[2]当然，直到11世纪阿语才排挤掉科普特语，到12世纪才排挤掉北非的柏柏尔语。[3]第二个原因便在于宗教。阿拉伯语是伊斯兰教的语言，《古兰经》也一再强调它是用阿拉伯语文的真经。阿拉伯帝国又立伊斯兰教为国教，对信奉一神教不崇拜偶像的异教徒征收人头税，对信奉多神教崇拜偶像的异教徒则严厉镇压。再者，按伊斯兰教教义，穆斯林不能与异教徒结婚，除非他们皈依伊斯兰教。[4]在这种情况下，帝国内一些民族逐渐被阿拉伯化，改操阿拉伯语；绝大部分民族被伊斯兰化，中上层和知识分子熟悉并了解阿拉伯语。第三个独特的原因便是阿拉伯人、穆斯林实行多妻制。中世纪的阿拉伯人是个全民信教的民族，阿拉伯帝国是个政教合一的国家。伊斯兰教规定穆斯林可娶妻四人。[5]是故，不管是阿拉伯的官吏、军士，或是传道师、阿訇，还是一般的牧主、地主、商人，所到之处站稳脚跟后，便凭借作为统治民族在军政教财方面的优势，娶多妻生多子，致使阿拉伯化和伊斯兰化的人口快速繁衍孳殖。最后，在西非和东非，以阿语为主要载体的阿拉伯文化比当地文化先进，受到当地黑人和其他居民的敬畏和欢迎。所以，阿语成为世界通用语的原因和路径与汉语、希腊语、拉丁语这些老资格的语文是大有不同的。

阿拉伯帝国在11世纪中叶遭塞尔柱突厥人的打击而名存实亡；13世纪中叶遭蒙古西征的打击而最后灭亡，阿拉伯势力被逐出伊朗；15世纪，阿拉伯势力被十字军逐步赶出西班牙。所以，到15世纪，阿拉伯语已丧失了

1 汤因比：《历史研究》（下册），曹未风译，上海：上海人民出版社，1986年，第55页。
2 Cf. A. J. Toynbee: *A Study of History*, Vol.7, Oxford: Oxford University Press, 1950, p. 242.
3 纳忠、朱凯、史希同：《传承与交融：阿拉伯文化》，杭州：浙江人民出版社，1993年，第195页。
4 《古兰经》，马坚译，北京：中国社会科学出版社，1996年，第2章第221节。
5 同上，第4章第3节。

世界通用语的地位，降为西亚、北非、西非一部和东非一部的阿拉伯人的民族共同语。不过，伊斯兰教早已发展成为世界三大宗教之一，阿拉伯语在穆斯林世界的宗教领域仍有一定的影响。

阿拉伯语作为8—14世纪阿拉伯-伊斯兰世界的通用语给人类留下了丰厚的遗产。其一是阿拉伯字母成为世界上仅次于拉丁字母的被广泛使用的字母，曾有三十多种语言大量吸收阿语词汇并用阿文字母拼写。[1]例如糖浆（syrup）、麝香（musk）、天蝎座（Crab）、牛郎星（Altair）、织女星（Vega）、代数（Algebra）、零（Cipher）、正弦（sine）、酒精（alcohol）、苏打（soda）、蒸馏器（alembic）、碱（alkali），等等。[2]其中较大的语种有西亚的波斯语、库尔德语和土耳其语，南亚的乌尔都语、信德语和穆斯林用的克什米尔语，北非的柏柏尔语，中亚的塔吉克语、阿塞拜疆语、乌兹别克语、土库曼语、哈萨克语、吉尔吉斯语，阿富汗的普什图语，中国的维吾尔语，东南亚的马来语、爪哇语、印尼语，苏联东部的鞑靼族各语种等。其二是阿拉伯语与其他语言融合，形成了一些新的语言。其中较大的是东非和中非的斯瓦希里语、西非的豪萨语、西非的弗拉尼语、马耳他的马耳他语，它们的文字也用阿拉伯字母拼写（马耳他语除外）。西方的医药、天文、数学、化学中的不少词汇也源于阿语。近现代以来，阿拉伯-伊斯兰文化受到欧美文化的巨大冲击，阿拉伯字母的使用范围也在萎缩。马来语、爪哇语、印尼语、斯瓦希里语、弗拉尼语和豪萨语已经改用拉丁字母书写；苏联境内的中亚各国各民族语言和鞑靼族各语言已经改用斯拉夫字母书写；中国新疆使用阿拉伯字母的维吾尔语、哈萨克语、乌孜别克语、柯尔克孜语等也有了使用拉丁字母的拼音方案。

中世纪的第三种世界通用语是拉丁语。前已论及，6、7世纪以降，拉丁语在东地中海地区的东罗马-拜占庭帝国，在西地中海-西欧地区的原西

---

1 《中国大百科全书》（语言文字卷），北京：中国大百科全书出版社，1988年，第5页。

2 纳忠、朱凯、史希同：《传承与交融：阿拉伯文化》，杭州：浙江人民出版社，1993年，第370页。

罗马故地已逐渐脱离了口语，但在整个中世纪时期和近代初期，拉丁语一直是西欧、中欧、南欧一部和北欧地区的世界通用语，天主教世界的宗教用语和学术、科学的书面语。这种情况有些类似梵语在脱离了口语之后仍长期充当印度的学术、文学、宗教用语，朝鲜、日本、越南在有了民族文字以后仍长期使用汉语文，希伯来语在脱离口语后仍被长期用作宗教、学术语言（现代才复活回归口语），汉语文言（至晚在隋唐）在脱离口语后仍长期用作官方、学术文体，直到五四运动提倡白话后，才有所改观。

欧洲长期把拉丁语用作书面语的原因大致有以下几点。

第一是宗教因素。1世纪中后叶，在犹太教的基础上产生了基督教。初期基督教遭到罗马的迫害和镇压。从4世纪初的米兰敕令起基督教拥有了合法地位。到4世纪末提奥多西在位时基督教成为罗马帝国的国教。最初的基督徒多使用希腊语。基督教成为罗马国教后，帝国的官方语言拉丁语也成了教会的语言。西罗马灭亡后，入主西欧的蛮族普遍基督教化。由于教俗贵族垄断文化的愚民政策，大力维护拉丁语文在宗教上的至尊地位，以阻止民众从《圣经》词句和神学教义中寻觅有利于反抗斗争的依据。4世纪初译成的《通俗拉丁文本圣经》（*Scriptura Vulgata*）成为长期通用的法定文本圣经。而中世纪的欧洲又是全民信教，语言的使用和发展蒙上了宗教的神圣色彩。第二，欧洲中世纪没有近代意义上的民族，只有部族；没有统一的、独立的、主权的国家，只有领地的总合；也没有相应的民族意识、国家观念，只有城邦、地方观念和自治、等级意识。王室、公侯间的联姻，王位、公侯位的跨国跨族继承，领地的易主、分割，领土的转让、变换隶属的王朝，是很普遍、很常见的。所以也没有用民族语文取代拉丁语文的强烈要求。第三，中世纪初期还没有成熟的民族文字，而拉丁语文是既完善又水平较高的罗马文化的主要载体，自然被入主的蛮族所接受，也自然为罗马的遗老遗少所偏爱。而一种语言文字一旦被接受，又会产生巨大的惯性，使人们迟迟不愿把它束之高阁。第四，昔日罗马帝国的强盛，在整个中世纪犹有余威，令那些有雄心、有野心的君主景仰拜倒，并时时以罗马的继承者自居，使得中世纪欧洲的“罗马帝国”“拉丁帝国”“恺撒大帝”“奥古斯都”等称号层出不穷，也都以使用拉丁语自矜。第五，欧洲各国各地区地狭人少，经济互补性较大，文化依赖性较强，彼此发展商贸联系、进行文化交流的要求比较迫切。这就需要一种媒介语。而在中世纪选择拉丁语比较切实可行，也比较合适。

到了中世纪晚期，随着资本主义的萌芽，近代民族的形成，独立、主权和统一国家的出现，民族意识逐渐萌发，民族觉悟日益增强，用民族语文写作的作品便越来越多，拉丁文的地位受到冲击。16世纪初至17世纪初，西欧又发生了宗教改革运动。运动的一个重要内容便是用民族语文翻译出版《圣经》和其他基督教神学著作，在宗教活动中使用民族语言。但在振兴民族语文的大潮中，也有崇尚拉丁语文的回流。14世纪初至17世纪初，西欧还进行了文艺复兴和人文主义运动。运动的一个内容便是推崇、学习、使用希腊、拉丁、希伯来等古典语言。这样，拉丁语的流行范围还扩展到东欧，如大科学家哥白尼（1473—1543）、大教育家夸美纽斯（1592—1670）等都主要用拉丁语写作。[1]不过，崇古复古的回流抵不过民族主义的大潮，民族语言取代拉丁语的趋势不可逆转。尽管近代初期还有一些大学者兼用拉丁语写作，但到17世纪末拉丁语基本上退出了欧洲科学、学术、外交舞台和大部分宗教布道坛。

中世纪拉丁语用作西欧乃至欧洲的书面通用语，促进了各国、各地区、各民族的文化、科技、教育交流，便利了各地的贸易往来，互通有无，推动了西欧乃至欧洲团结对外。例如，9—11世纪抵御诺曼海盗袭击的斗争，8—15世纪收复被阿拉伯人占领的伊比利亚半岛的斗争，15—17世纪抗击奥斯曼土耳其侵略扩张征服的斗争。

长期充当世界大片地区通用语、书面语的结果最重要的是，这个地区及其派生地区（北美）近现代以来一直执世界之牛耳，拉丁语深刻地影响了人类文明。拉丁字母（又称罗马字母）成为今天全世界使用最广泛的字

1 曹孚：《外国教育史》，北京：人民教育出版社，1984年，第80-81页。

母，并且还在继续扩展影响的地域和应用的领域；拉丁语仍然在医学、生物学等学科的一定范围内使用；意、法、西、葡、罗马尼亚等罗曼斯语族的语言都继承了大量的拉丁语词汇和特点；拉丁语的一些缩略语成了欧美语言的通用缩略语，如A. D.（公元）、a. m.（上午）、cf.（参照）、etc.（等等）、i. e.（即是），等等。

三、总结

综观古代和中世纪世界通用语的形成、发展、盛衰和兴替，可以总结出几点规律性的结论。（1）国家强大，民族兴盛，其经济、军事、文化、科技发达，其语言文字也就兴旺。反之则反。（2）语言的使用、流传、影响有一定的惯性和惰力。语言的兴衰要比国家、民族的盛衰滞后一些。如希腊语较之于亚历山大帝国、阿拉伯语较之于倭马亚和阿拔斯帝国。（3）语言的流行、兴盛与语言文字本身的粗糙、完善没有多少关系，基本上不存在孰优孰劣的问题。而且各种语言文字本身的差距也是很小的（象形文字除外）。（4）宗教和类似于宗教的思想学说、伦理体系与语言的传播和延续有重要的关系，如传播伊斯兰教的阿拉伯语、传播天主教的拉丁语、传播儒教[1]的汉语。因为在古代和中世纪，还没有理性的、世俗的思想学说和伦理体系可以与宗教抗衡。（5）有世界性大帝国不一定就有世界通用语，如蒙古帝国和奥斯曼帝国，它们都堪与罗马帝国、汉唐帝国、阿拉伯帝国争雄比肩。至于出现这种情况的原因，限于篇幅只能另文论述了。

近代以降，全世界联成一个整体，形成了地球村，有了真正意义上的世界，也有了跨越大洋的真正的全世界通用语，即近现代三个殖民大帝国西班牙帝国、法兰西帝国、日不落帝国的官方语言：西班牙语、法语和英语。笔者就此已写过专文论述[2]，有兴趣者可以参阅，这里不再赘述。

1　有的学者认为孔孟学说是儒家学说，也有的学者认为可以称之为儒教。这里不去细辨。

2　张箭：《近现代全世界通用语刍议》，载于《天府新论》1997年第4期。

贵霜帝国的城市与丝绸之路在南亚次大陆的拓展

庞霄骁*

在丝绸之路的发展过程中，贵霜帝国的城市无疑扮演着十分重要的角色。伴随着1世纪前后贵霜帝国的建立与扩张，原属印度-希腊人、印度-斯基泰人和印度-帕提亚人的城市都被纳入其版图，这为南亚次大陆城市和丝绸之路的发展提供了新的契机。虽然有关这些城市的文献记载相对缺乏，但是，近代西方学者在巴基斯坦和印度等地的考古活动却取得了不少成果，这为我们分析贵霜城市在南亚次大陆的分布，探讨它们与丝绸之路的关系提供了可能。本文主要结合相关考古成果，试图揭示这些城市的建立及其对丝绸之路在南亚次大陆的扩展所起的推动作用。

一、犍陀罗地区的贵霜城市：丝路在兴都库什山以南的核心

有关贵霜城市在兴都库什山以南出现的确切年代，现已无籍可考，但贵霜城市得以在兴都库什山以南出现，与犍陀罗地区城市的发展密不可分。根据《后汉书·西域传》的记载，贵霜王丘就却在统一五部翕侯之

* 庞霄骁，四川大学历史文化学院专职博士后，主要研究方向为古希腊史和中西交通史。

后，旋即走上了“侵安息、取高附，旋灭濮达、罽宾，悉有其国”的扩张之路，犍陀罗地区自然就成为其入侵的主要目标之一。[1]贵霜人之所以将犍陀罗作为其南下的第一站，主要是由于该地自古以来就是从中亚进入印度的必经之地，人口众多、商贸发达，与中亚、伊朗高原和东部地中海地区有着密切的联系。据希罗多德记载，此地曾是波斯帝国的一个行省，远征希腊的波斯军队中就有来自犍陀罗的士兵。[2]自亚历山大大帝东征以来，犍陀罗地区的城市化进程逐渐加快。虽然，布色羯逻伐底城（Puskalāvatī，希腊人称之为Peukelaotis）在亚历山大的征伐过程中遭到了一定程度的破坏[3]，但犍陀罗的大部分城市还是保留了下来。其中最有代表性的是塔克西拉（Taxila）。亚历山大大帝接受了当地王公泰克西里斯（Taxiles）的臣服，并在塔克西拉举行过祭祀、体育竞技和赛马活动。[4]此外，亚历山大还在原迦毕试城附近修建了用以驻军的“高加索的亚历山大里亚城”（Alexandria in the Caucasus）。[5]

亚历山大大帝去世后，犍陀罗地区被孔雀帝国占领。虽然塞琉古一世曾进军中亚和印度，试图恢复希腊人对兴都库什山区以南的控制，但未能成功。在孔雀帝国的统治下，犍陀罗一地继续发展，成为孔雀帝国的政治

1 参见范晔：《后汉书·西域传》，李贤，等注，北京：中华书局，1965年，第2921页。需要说明的是，“濮达”一词到底指代何地目前尚有一定争议。巴克特拉说、布色羯逻伐底说皆有一定的道理，详参余太山：《贵霜史研究》，北京：商务印书馆，2015年，第42–43页。不过，《后汉书·西域传》中罽宾和濮达两个称呼实际已经足以涵盖犍陀罗一地。

2 Herodotus, *The Persian Wars*, 6.13-6.15. 译文参考希罗多德：《历史》，王以铸译，北京：商务印书馆，1997年，第270–272页。

3 Arrian, *Anabasis of Alexander*, 4.22.3. 译文参考阿里安：《亚历山大远征记》，李活译，北京：商务印书馆，1979年。以下皆同。

4 Arrian, *Anabasis of Alexander*, 5.8.2

5 Arrian, *Anabasis of Alexander*, 3.28.2

中心之一，相传阿育王就一度定都于塔克西拉城。[1]孔雀帝国衰落后，巴克特里亚人、印度-希腊人和印度-帕提亚人又相继成为犍陀罗地区的主人。为了巩固自身的统治，这些后继者们对犍陀罗地区的城市进行了修复和扩展。亚历山大大帝所建的“高加索的亚历山大里亚城”就是在希腊-巴克特里亚人统治期间，由一个驻军点逐渐扩展成一座城市，并与原来的迦毕试城（Kapisa）融合而成的[2]；而塔克西拉的西尔卡普（Sirkap）城也是建于希腊-巴克特里亚人之手，并被后来的印度-希腊人和印度-帕提亚人继续使用[3]。最有说服力的证据来自希腊著名的诡辩家菲洛斯特拉图斯（Philostratus）。他曾提到阿波罗尼乌斯（Apollonius of Tyana）在帕提亚国王瓦尔达尼斯（Vardanes）的安排下，到印度-帕提亚的统治者弗拉奥特斯（Phraotes）的宫廷以及塔克西拉城进行访问。[4]菲洛斯特拉图斯借阿波罗尼乌斯与当地人的问答，对塔克西拉城的大致情况和著名的詹迪纳尔神庙（Jandial Temple）等进行了描述。虽然该书有伪造的嫌疑[5]，但是文中对塔克西拉城和詹迪纳尔神庙的描述，基本可以和马歇尔在塔克西拉的考古发掘成果互相印证，这无疑证明了当时塔克西拉城的繁荣程度。

可以说，正是犍陀罗地区城市的蓬勃发展，为贵霜城市在兴都库什山以南的出现提供了重要的物质保障和文化基础。当贵霜人用军事手段征服

1 阿育王与塔克西拉的关系可参见John Marshall, *Taxila: an illustrated account of archaeological excavations, carried out at Taxila under the orders of the government of India between the years 1913 and 1934*, Vol. 1, Cambridge: Cambridge University Press, 1951, pp. 24-26. 译文主要参考约翰·马歇尔：《塔克西拉》，秦立彦译，昆明：云南人民出版社，2002年。以下皆同。此外，亦可参考玄奘有关于阗建国的记载，见玄奘、辩机：《大唐西域记校注》，季羡林，等校注，北京：中华书局，1985年，第1006-1012页。

2 Cf. W. W. Tarn, *The Greeks in Bactria and India*, Cambridge: Cambridge University Press, 1951, pp. 97-99.

3 John Marshall, *Taxila: an illustrated account of archaeological excavations, carried out at Taxila under the orders of the government of India between the years 1913 and 1934*, Vol. 1, Cambridge: Cambridge University Press, 1951, pp. 112-114.

4 Philostratus, *The Life of Apollonius of Tyana*, 2.20-2.33.

5 相关的质疑包括成书时间，书中涉及人物的真伪等。详见Philostratus, *The Life of Apollonius of Tyana*, pp. v-xv.

犍陀罗之后，文化水平相对较低的贵霜人被这些繁荣的城市所吸引，将它们保留下来或者加以改建，贵霜帝国在犍陀罗地区的城市也就在此基础上逐渐形成。

在犍陀罗地区的众多贵霜帝国的城市中，首先必须提及的是贝格拉姆（Begram）。一般认为该城就是在部分汉文史书和佛教典籍中提及的“迦毕试国”的所在地。[1]在西方古典文献中，它则被比定为亚历山大所建的“高加索的亚历山大里亚城”。[2]虽然从严格意义上说，该地只能说是犍陀罗地区的边缘，但从地理上看，它是丝绸之路在兴都库什山南麓的第一站，既是丝路中亚段的终点，也是丝路印度段的起点。玄奘《大唐西域记》所记载的“迦毕试国”并不在印度的范围之内，但它是由中亚进入印度的主要隘口[3]，亚历山大大帝对印度河流域的进攻也曾途经此地。

贝格拉姆主要由两处大型遗址组成。贵霜时代的遗存主要位于“新王城”遗址。它以原来的希腊式城市为基础，城区呈矩形，南北相距800米，东西为450米，沿着城墙还有瞭望塔和壕沟，在城市的东北方还有一座要

1 参见桑山正进：《迦毕试国编年史料稿》，张亚平节译，载于《南亚研究》1985年第4期。

2 有关迦腻色伽一世定都迦毕试的记录，参见玄奘、辩机：《大唐西域记校注》，季羡林，等校注，北京：中华书局，1985年，第138-139页。有关它与“高加索的亚历山大里亚”的关系，参见G. M. Cohen, *The Hellenistic settlements in the East from Armenia and Mesopotamia to Bactria and India*, Berkeley: University of California Press, 2013, pp. 263-269.

3 参见玄奘、辩机：《大唐西域记校注》，季羡林，等校注，北京：中华书局，1985年，第135-161页。Arrian, *Anabasis of Alexander*, 4.22.2. 需要说明一点，《大唐西域记》成书于唐贞观二十年（646年），距离贵霜统治结束已经过去了三四个世纪，但其中涉及贵霜帝国治下城市的记录，大多都得到了近代以来考古发掘的证实，因此亦可作为重要的参考材料。

塞。[1]贵霜帝国主要通过军事征服的方式将贝格拉姆纳入自己的版图，除了前文提到的《后汉书·西域传》的记载之外，在达希迪纳沃3号（Dasht-e Nāwar Ⅲ）铭文中，也有贵霜国王（国王名字为Katvisa，可能是Kadphises的音译）登上山岗俯察迦毕试城（铭文作Kam-pi-sa）的记载。[2]依据罗曼·吉尔什曼（R. Ghirshman）的考古发掘，贝格拉姆的新王城遗址大约始建于1世纪，最后在3世纪40年代因萨珊波斯的入侵而被废弃。[3]

作为出入印度的交通隘口之一，贝格拉姆城出土的文物种类繁多，来源广泛。中国的漆器、希腊罗马的青铜雕像和石膏制品、东地中海地区的玻璃制品、帕提亚的羊头来通杯、印度的象牙雕刻在贝格拉姆遗址中都有出土。[4]这一方面证明了玄奘法师在《大唐西域记》中提到的“异方奇货，多聚此国”一说并非虚言[5]，另一方面也暗示了贝格拉姆城与巴克特里亚地区、中国西域、印度中南部和地中海地区等都有一定程度上的商贸往来。

从贝格拉姆城再往东南，是犍陀罗的核心地区。该地有另外两座著名

---

1 详细考古情况参见J. Hackin et al., *Recherches archéologiques à Begram*, Paris: Klincksieck, 1939; J. Hackin et al., *Nouvelles recherches archéologiques à Begram: (ancienne Kâpicî), 1939-1940*, Paris: Imprimerie nationale presses universitaires, 1954; R. Ghirshman, *Bêgrâm. Recherches archéologiques et historiques sur les Kouchans*, Le Caire: Impr. de l'Institut français d'archéologie orientale, 1946。简略介绍参见Sanjyot Mehendale, “Begram at the heart of the silk road”, in Fredrik T. Hiebert, Pierre Cambon (eds.), *Afghanistan: the crossroad of Ancient World*, London: British Museum Press, 2011, pp. 131-143, 164-208。

2 Gérard Fussman, “Documents épigraphiques kouchans”, *Bulletin de l' Ecolefrançaised'Extrême-Orient*, Tome 61, 1974, pp. 1-76. 铭文译文主要参考哈尔马塔的《贵霜王朝的语言与文献》，参见哈尔马塔：《中亚文明史》（第二卷），徐文堪译，北京：中国对外翻译出版公司，2002年，第337－338页。必须说明的是，这则铭文发现于达希迪纳沃，该地距离贝格拉姆实际上还有相当远的距离。因此这段铭文很可能描述的是某一次在贝格拉姆附近的军事行动，但战斗胜利后的庆祝活动并不在贝格拉姆，而在达希迪纳沃（位于今阿富汗加兹尼省加兹尼市以西60公里处）。

3 R. Ghirshman, *Begram: recherché archeologiques et historiques sur les Kouchans*, Le Caire: Impr. de l'Institut français d'archéologie orientale, 1946, pp. 99-100.

4 Sanjyot Mehendale, “Begram at the heart of the silk road”, in Fredrik T. Hiebert, Pierre Cambon (eds.), *Afghanistan: the crossroad of Ancient World*, London: British Museum Press, 2011, pp. 164-208.

5 玄奘、辩机：《大唐西域记校注》，季羡林，等校注，北京：中华书局，1985年，第135－136页。

的城市遗址，分别是布色羯逻伐底和“布路沙布逻”［部分汉文史籍也称之为“弗楼沙”或者“富楼沙”，位于今白沙瓦城（Peshawar）］。起初，犍陀罗地区的中心在布色羯逻伐底，自贵霜王迦腻色迦一世开始，贵霜都城改为白沙瓦城，犍陀罗的核心遂逐渐向白沙瓦转移。

布色羯逻伐底大致位于今巴基斯坦的查尔萨达市（Charsadda）附近，其主要遗迹有两处：一处位于米尔·吉雅拉特（Mir Ziyarat），一处位于巴拉·西沙尔（Bala Hissar），又叫谢汉·德里（Shaikhan Dheri）。其中，谢汉·德里遗址的考古发掘目前已经取得了不少成果。

从布局上看，该遗址在一定程度上受到希腊建筑风格的影响，总体呈四边形，几组平行的街道将城市划分为几个大区，城中心有一座大型建筑遗迹，学者们推断它很可能是一座佛塔。[1] 除了完备的城墙和防御工事以外，该城还有完善的排水渠、公用的火坛、专门的浴室以及众多大小不一的民居[2]，这在一定程度上也印证了《大唐西域记》中该城“居人殷盛，闾阎洞连”的记载。[3]

谢汉·德里出土的文物主要有钱币、赤陶俑、陶罐和雕塑等日常用品。其中，雕塑和陶器的风格虽以印度风格为主，但也不乏地中海地区和希腊主题的雕塑，如亚历山大大帝、赫拉克勒斯等人的赤陶俑，显示出该地在东西方贸易中的地位。[4] 此外，该遗址出土的钱币共有219枚，其中5枚归于Kujula Kadphises（比定为丘就却），38枚归于Soter Megas（指维马·塔托，字面意思是“伟大的救主”），60枚归于Vima Kadphises（阎膏珍），77枚归于Kanishka I（迦腻色伽一世），31枚归于Huvishka I（胡韦

1 R. E. M. Wheeler, *Charsada, A metropolis of northwest frontier. being a report on the excavations of 1958*, London: British Academy, 1962, pp. 16-17. A. H. Dani, “ShaikhanDheri excavation”, *Ancient Pakistan*, pp. 17-214.

2 Kameshwar Prasad, *Cities Crafts and Commerce under the Kushānas*, Delhi: Agam, 1984, pp. 80-81.

3 玄奘、辩机：《大唐西域记校注》，季羡林，等校注，北京：中华书局，1985年，第250-251页。

4 R. E. M. Wheeler, *Charsada, A metropolis of northwest frontier: being a report on the excavations of 1958*, London: British Academy, 1962, pp. 35-36.

色伽一世），8枚归于Vasudeva I（瓦苏提婆一世）。结合《后汉书·西域传》的相关记载，我们不妨推断，贵霜帝国对谢汉·德里的控制可能开始于Kujula Kadphises（比定为丘就却）时期，衰落于瓦苏提婆一世时期。

自迦腻色伽一世开始，犍陀罗的政治中心逐渐向白沙瓦转移。该城位于喀布尔河的冲积平原，自然条件优越。玄奘法师在《大唐西域记》中就有“（犍陀罗）国大都城号布路沙布逻……谷稼殷盛，花果繁茂，多甘蔗，出石蜜。气序温暑，略无霜雪”[1]的记载。不过，由于现在的白沙瓦市在古代遗址之上，因此该城并没有进行过较大规模的考古发掘。对于白沙瓦城在贵霜帝国时期的城市和商贸情况，我们只能通过一些零星的考古文物进行推测。其中，最重要的证据莫过于钱币。

根据米契纳尔（Mitchiner）的看法，白沙瓦曾是贵霜帝国最重要的铸币中心之一，迦腻色伽一世、胡韦色伽一世、瓦苏提婆一世的部分铜币以及晚期贵霜帝国的部分金币就铸造于此。[2] 同时，按照罗伯托·布雷西（Robert Bracey）的进一步分析，白沙瓦地区出土的贵霜钱币还有其自身的标志，工匠们会用梵语刻上“Pa”，以表示该钱币是由白沙瓦出产。[3] 在笔者看来，白沙瓦地区能够最终成为贵霜帝国的铸币中心，并发行具有自身特色的钱币，就足以证明该城商贸的活跃程度。此外，在白沙瓦地区出土的贵霜钱币数量极多。波比拉赫奇（Osmund Bopearachchi）在分析早期贵霜编年的时候曾提到，仅在白沙瓦地区的一处钱币窖藏中，就出土了4000枚带有阎膏珍和迦腻色伽一世标记的金币。[4] 这无疑也是该城商贸发展的重

1 玄奘、辩机：《大唐西域记校注》，季羡林，等校注，北京：中华书局，1985年，第232—233页。

2 M. Mitchiner, *Oriental Coins & Their Values: The Ancient and Classical World 600 B.C. - A.D. 650*, London: Hawkins Publications, 1978, pp. 446-447.

3 Robert Bracey, “The Mint cities of the Kushan Empire”, in Fernando López Sánchez (ed.), *The City and the Coin in the Ancient and Early Medieval Worlds*, BAR International Series 2402, 2012, pp. 123-124.

4 Osmund Bopearachchi, *From Bactria To Taprobane: Selected Works of Osmund Bopearachchi*, Vol. 1, New Delhi: Manohar Publishers & Distributors, 2015, pp. 583-584.

要佐证。

白沙瓦城在丝绸之路上的重要地位主要体现在文化上。该城佛教造像优美，是犍陀罗艺术中心之一。但最能代表贵霜时期该城市文化特点的艺术品，当属在此地一座佛教寺庙中发现的迦腻色伽舍利盒。[1]从造型上看，该舍利盒的顶端以三位神灵的雕像为装饰，佛陀居中，印度教的梵天和因陀罗分立两侧，佛陀的形象高大，梵天和因陀罗双手合十，似有皈依佛陀之意。盒盖的下方是带翅膀的神灵，造型类似希腊神话中的厄洛斯。舍利盒的盒身另有装饰，迦腻色伽本人的立像居中，手持权杖，肩扛花束，伊朗神话中的太阳神和月亮神分居两侧，体现出贵霜王至高无上的地位。另一面是佛陀坐像以及两位扛着花束的使者，造型颇有罗马墓葬艺术的风格，但使者的装束是普通人的装扮，而并非罗马墓葬中的小爱神或小天使的形象。可以说，借由这个舍利盒，伊朗宗教、印度教、佛教和希腊罗马宗教得以完美地融合在一起。这些不同类型的文化最终汇聚于白沙瓦，很显然也是得益于城市商贸的发展和人口往来的频繁。

从布色羯逻伐底和白沙瓦城再往东南，就是塔克西拉（今巴基斯坦拉瓦尔品第附近）。汉文史书称之为“呾叉始罗”“竹刹尸罗”或者“石室国”。从地理位置上看，塔克西拉位于旁遮普边缘，是犍陀罗地区的南大

1 按照法显和玄奘的记载，贵霜控制犍陀罗地区后逐渐接受了佛教，并在犍陀罗一地修建寺庙和佛塔。迦腻色伽王建立的佛塔是其中最有名的一座。近代以来，以坎宁汉、斯普内尔等人为代表的考古学者们经过不懈的努力，终于在白沙瓦附近发现了这座佛塔，同时出土的还有这个装饰精美的舍利盒。由于其上有佉卢文拼写的“迦腻色伽”一词，学者们遂称之迦腻色伽舍利盒。起初，有学者认为这一名字只是制作者的简单标识。2002年德国学者法尔克（Harry Falk）对上面的铭文进行了全面的解读，最终认定这是一件布施品，是某建筑师打算奉献给迦腻色伽普拉城（Kanishkapura, 实际就是白沙瓦城）的一座寺庙的捐赠物。可以参见法显：《法显传校注》，章巽校注，北京：中华书局，2008年，第39–40页；玄奘、辩机：《大唐西域记校注》，季羡林，等校注，北京：中华书局，1985年，第237–250页；Hans Loeschner, “The Stūpa of the Kushan Emperor Kanishka the Great, with Comments on the Azes Era and Kushan Chronology”, in Victor H. Mair (ed.), *Sino-Platonic Papers*, Department of East Asian Languages and Civilizations, University of Pennsylvania Philadelphia, No. 227, 2012.

门，地理条件十分优越。马歇尔在介绍塔克西拉遗址时就曾提到，从华氏城到西北印度的“皇家大道”就途经塔克西拉[1]；玄奘法师在《大唐西域记》中也提到“（呾叉始罗国）地称沃壤，稼穑殷盛，泉流多，花果茂。气序和畅，风俗轻勇”[2]。

目前，塔克西拉城已经得到了较为全面的发掘，它由三处主要遗址组成。最早的遗址在皮尔丘（Bihr Mound），属于亚历山大大帝东征时期和孔雀帝国时期。第二个遗址是西尔卡普，它由希腊-巴克特里亚人和印度-希腊人所建，一直使用到了贵霜帝国中期。真正建于贵霜帝国时期的遗址是斯尔苏克（Sirsukh），其建立时间大约是在维马·塔托或者阎膏珍时期。此外，塔克西拉一地还有大大小小的佛塔和神庙遗址，如达摩拉吉卡（Dharmarajika）佛塔遗址、喀拉宛（Kalawan）寺庙遗址等。

由于缺乏确切的文献记载，贵霜帝国对该地的控制主要依靠铭文和钱币来证实。在达摩拉吉卡的佛塔遗址就曾出土过一份刻在银锭上的铭文，其中记载，一位叫Urasaka的巴克特里亚人于阿泽斯纪元136年将佛陀的遗骨供奉在达摩拉吉卡佛塔，并为贵霜国王、家人和自己祈福。[3] 由于其中出现了“大王、王中王、天神之子、贵霜王”（maharajasa rajatirajasa devaputrasa khushanasa）的字样，这则铭文目前成了贵霜人控制塔克西拉的重要证据之一。从出土的钱币上看，在塔克西拉诸遗址中的贵霜钱币分布广泛，而且各具特点。其中，在西尔卡普遗址出土的贵霜钱币最多，大约有2641枚，按照马歇尔的分类，归于Kujula Kadphises（比定为丘就却）

1 John Marshall, *Taxila: an illustrated account of archaeological excavations, carried out at Taxila under the orders of the government of India between the years 1913 and 1934*, Vol. 1, Cambridge: Cambridge University Press, 1951, pp. 1-3.

2 玄奘、辩机：《大唐西域记校注》，季羡林，等校注，北京：中华书局，1985年，第237-250页。

3 John Marshall, *Taxila: an illustrated account of archaeological excavations, carried out at Taxila under the orders of the government of India between the years 1913 and 1934*, Vol. 1, Cambridge: Cambridge University Press, 1951, pp. 256-257.

名下的钱币共有2522枚，归于维马·塔托名下的钱币有12枚，另有37枚归于阎膏珍，39枚归于迦腻色伽一世，4枚归于胡韦色伽一世，27枚归于瓦苏提婆一世。[1]类似的情况也出现在斯尔苏克遗址。在此出土的37枚贵霜钱币中，4枚归于Kujula Kadphises（比定为丘就却），3枚归于阎膏珍，12枚归于迦腻色伽一世，1枚归于胡韦色伽一世，11枚归于瓦苏提婆一世，还有6枚磨损较严重的晚期贵霜帝国的钱币。[2]可以说，从贵霜钱币的分布特点我们不难看出，贵霜帝国对塔克西拉的控制始于Kujula Kadphises（比定为丘就却）时期，衰落于瓦苏提婆一世之后的晚期贵霜时期。

从布局上看，西尔卡普遗址基本上沿用了希腊式城市的规划，呈不规则的四边形，其南北长1300米，东西最宽处达900米，一条主干道将城市分成东、西两个大区，其他的支路与主道垂直，城市的四周还有厚实的城墙和防御用的堡垒。[3]这与中亚的希腊化城市有一定的相似之处。在西尔卡普遗址出土的文物虽然大多属于巴克特里亚王国、印度-希腊人、印度-塞西亚人和印度-帕提亚人时期，但是在部分已经确定属于早期贵霜时代的地层中，也出现有希腊罗马样式的耳环、戒指以及玻璃珠子等工艺品，这表明东西方商品交换在早期贵霜时代的存在和活跃。[4]

如果说西尔卡普遗址主要属于巴克特里亚王国、印度-希腊人、印度-斯基泰人和印度-帕提亚人的话，那么斯尔苏克遗址则毫无疑问是属于贵霜人的城市。该遗址呈不规则的长方形，南北长约1400米，东西宽约1000米，附近的伦蒂河为其提供了天然的保护。[5]通过对遗址南面和东面的部分城墙残迹进行分析，马歇尔指出斯尔苏克的城墙与西尔卡普的城墙有一定的差别。首先，其手法主要采用的是印度-帕提亚人以石灰岩筑墙的工艺；

1 John Marshall, *Taxila: an illustrated account of archaeological excavations, carried out at Taxila under the orders of the government of India between the years 1913 and 1934*, Vol. 1, Cambridge: Cambridge University Press, 1951, pp. 786-789.

2 同上，第221–222页。

3 同上，第112–120页。

4 同上，第124–136页。

5 同上，第225页。

其次，墙上有观察孔可以让守卫者不用登城即可观察城外情况；最后，城市防御用的棱堡是半圆形，底层空心，增加了防御的层次感。[1]这表明贵霜时代的城市建筑风格在吸收了希腊式建筑工艺之后有了自己独特的改进。

由于该遗址范围内有现代的村落存在，学者们只能对其进行局部的发掘，所以斯尔苏克遗址的考古成果远不如西尔卡普遗址那样丰富。不过，据马歇尔对遗址中几所民居的发掘可知，斯尔苏克城曾经的民居不仅房间众多且都有自己的院落和储藏室[2]，这表明当时的城市商贸和人民生活已经达到了较高的水准。同时，在一所民居里还出土了一片用于戒指装饰的光玉髓，上面有胜利女神尼姬的图案；一个灰色片岩材质的蛇形支架，其顶部是科林斯柱式的装饰，架底刻有一个半身男子像，手法相对粗糙。此外，还有57枚用于装饰的珠子，包括玛瑙、光玉髓、绿松石、天青石、水晶、贝壳、釉陶、玻璃和珍珠等东西方贸易中常见的原材料。这些产品的出现在一定程度上揭示了斯尔苏克遗址在东西方贸易中的重要地位。[3]

总的来说，犍陀罗地区的贵霜城市大多以原来巴克特里亚人、印度–希腊人和印度–帕提亚人的城市为基础，贵霜帝国以军事征服的方式对它们加以控制。虽然它们以犍陀罗艺术为主要的文化特征，但其中也不乏中亚、伊朗和地中海东部的文化因素，体现了贵霜帝国多元文化相融合的特点，称它们为贵霜帝国的城市实不为过。根据玄奘《大唐西域记》记载，犍陀罗地区的城市在贵霜帝国治下得到了迅速发展，成为迦腻色伽一世在春季和秋季的驻跸地之一。[4]这就为丝绸之路在印度西北部的继续拓展奠定了重要的基础。

---

1 John Marshall, *Taxila: an illustrated account of archaeological excavations, carried out at Taxila under the orders of the government of India between the years 1913 and 1934*, Vol. 1, Cambridge: Cambridge University Press, 1951, pp. 218-219.

2 同上，第220–221页。

3 同上，第221–222页。

4 玄奘、辩机：《大唐西域记校注》，季羡林，等校注，北京：中华书局，1985年，第138–139页。

二、恒河中上游与印度河河口的贵霜城市：丝路的延伸

控制了犍陀罗地区之后，贵霜帝国继续向旁遮普和恒河流域扩展自己的版图。不过，贵霜帝国对恒河中上游地区的控制并不稳固。虽然腊跋闼柯铭文中曾明确提到了迦腻色伽一世对沙祇大（Sāketa）、憍赏弥（Kauśāmbī）、华氏城（Pataliputra），以及室利–瞻波（Śrī-Campā）等地的控制[1]，但从汉文史料和相关考古发掘来看，这些城市是否完全被贵霜人掌控，至今仍有不少疑问。

以腊跋闼柯铭文所提及的憍赏弥城为例。该城位于恒河支流朱木那河东岸，水源充足，土地肥沃，物产丰富。玄奘在《大唐西域记》中称其“土称沃壤，地利丰植，粳稻多，甘蔗茂”[2]。从考古发掘上看，憍赏弥遗址出土的文物种类繁多，包括陶器、赤陶俑、小型雕像、珠子、金属制品、象牙雕刻、玻璃器皿和熔炼用的坩埚等，表明憍赏弥城可能曾是恒河流域一个重要的商业和手工业中心。[3]不过，从憍赏弥出土的钱币来看，贵霜的钱币经常和南部印度诸国的钱币相混杂，而且数量远不如印度币。以城中主要的三处窖藏为例，第一处窖藏的54枚钱币中只有1枚归于迦腻色伽一世、3枚归于胡韦色伽，1枚归于瓦苏提婆，其余大部分是印度币；第二处窖藏的134枚钱币中只有1枚归于迦腻色伽；第三处窖藏的贵霜钱币只有4枚而且磨损严重，其余都是印度币。[4]笔者认为，这种不同钱币混杂的情况，一方面是双方贸易的结果，另一方面也表明贵霜帝国对憍赏弥城的控制可能并不稳固。

同样的情况也出现在沙祇大城。它大致位于恒河中游，憍赏弥城附

1 N. Sims Williams, J. Cribb, “A New Bactrian Inscription of Kanishka the Great”, *Silk Road Art and Archaeology*, Vol.4, 1996, pp. 75-147. 译文参考罗帅：《罗巴塔克碑铭译注与研究》，北京：科学出版社，2011年，第113–135页。

2 玄奘、辩机：《大唐西域记校注》，季羡林，等校注，北京：中华书局，1985年，第466–468页。

3 Cf. G. R. Sharma, *The Excavations at Kauśāmbī (1957-59)*, Allahabad: Allahabad University, 1960, pp. 45-85.

4 Kameshwar Prasad, *Cities Crafts and Commerce under the Kushānas*, Delhi: Agam, 1984, pp. 55-56.

近，一般被学者们比定为《后汉书·西域传》中的沙奇城。[1]按照《后汉书·西域传》的记载，贵霜人控制印度河流域后曾继续向印度腹地进军，征服了一个叫"东离"的国家，该国的都城就是沙奇城。[2]从地理上看，沙祇大城大致位于㤭赏弥城与华氏城之间，这与腊跋闼柯铭文中的行文顺序相吻合。不过，贵霜帝国对沙祇大城的控制也比较松散，因为在《魏略·西戎传》中曾提到过一个叫"车离"的国家，其国都城也是沙奇城。车离、东离，一字之异也，因此它被比定为《后汉书·西域传》中的东离。按《魏略·西戎传》的记载，贵霜帝国主要向该城征收劳役和税金。[3]可见，该国与㤭赏弥一样，虽然受到贵霜帝国的控制，但并没有被实际占领。

尽管贵霜人并没有能够完全控制恒河中游的所有城市，但贵霜城市在恒河中上游出现，却是毋庸置疑的。其中，最为重要的城市当属秣菟罗（Mathura）。该城位于恒河支流朱木那河西岸，自然条件优越，自古以来就是沟通犍陀罗、旁遮普和恒河中上游的交通枢纽。玄奘在《大唐西域记》中就有"（秣菟罗国）土地膏腴，稼穑是务……出细班毦及黄金。气序暑热，风俗善顺，好修冥福，崇德尚学"[4]的记载，而法显更是将其作为《佛国记》中"中天竺"部分的开篇[5]。贵霜帝国对该城的控制主要靠铭文来证实，在秣菟罗出土的部分铭文上就有贵霜王向该地寺庙进行奉献的记

1 亦有学者将之比作桑奇城（Sanchi）。参见余太山：《贵霜史研究》，北京：商务印书馆，2015年，第49–50页。但从地理上看，沙祇大城位于恒河边上，正好是从秣菟罗到华氏城的必经之地之一，因此将沙奇城比作沙祇大城要更为合理一些。

2 范晔：《后汉书·西域传》，李贤，等注，北京：中华书局，1965年，第2922页。

3 余太山：《两汉魏晋南北朝正史西域传要注》，北京：中华书局，2005年，第336–337页。

4 玄奘、辩机：《大唐西域记校注》，季羡林，等校注，北京：中华书局，1985年，第379–381页。

5 法显：《法显传校注》，章巽校注，北京：中华书局，2008年，第54页。

录。[1]

虽然受客观条件的限制，秣菟罗城的考古发掘非常零碎，但在零星的考古发掘中也有不少重要文物出土。例如在1954年的一次考古发掘中，秣菟罗的贵霜地层就出土了不少铁器、石盒、赤陶俑和一个用绿松石装饰的蓝色琉璃瓦顶尖。[2]德国考古队于1960年对松克（Sonkh）遗址进行发掘，除出土了大量的赤陶俑之外，还发现了120枚贵霜钱币，其中有两枚钱币归于胡韦色伽一世，剩下的大多是瓦苏提婆一世或者是迦腻色伽三世时期的钱币。[3]这一方面证明了秣菟罗地区手工业的发达和商品交易的活跃，另一方面也暗示了贵霜对秣菟罗的控制可能相对较晚。按照印度学者笈多（Parmeshwari Lal Gupta）的梳理，秣菟罗地区出土的贵霜钱币主要归于阎膏珍到瓦苏提婆一世的贵霜诸王，除了少数疑似维马·塔托时期的钱币之外，早期贵霜国王的钱币并未出现于秣菟罗地区。[4]这表明贵霜帝国控制秣菟罗地区的年代恐怕始于阎膏珍，一直持续到了贵霜晚期。

与白沙瓦城相似，秣菟罗城在丝绸之路上的地位也主要体现在文化上。虽然，秣菟罗地区的宗教造像成就极高[5]，但该地的国王和人物造像却更能说明问题。在秣菟罗的马特（Mat）地区曾出土过一尊刻着“Vima Taksuma”之名的国王坐像。这尊坐像身披一件中亚风格的束腰外衣，脚穿一双长长的游牧民族毡靴，这与传统的印度服饰截然不同。[6]最有代表性的

1 Daya Ram Sahni, “Three Mathura Inscriptions and their bearing on the Kushana Dynasty”, *Journal of the Royal Asiatic Society*, Vol. 56, Iss. 03, 1924, pp. 399-406.

2 A. Ghosh, *Archaeological survey of India 1954-55 A Review*, Archaeological survey of India, Government of India, New Delhi, 1955, pp. 14-15.

3 B. B. Lal, *Archaeological survey of India 1969-70 A Review*, Archaeological survey of India, Government of India, New Delhi, 1973, pp. 42-43.

4 Parmeshwari Lal Gupta, Sarojini Kulashershtha, *Kushan Coins and History*, New Delhi: D.K. Printworld Ltd.,1994, pp. 147-158.

5 需要说明的是，与犍陀罗地区不同，秣菟罗地区除了以佛教为主题的造像以外，还有大量以印度教甚至是耆那教为主题的宗教造像，其艺术水平不亚于佛教造像。

6 John M. Rosenfield, *The Dynastic Arts of The Kushans*, Berkely and Los Angeles: University of California Press, 1967, pp. 135-153.

证据就是塞人风格尖顶帽的出现。在秣菟罗地区就曾出土过一些头戴塞人风格尖顶帽的赤陶俑，其造型酷似中亚达尔弗津达坂（Dalverzin Tepe）出土的“塞人王子”，这很可能是贵霜人对塞人艺术形式的一种保留。[1]同样的尖顶帽形象还出现在贵霜国王的钱币上，从迦腻色伽一世开始，钱币上的国王也常常头戴尖顶王冠。[2]由此可见，即使进入了恒河上游地区，中亚塞人的艺术风格依然是贵霜艺术的重要组成部分，丝绸之路的文化通道作用由此可见一斑。

贵霜人在恒河地区的另一处重要城市是舍卫城（Shravasti），玄奘法师在《大唐西域记》中称之为“室罗伐悉底”。该城是恒河地区重要的佛教圣地，给孤独长者用金砖铺地，购得太子祇园，请佛陀说法的典故就发生在这里。由于贵霜帝国在向印度的扩张过程中，逐渐接受了佛教，舍卫城自然成为贵霜国王宣扬佛教的重要场所。虽然《大唐西域记》对该城物产信息的记录不详，但是随着近代以来坎宁汉、马歇尔等学者的考古发掘，贵霜人在舍卫城的活动最终得到了证实。

从出土的钱币上看，在舍卫城遗址的一个陶罐中曾经出土过107枚贵霜帝国的钱币，其中大多归于迦腻色伽一世、胡韦色伽一世和瓦苏提婆一世时期。[3]在贵霜时代的佛塔和窣堵波中，还发现了一尊有迦腻色伽名字标识的菩萨像以及大量黄金做的珠子和珍珠，这无疑暗示了舍卫城作为宗教中心的繁荣，给孤独长者金砖铺地的典故并非完全虚构。此外，伴随着朝圣者的往来，该城的商贸也有了一定的发展。在舍卫城18号窣堵波就曾出土过一个秣菟罗地区特有的红色泥石制作的底座，显然这是从秣菟罗地区贩

1 John M. Rosenfield, *The Dynastic Arts of The Kushans*, Berkely and Los Angeles: University of California Press, 1967, pp. 224-225.

2 从迦腻色伽一世开始，几乎所有的贵霜国王都有过头戴尖顶帽的形象。可参考杜维善：《贵霜帝国之钱币》，上海：上海古籍出版社，2012年，第110−171页。

3 J. H. Cunningham, *Archaeological survey of India: annual reports 1910-11*, Calcutta: Superintendent of Government Printing, 1914, pp. 7-15. Cf. Kameshwar Prasad, *Cities Crafts and Commerce under the Kushānas*, Delhi: Agam, 1984, p. 51.

运来的。[1]

与向恒河流域的扩张几乎同时，贵霜人也沿着印度河控制了旁遮普的大部分地区，印度河河口附近的印度–斯基泰人、印度–帕提亚人的海港也被纳入贵霜帝国的版图。不过，相对于贵霜帝国在印度内陆的城市，有关贵霜人在这些港口的活动，我们只能通过零星的考古发掘和印度方面的文献进行推测。

从考古发掘上看，完全被贵霜帝国所控制的港口是巴巴里库姆（Babaricum），它位于印度河河口，距离现在巴基斯坦的卡拉奇港不远。《厄立特里亚航海记》中就曾提到过该港口的地理、水文和进出口贸易的情况。[2] 此外，一些零星的考古发现证明贵霜帝国可能曾控制该地。例如许多晚期贵霜王迦腻色伽三世时期的铜币就曾在巴巴里库姆附近的班布尔地区（Bambore，今巴基斯坦卡拉奇港附近）被发现。[3]

早在亚历山大东征时期，从巴巴里库姆到塔克西拉的贸易通道就渐具雏形。据阿里安的记载，亚历山大曾在印度河流域建立或重修了数座城市和驻军点，如庆祝希达斯皮斯战役胜利的尼卡亚（Nikea）和纪念其战马的布西法拉（Bucephala）。[4] 在沿印度河南下撤军途中，亚历山大还派大将赫淮斯提昂在印度河中游的帕塔拉（Patala）一地修建过防御工事、港口和码头等设施[5]，并在印度河与阿塞西尼斯河的交口和印度河下游的索格多伊

1 Kameshwar Prasad, *Cities Crafts and Commerce under the Kushānas*, Delhi: Agam, 1984, p. 51.

2 Lionel Casson, *Periplus Maris Erythraei: Text with Introduction, Translation, and Commentary*, Princeton: Princeton University Press, 1989, p. 185. 亦可参考杨巨平：《两汉中印关系考——兼论丝绸之路南道的开通》，载于《西域研究》2013年第4期。

3 D.W. Macdowall, "Hoard of Later Kushan copper coins from Bambore", *Indologica Taurinensia*, Vol. XXIII-XXIV, 1998, pp. 551-559.

4 Arrian, *Anabasis of Alexander*, 5.19.4

5 Arrian, *Anabasis of Alexander*, 6.18.1.

（Sogdoi）地区进行过一定规模的建城活动。[1]

虽然，亚历山大在此地所建的城市在贵霜时期是否存在，目前尚待考证[2]；但从《厄立特里亚航海记》的记载来看，至少在贵霜帝国早期，这条支线依旧是畅通无阻的。从巴巴里库姆进口的货物会溯印度河而上，到达一座叫明纳加尔（Minnagara）的印度–斯基泰人王城。[3]最有说服力的证据来自塔克西拉地区出土的玻璃制品。虽然印度本地也有制造玻璃的技术，但真正质量上乘的玻璃制品还是来自地中海世界。在塔克西拉的西尔卡普遗址，学者们就曾在1世纪前后地层中出土过一些红色不透明的玻璃碎片，马歇尔认为这很可能就是从亚历山大城进口的未加工的毛玻璃。[4]此外，在同一地层还出土了一个蓝白两色的套色玻璃碗，上有浮雕，整个碗以蓝色玻璃为基底，上面用乳白色的玻璃装饰，样式跟大英博物馆中英国波特兰岛（Isle of Portland，今英国多赛特郡波特兰岛）出土的器皿有一些相似之处，很可能都来自罗马帝国。[5]

相对于巴巴里库姆，贵霜帝国对另一处港口——婆卢羯车（Bharuch）的控制则并不明显。尼利斯（J. Neelis）曾提到，从乌贾因到婆卢羯车一线的实际控制者是西部的塞人总督，他们和印度南部的百乘王朝

1 Arrian, *Anabasis of Alexander*, 6.15.1-2. 需要说明的是，根据相关记载，亚历山大在阿塞西尼斯河和索格多伊的建城活动是确凿无疑的，但这些城市的名称在文献中并无明确记载。有关亚历山大大帝在印度河所建城市的分析，可参见G. M. Cohen, *The Hellenistic settlements in the East from Armenia and Mesopotamia to Bactria and India*, Berkeley: University of California Press, 2013, pp. 291-293, 294-295, 308-312, 317-318, 320-321.

2 亚历山大所建的部分城市在《厄立特里亚航海记》中也曾被提及，如布西法拉城。见Lionel Casson, *Periplus Maris Erythraei: Text with Introduction, Translation, and Commentary*, Princeton: Princeton University Press, 1989, pp. 80-81.

3 Lionel Casson, *Periplus Maris Erythraei: Text with Introduction, Translation, and Commentary*, Princeton: Princeton University Press, 1989, pp. 74-75.

4 John Marshall, *Taxila: an illustrated account of archaeological excavations, carried out at Taxila under the orders of the government of India between the years 1913 and 1934*, Vol. 1, Cambridge: Cambridge University Press, 1951, p. 688.

5 同上，第689–691页。

（Satavahana）围绕婆卢羯车一地进行过多次争夺。[1]贵霜帝国对这些塞人总督采取的是羁縻政策，承认其统治的合法性。在秣菟罗地区的马特神庙中就有一尊名为卡斯塔纳（Chashtana）的塞人总督雕像。[2]按照托勒密的《地理志》记载，婆卢羯车附近曾有一座名为Ozena-Regia Tiastani的城市，其中，欧泽那（Ozena）一般指的是现在的乌贾因（Ujjain）地区，而Tiastani一词与Chashtana有一定的相似之处[3]，很可能暗示了该总督曾一度控制婆卢羯车附近的乌贾因等地，并得到了贵霜帝国的承认。

以这两座港口为基础，贵霜帝国的海上贸易得到了迅速发展。其中，尤以从印度到东南亚及中国的海路的确立为主要成就。其实，早在贵霜帝国建立之初，这条路线并不为人们所熟悉。《厄立特里亚航海记》中只提及"秦尼"的大致方位，以及从该地出口的生丝和丝绸，经巴克特里亚运往婆卢羯车，并转销各地的情况。[4]随着贵霜帝国的扩张和海运的发展，到2世纪中后期，这条海上贸易通道渐具规模。《后汉书·西域传》中就有天竺和大秦的使者经南海、日南郡到中国的记录。[5]虽然，这些大秦王安敦的使臣是否是商人的诈称，目前尚无定论，但其途经的日南郡却颇值得

1 J. Neelis, *Early Buddhist Transmission and Trade Networks: Mobility and Exchange within and beyond the northwestern borderlands of south Asia*, Leiden: Brill, 2011, p. 127.

2 Buddha Rashmi Mani, *The Kushan Civilization: Studies in Urban Development and Material Culture*, New Delhi: B.R. Pub. Corp., 1987, pp. 170-181.

3 Claudius Ptolemy, *The Geography*, translated and edited by Edward Luther Stevenson, New York: Dover Publication, Inc., 1991, p. 153. 相关分析亦可参考罗帅：《印度半岛出土罗马钱币所见印度洋贸易的变迁》，上海：上海古籍出版社，2015年，第115-116页。

4 厄立特里亚航海记成书时间大约在40—70年，此时正值贵霜帝国建立之初。有关"秦尼"的情况，见Lionel Casson, *Periplus Maris Erythraei: Text with Introduction, Translation, and Commentary*, Princeton: Princeton University Press, 1989, pp. 90-91.

5 范晔：《后汉书·西域传》，李贤，等注，北京：中华书局，1965年，第2920页。

注意。一般认为，日南郡大致位于今天广西和越南的交界地区。[1] 虽然，张骞关于"居大夏时见蜀布、邛竹杖"的记载，在一定程度上证明了西南陆路的存在，但相对于崎岖难行的滇缅道，经海路到东南亚和中国更为便捷。大秦与天竺的商人能够到达日南郡，实际上就暗示了从贵霜港口巴巴里库姆和婆卢羯车，经斯里兰卡，到东南亚和中国实有海路可通。考古发掘也证实了这一点，波比拉赫奇就曾提到，在斯里兰卡地区曾出土过迦腻色伽一世、迦腻色伽二世和瓦苏提婆二世时期的钱币[2]，而在越南的湄公河流域也有维马·塔托和阎膏珍时期的钱币出土[3]。虽然，自瓦苏提婆一世开始，贵霜帝国日渐衰落，但这条海路却并未因此而衰落，它继续承担着从东地中海经印度到东南亚和中国的海上贸易。在《北史·西域传》中就有"（大秦）东南通交趾，又水道通益州永昌郡。多出异物"[4]的记载。

总的来说，贵霜帝国虽未能有效地控制恒河流域的广大地区，但是其对恒河中上游地区部分城市的掌控还是可以证实的。以秣菟罗、舍卫城为代表的城市的出现，为丝绸之路穿越犍陀罗地区向印度腹地继续延伸提供了重要的媒介。旁遮普桑霍尔（Sanghol）遗址中出土的阎膏珍钱币[5]，恒河流域比塔（Bhita）、阿希切哈特拉（Ahichchhatra）、鹿野苑（Sarnath）等

---

1 按照《汉书·地理志》和《后汉书·南蛮西南夷列传》的记载，日南郡原为秦朝象郡的一部分，汉武帝灭南越国后，在原来的南越国属地分置十郡，日南郡为其中之一，属交趾刺史部。详见班固：《汉书·地理志》，李贤，等注，北京：中华书局，1965年，第1630页，第3858–3859页；范晔：《后汉书·南蛮西南夷列传》，李贤，等注，北京：中华书局，1965年，第2835–2837页。

2 O. Bopearachchi, R. M. Wickremesinhe, *Ruhuna, An Ancient Civilisation Revisited: Numismatic and Archaeological Evidence on Inland and Maritime Trade*, Colombo: Tharanjee Prints, 1999, pp. 74-75.

3 L. Malleret, *L'Archéologie du Delta du Mékong*, Tome 2, Paris: Colefranaised'Extrême-Orient, 1960, pp. 231-232. 相关分析亦可参考罗帅：《印度半岛出土罗马钱币所见印度洋贸易的变迁》，上海：上海古籍出版社，2015年，第115–116页。

4 余太山：《两汉魏晋南北朝正史西域传要注》，北京：中华书局，2005年，第653–654页。

5 Dr. C. Margabandhu, Pradeep Kumar Pandey, *Excavations at Sanghol(1985-86 to 1989-90)*, Archaeological Survey of India, New Delhi, Dec. 31, 2014, pp. 199-201.

地出现的贵霜陶器碎片[1]，就是丝路商贸在这些地区继续扩散的重要证据。随着贵霜帝国控制印度河河口附近的海港，丝路商品在南亚次大陆的大致流向基本得到了确证，它们有的是经贵霜帝国在恒河中上游的城市，转手于南部印度诸国，有的是经港口巴巴里库姆或者婆卢羯车，远销海外。

三、克什米尔的贵霜据点：罽宾—乌弋山离支线的全线贯通

贵霜帝国时期丝路的另一大进展就是罽宾—乌弋山离道的全线贯通。作为丝路南段最为重要的支线之一，它的贯通对后世产生了重要的影响。法显和玄奘的天竺之游，佛教和犍陀罗地区的艺术能够向南疆和西藏传播，具有鲜明特色的汉佉二体钱在于阗等地出现，这条支线发挥了非常重要的作用。

早在西汉时期，罽宾—乌弋山离道实际上就已经初现端倪。《汉书·西域传》中就记载了从子合（今皮山）出发，经乌秅国，涉悬度，最后到达罽宾和乌弋山离的大致路线。在之后的《后汉书·西域传》中，随着东汉帝国与于阗关系的发展，这条道路则更多取道于阗地区。[2]贵霜帝国崛起之后，兴都库什山以南的部分地区被贵霜人纳入其帝国的版图，这条支线上的主角也随之变成了贵霜帝国与东汉帝国。

为了抵抗东汉的威胁，贵霜人加强了罽宾一线的防御力量。今瓦罕河谷一带有一些最初由希腊-巴克特里亚人建立的堡垒，如卡哈卡一号城堡（Kaakhka I）、纳格特城堡（Namdgut）、雅穆春一号城堡（Yamchun I）和兰加尔城堡等。[3]它们起初是用于抵御东方游牧民族的侵扰，贵霜时期被

1 Kameshwar Prasad, *Cities Crafts and Commerce under the Kushānas*, Delhi: Agam, 1984, pp. 51-54.

2 参见班固：《汉书·西域传》，李贤，等注，北京：中华书局，1965年，第3881−3889页；范晔：《后汉书·西域传》，李贤，等注，北京：中华书局，1965年，第2915−2917页。

3 有关该地区的考古发掘主要来自巴巴耶夫、萨格杜拉耶夫等苏联学者之手。美国杰弗里·德·勒纳（Jeffery D. Lerner）教授曾经对该地的古堡遗址进行过实地考察。其文首次在南开大学国家重大项目“希腊化与丝绸之路”开题报告及学术讨论会上被宣读。

继续使用，部分城堡还发展成了小型城市。这些在瓦罕地区的城市，一方面为贵霜大军翻越葱岭进入塔里木盆地提供了可能，另一方面也为罽宾—乌弋山离道的全线贯通奠定了基础。

除瓦罕地区之外，在印度河上游的克什米尔地区同样也有贵霜人活动的迹象。其中，最明显的证据是北传佛教历史上著名的克什米尔结集（又称迦湿弥罗结集）。玄奘在《大唐西域记》中就提到了这次结集的情况。[1]该地能被迦腻色迦王作为佛教结集的地点，其本身就暗示了该地文化的繁荣和佛教的兴盛。另一个重要的证据是出土于拉达克（Ladakh）的哈拉策铭文（Inscription Khalatse）。该铭文实际上只有一句话，提到了当时统治该地区的国王叫“Uvima Kavthisa”，学界一般将其比定为阎膏珍（Vima Kadphises）[2]，这也被作为贵霜人控制克什米尔地区的证据之一。此外，克什米尔地区还发现了一些历代贵霜王的钱币，包括从丘就却到瓦苏提婆一世的贵霜诸王。[3]

有关贵霜帝国时期在克什米尔建城的记载主要来自印度的文献。根据卡尔哈那（Kalhana）创作的史诗《罗阇塔兰吉尼——克什米尔诸王编年史》（*Rajatarangini*），曾有三位贵霜国王（Huska、Juska和Kaniska）先后控制过克什米尔地区并建造了他们自己的城市（Huskapur、Juskapur和Kanispur）。[4]其中，Kanispur于1998—1999年得到了一定程度的发掘，该遗址位于印度克什米尔邦的夏季首府斯利那加（Srinagar）附近，主要由诸多小遗址构成。从出土的文物上看，有关贵霜时期的遗物主要是贵霜钱币、赤陶俑和陶罐。其中，钱币大部分归于迦腻色伽一世（也可能是二世），

1 玄奘、辩机：《大唐西域记校注》，季羡林，等校注，北京：中华书局，1985年，第1006-1012页。

2 Sten Konow, *Corpus Inscriptionum Indicarum*, Vol. II, Varanasi: Indological Book House, 1969, pp. 79-81.

3 Iqbal Ahmad, *Kashmir coins: Ancient coins of Jammu, Kashmir, Ladakh and its Frontier Districts*, Delhi: Dilpreet Publishing House, 2013, pp. 26-28.

4 M. A. Stein, *Kalhana's Rajatarangini: a Chronicle of the Kings of Kasmir*, Vol. I, Delhi: Motilal Banarsidass, 1961, p. 168. Cf. Kameshwar Prasad, *Cities Crafts and Commerce under the Kushānas*, Delhi: Agam, 1984, p. 37.

从部分陶罐风格上看，它们与马歇尔在塔克西拉诸遗址出土的陶器有一定的相似之处，显示出该地与犍陀罗地区的商贸联系。[1]

从罽宾开始，这条支线接通了前文提到的经贝格拉姆和犍陀罗地区前往恒河流域的丝路主干线，但它并非到犍陀罗诸城为止，而是继续向西南延伸至喀布尔和坎大哈等地。其中，喀布尔一般被定位于《后汉书·西域传》中提到的高附地区。在《后汉书·西域传》中就有“高附国，在大月氏西南，亦大国也。其俗似天竺，而弱，易服。善贾贩，内附于财。所属无常，天竺、罽宾、安息三国强则得之，弱则失之，而未尝属月氏。……后属安息。及月氏破安息，始得高附”[2]的记载。嗣后的《魏略·西戎传》更是明确提到了高附国隶属于大月氏。[3]因此，贵霜帝国对喀布尔地区的控制没有太大的争议。从考古发掘上看，无论是在喀布尔附近的哈达遗址还是在喀布尔城外的佩特兰马杰神庙，都发现了不少贵霜时期的文物和贵霜多元风格的建筑[4]，证实了该地区与贵霜帝国的密切联系。

从喀布尔地区再往南是赫尔曼德河畔的坎大哈，西方文献中则称之为阿拉霍西亚的亚历山大里亚城。不过，它是否就可比定为《汉书·西域传》中提到的乌弋山离城，目前尚有一定的争论。[5]从考古发掘上看，坎大哈是否是贵霜帝国的领土目前并不明确。再加上近代以来的战乱，阿富汗的考古发掘受限，而阿富汗地区的博物馆又大多毁于战火，馆藏文物多有

1 Buddha Rashmi Mani, *The Kushan Civilization: Studies in Urban Development and Material Culture*, New Delhi: B.R. Pub. Corp., 1987, pp. 170-181.

2 范晔：《后汉书·西域传》，李贤，等注，北京：中华书局，1965年，第2921页。

3 余太山：《两汉魏晋南北朝正史西域传要注》，北京：中华书局，2005年，第327–328页。

4 参见John M. Rosenfield, *The Dynastic Arts of The Kushans*, Berkeley: University of California Press, 1967, pp. 47-48，以及普加琴科娃的《贵霜艺术》，参见哈尔马塔：《中亚文明史》（第二卷），徐文堪译，北京：中国对外翻译出版公司，2002年，第260–315页。

5 实际上阿拉霍西亚等地共有4座名为亚历山大里亚的城市，分别为：Alexandria in Ariana，Alexandria in Arachosia，Alexandria in Prophthasia，Alexandria in Ghazni，乌弋山离具体所指仍有争论。详参余太山：《塞种史研究》，北京：商务印书馆，2012年，第251–267页。

散失，此问题只能等待进一步的研究。从坎大哈再往西或西南，就到了现在的锡斯坦，它是塞人最后控制的地区，再往西前进就是帕提亚的领土。

总的来说，伴随着贵霜帝国的建立，贵霜与东汉的博弈主要围绕罽宾—乌弋山离一线展开。为了抵抗东汉的威胁，贵霜人对帕米尔地区和克什米尔地区一带的军事据点进行了大力的拓展，为罽宾—乌弋山离支线的城市迎来了新的发展契机[1]，部分城市甚至保留到了唐代。在《大慈恩寺三藏法师传》中就曾提到，玄奘在途经迦湿弥罗国（克什米尔）时，曾借宿于一座名为“护瑟伽罗”的寺庙。[2]从语音上看，护瑟伽罗一名与贵霜王“Huvishka”有一定的相似之处，很可能该寺庙的所在地就是《罗阇塔兰吉尼——克什米尔诸王编年史》中提到的“Huskapur”。依据相关的考古发掘，该遗址出土的雕像虽以印度风格为主，但装束和服饰也不乏希腊、塞人和印度的风格，体现了克什米尔作为交通要道的地位以及贵霜文化多元融合的特点。[3]可以说，正是克什米尔地区贵霜据点的出现，为往来于西域诸国、中原王朝和印度各地的使节、僧侣和商人提供了重要的驿站，也使得罽宾—乌弋山离支线成为丝路南道最为重要的路线之一。

四、结论

贵霜帝国时代是丝绸之路发展史上一个承前启后的时代。自亚历山大东征以来，兴都库什山以南的城市就得到了迅速的发展，逐渐形成了以犍

1 需要说明一点：有关罽宾一地的大致范围，目前颇有争议。现有“喀布尔说”“克什米尔说”“犍陀罗说”和“迦毕试说”等诸多说法。可分别参见W. W. Tarn, *The Greeks in Bactria and India*, Cambridge: Cambridge University Press, 2010, pp. 469-473；列维·沙畹：《罽宾考》，冯承均译，载于《史地丛考》1928年11月，第111-115页；余太山：《塞种史研究》，北京：商务印书馆，2012年，第144-167页；岑仲勉：《汉书西域传地里校释》，北京：中华书局，1981年，第160页。不过，笔者认为，即使克什米尔地区的部分贵霜城市可能不在当时罽宾的范围之内，它们的出现也无疑为罽宾—乌弋山离一线的拓展提供了重要的助力。

2 慧立、彦悰：《大慈恩寺三藏法师传》，孙毓棠、谢方点校，北京：中华书局，2000年，第43页。

3 Ram Chandra Kak, *Ancient monuments of Kashmir*, London: The India Society, 1933, pp. 152-154, LVIII, LIX.

陀罗为中心的城市圈。虽然，在游牧民族迁徙的浪潮下，中亚和西北印度地区由希腊化文化为主导的格局受到了一定程度冲击，但这一城市圈并没有因此衰落下去。贵霜帝国通过军事征服的方式控制犍陀罗后，这些城市的先进文化反而征服了游牧出身的贵霜人。贵霜帝国将这些城市予以保留和扩建，逐渐形成了以犍陀罗地区为核心，辐射恒河中上游、帕米尔地区和克什米尔地区的贵霜帝国城市网，这就为丝绸之路在印度西北部的延伸提供了重要的前提和基础。同时，丝路商贸的发展和文化的交流又保证了这些城市的继续繁荣以及商业吸引力。在这种相互作用之下，丝绸之路在南亚次大陆的走向大致确定了下来。

拜占庭对古典医学的继承和发展

邹　薇[*]

拜占庭医学是中世纪欧洲医学不可或缺的组成部分，它在继承传统的同时又取得了显著的成就，对西方乃至世界医学的发展都起到了积极作用。拜占庭医学在330年帝国建立至1453年帝国灭亡这一千多年中，保存了大量的古典医学著作并传播至阿拉伯地区和西欧地区，拜占庭在继承古典医学理念和治疗方法的同时，亦在不断创新和发展。

然而，长期以来，国际医学史界对于拜占庭医学的贡献和成就的认识存在诸多问题，一些有影响力的医学史专著的相关内容也不甚令人满意。医学史专业的学者们就该问题的看法大致分为两类：一类是给予较为积极的评价，认为拜占庭医学尽管在某些方面虽不尽如人意，但仍领先于同时期的西方国家[1]；另一类则认为拜占庭医学没有出现任何进步，甚至衰退了，因为它直接承袭古典医学，而古希腊、罗马医学历经希波克拉底和盖伦等人已形成了较为完整的医学体系，拜占庭医学对古典医学仅有守成之

* 邹薇，四川大学历史文化学院副教授，主要研究方向为拜占庭历史与文化。

1 该派学者以罗伊·波特为代表，但是其主编的《剑桥插图医学史》中拜占庭医学所占的篇幅极少。参见罗伊·波特：《剑桥插图医学史》，张大庆主译，济南：山东画报出版社，2007年。

心。[1] 还有些作品忽视甚至抹杀了拜占庭医学在医学史中的存在。[2] 无论如何，这些医学史著作都没有给予拜占庭医学客观、公允的评价。

国际拜占庭学界对拜占庭医学史的研究立足于原始材料和文物遗存，在文献整理方面成果斐然。拜占庭医学的原始文献来源有三。其一为医学著作，如被整理出版的4至14世纪拜占庭重要医学家的主要著作，包括欧利巴休斯[3]、阿伊提乌斯[4]、塞奥菲路斯[5]、埃伊纳的保罗[6]、佩帕哥门诺思[7]、米莱普索斯[8]和阿克图阿里乌斯[9]等人的作品；其二为拜占庭的史籍和军事作

1 盖布里埃尔等人在《军事医学史》中称“拜占庭时期未出现任何的医学创新”，参见理查德·A. 盖布里埃尔、凯伦·S. 梅兹：《军事医学史》，王松俊译，北京：军事医学科学出版社，2011年，第54页；卡斯蒂廖尼在《医学史》中称拜占庭医学是“医学科学的衰颓”，参见阿尔图罗·卡斯蒂廖尼：《医学史》（上册），程之范、甄橙主译，南京：译林出版社，2013年，第241-255页。

2 玛格纳在《医学史》罗列了各大洲的医学发展史，重点介绍西欧医学，却没有拜占庭医学，参见洛伊斯·玛格纳：《医学史》，刘学礼主译，上海：上海人民出版社，2009年；凯利在《医学史话：中世纪500—1450》中将拜占庭医学归入伊斯兰医学，视拜占庭医学文化为伊斯兰文化的一部分，这显然有悖于历史常识，参见凯特·凯利：《医学史话：中世纪500—1450》，徐雯菲译，上海：上海科学技术文献出版社，2012年。

3 Oribasius, *Oeuvres d'Oribase, Texte Grec, en Grande Partie Inédit, Collationnée sur les Manuscrits*, Paris: Impr. nationale, 1851-1876; Oribasius, *Collectionum Medicarum Reliquiae*, Lipsiae: In aedibus B. G. Teubneri, 1928-1933; Oribasius, *Dieting for an Emperor: a Translation of Books 1 and 4 of Oribasius' Medical Compilations with an Introduction and Commentary*, Leiden & New York: Brill, 1997.

4 Aetius of Amida, *The Gynaecology and Obstetrics of the VIth Century, A. D.*, Philadelphia: Blakiston, 1950; Aetius of Amida, *The Ophthalmology of Aëtius of Amida*, Oostende, Belgium: J. P. Wayenborgh, 2000.

5 Theophilos Protospatharios, *De Hominis Fabric*, Parisis: Apud Guil. Morelium, 1555.

6 Paul of Aegina, *The Medical Works of Paulus Aegineta*, London: Welsh, Treuttel, Würtz, 1834.

7 Demetrius Pepagomenus, *Peri Podagras*, Parisiis: Apud Guil. Morelium, 1558; Demetrius Pepagomenus, *Prontuario Medico: Testo Edito per la Prima Volta*, Napoli: Bibliopolis, 2003.

8 Nicolaus Myrepsus, *Medicamentorum Opus, in Sectiones Quadragintaocto Digestum, Hactenus in Germania non Visum*, Basileae: Per Jo. Oporinum, 1549.

9 Joannes Actuarius, *Opera*, Argentorati: Per Vuendelinum Rihelium, 1542; Joannes Actuarius, *De Urinis Libri VII*, Trajecti ad Rhenum: Ex officinà Gisberti à Zyll, 1670.

品，其中有不少关于拜占庭医疗社会状况和军事医学的文字记载[1]；其三为档案类的修道院奠基文献和拜占庭律法，修道院奠基文献主要涵盖修道院所属的拜占庭医院的各种原始档案[2]，而拜占庭法律文书则规定了特定类型的疾病、残疾和致残等对家庭和社会关系的影响[3]。

在拜占庭医学研究领域，学者们更多地关注医学家个体及其著作，或是围绕某个社会医学问题进行研讨[4]，另有一些作品专门探讨拜占庭的某种疾病及其诊疗层面的问题[5]，还有一些成果关注拜占庭的医疗设施和慈善机

---

1 如普罗柯比：《秘史》，吴舒屏、吕丽蓉译，上海：上海三联书店，2007年；Michael Psellus, *Fourteen Byzantine Rulers: The Chronographia of Michael Psellus*, Baltimore: Penguin Books, 1966；Niketas Choniatēs, *O City of Byzantium, Annals of Niketas Choniatēs*, Detroit: Wayne State University Press, 1984；Maurice, *Maurice's Strategikon: Handbook of Byzantine Military Strategy*, Philadelphia: University of Pennsylvania Press, 1984，等等。

2 其中包括拜占庭皇帝下旨修建医院的黄金诏书、敕令和规章制度等，参见John Thomas, A. C. Hero, *Byzantine Monastic Foundation Documents: A Complete Translation of the Surviving Founders' Typika and Testaments*, Washington, D.C.: Dumbarton Oaks Research Library and Collection, 2000。

3 拜占庭利奥三世皇帝颁布的《法律选编》（*Ecloga*），规定了如果夫妻双方中任何一方患麻风病，健康的一方可获法律支持离婚。参见博格曼：《法律选编：利奥三世和君士坦丁五世法典》（Ludwig Burgmann, *Ecloga: das Gesetzbuch Leons III und Konstantinos' V*, Frankfurt am Main: Löwenklau-Gesellschaft, c.1983）。

4 R. Gurunluoglu, A. Gurunluoglu, "Paul of Aegina: Landmark in Surgical Progress", *World Journal of Surgery*, Vol. 27, No. 1, 2003, pp. 18-25; B. Baldwin, "The Career of Oribasius", *Acta Classica*, Vol. 18, No. 1, 1975, pp. 85-98; Dionysios Ch. Stathakopoulos, *Famine and Pestilence in the Late Roman and Early Byzantine Empire*, Burlington, VT: Ashgate, 2004; John Scarborough, *Pharmacy and Drug Lore in Antiquity: Greece, Rome, Byzantium*, Burlington, VT: Ashgate, 2010.

5 Emilie Savage-Smith, "Hellenistic and Byzantine Ophthalmology: Trachoma and Sequelae", *Dumbarton Oaks Papers*, Vol. 38, No. 1, 1984, pp. 169-186; Jean Théodoridès, "Rabies in Byzantine Medicine", *Dumbarton Oaks Papers*, Vol. 38, No. 1, 1984, pp. 149-158; H. Christopoulou-Aletra, N. Papavramidou, "'Diabetes' as Described by Byzantine Writers from the Fourth to the Ninth Century AD: the Graeco-Roman Influence", *Diabetologia*, Vol. 51, No. 5, 2008, pp. 892-896.

构[1]以及拜占庭医学对后世的影响[2]，但是总体而言缺乏关于拜占庭医学系统的宏观的整体性研究。

国内学术界已经有一些学者开始关注拜占庭医学问题，在部分著作中对拜占庭医学的总体特征进行了高度概括[3]，还有部分学者开始关注个案研究，他们从生态环境史的角度分析“查士丁尼瘟疫”这一重要历史现象，令许多现有的结论得以在新的研究视野中得到重新探讨[4]。

纵观国内外学术界对拜占庭医学的研究，无论是从医学史的角度还是拜占庭史专业的角度衡量，都存在一定的拓展空间。拜占庭医学不仅仅是古典医学的守成和运用，拜占庭医学在中世纪也并非衰退的、没有任何发展的。因此，笔者试图在辩证唯物论指导下结合史料，探讨拜占庭医学对古典医学的继承与发展。

一、对古典医学的继承

从空间横轴来看，拜占庭帝国的核心区域囊括了古希腊地区，同在一

1 T. S. Miller, *The Birth of the Hospital in the Byzantine Empire*, Baltimore: Johns Hopkins University Press, 1997; D. J. Constantelos, *Byzantine Philanthropy and Social Welfare*, New Rochelle, N.Y.: A.D. Caratzas, 1991.

2 如帕特里夏·安·克拉克的《拜占庭传统下的一个克里特岛医者手册：文本、翻译和评论》（Patricia Ann Clark, *A Cretan Healer's Handbook in the Byzantine Tradition*, Farnham: Ashgate, 2011），主要研究了20世纪的克里特医生尼古拉斯·君士坦提乌斯·塞奥多拉克斯著作的拜占庭源流。

3 国内有些学者认为拜占庭医学是在古典希腊医学基础上发展起来的，是一门在民众中普及的科学，拜占庭人注重养生和预防，重视医院的建设。参见陈志强：《拜占庭帝国通史》，上海：上海社会科学院出版社，2013年，第303-304页；陈志强：《拜占廷学研究》，北京：人民出版社，2001年，第243-244页；陈志强：《独特的拜占廷文明》，北京：中国青年出版社，1999年，第346-347页。

4 这方面的代表性作品如下。陈志强：《地中海世界首次鼠疫研究》，载于《历史研究》2008年第1期；陈志强：《“查士丁尼瘟疫”影响初探》，载于《世界历史》2008年第2期；陈志强：《“查士丁尼瘟疫”考辩》，载于《世界历史》2006年第1期；刘榕榕，董晓佳：《浅议“查士丁尼瘟疫”复发的特征及其影响》，载于《世界历史》2012年第2期；刘榕榕，董晓佳：《试论“查士丁尼瘟疫”对拜占庭帝国人口的影响》，载于《广西师范大学学报》2013年第2期；崔艳红：《查士丁尼大瘟疫述论》，载于《史学集刊》2003年第3期，等等。

方水土，医疗背景相同，当然会继承古希腊的医学而非其他地区的医学；从时间纵轴分析，拜占庭帝国的历史同古罗马的历史传统息息相关、一脉相承，拜占庭对古罗马医学的继承是其历史发展的逻辑结果和延伸。

拜占庭对古典医学的继承首先表现为拜占庭医学家对古希腊、罗马医学经典的保存、汇编、引用和评注。在中世纪西欧古代典籍大多绝迹的情况下，拜占庭医学家的这些活动直接或间接、完整或片段地保存了古典医学著作，使它们不仅能对当时的医学发展提供有益的帮助，也能被后世了解和研究。

其一，拜占庭帝国直接保存了诸如希波克拉底等人的多部古典医学手稿和著作。古希腊医学家和药学家迪奥斯科里迪斯《药物论》（*Περὶ ὕλης ἰατρικῆς*）的希腊语手稿至今保存在阿索斯圣山的修道院中。[1] 著名的《希波克拉底誓词》也保存在一部12世纪的拜占庭手稿中[2]，被现当代医护人员所熟知。这些保留下来的珍贵人类文化遗产不仅为拜占庭人汲取古典医学精华提供了必要条件，也使我们现在得以一窥古典医学的真实原貌。

其二，拜占庭人对古典文稿进行整理汇编，使众多现已散佚的希腊医学手稿在拜占庭文献中得以保存，传承至今。欧利巴休斯在朱利安皇帝的授意下不仅汇编了希腊医学家盖伦作品的全集[3]，还将古典时期其他医学家如阿基吉尼斯、安提鲁斯和亚里士多德等人的医学著作汇编成册[4]，名为《医学汇编》（*Ἰατρικαὶ Συναγωγαί*），共70卷（另一说为72卷）。拜占庭人的整理汇编活动一直持续到帝国晚期。尼古拉斯·米莱普索斯是13世纪的拜占庭医学家，编修了众多古典医学手稿，包括盖伦等人的作品，他

1 H. Selin, *Encyclopaedia of the History of Science, Technology, and Medicine in Non-Western Cultures*, Berlin, New York: Springer, 2008, p. 1077.

2 I. M. Rutkow, *Surgery: An Illustrated History*, St. Louis, MO: Mosby-Year Book, Inc., 1993, p. 27.

3 陈志强：《拜占庭帝国通史》，上海：上海社会科学院出版社，2013年，第303页。

4 E. T. Withington, *Medical History from the Earliest Times: A Popular History of the Healing Art*, London: The Scientific Press, 1894, p. 129.

将这些手稿同自己的著作编订在一起称为《药典》（*Dynameron*）。[1] 同时期的迪米特里·佩帕哥门诺思的医学著作则包含了希波克拉底和盖伦的处方。[2] 拜占庭对古典医学的汇编贯穿了帝国历史，成为其独特的医学传统。

第三，拜占庭医学家除了整理汇编，还大量引用古典医学著作。这一行为的意义在于帮助后人在某些古典医学著作已经失传的情况下，能够从拜占庭医书中寻回部分信息，同时将被传承的知识和拜占庭人创新的医学知识进行明确区分。7世纪的医学家、“首席执剑官”（πρωτοσπαθάριος）塞奥菲路斯著有《论人体构造》（*Περὶ τῆς τοῦ ἀνθρώπου κατασκευῆς*）一书，其中解剖和生理学部分大量引用希波克拉底和盖伦的作品。[3] 同一时期埃伊纳的保罗，其医学百科全书的诸多材料旁征博引自盖伦和欧利巴休斯的作品。[4] 11世纪的著名学者米哈伊尔·普塞洛斯著有《论食物的性质》（*De cibarium facultate*），该书是对阿伊提乌斯著作的解释，其中大量材料引自古希腊迪奥斯科里迪斯的《药物论》。[5]

另外，值得一提的是拜占庭人重视对古典医学著作的注疏。注疏一方

1 Deno John Geanakoplos, *Byzantine East and Latin West: Two Worlds of Christendom in Middle Ages and Renaissance*, New York: Barnes & Noble, 1966, p. 31.

2 Konstantinos C. Gritzalis, “The Biological Elements and the Aspects on Human Biology of Demetrios Pepagomenos (AD 13th century) in His Work ‘*Syntagma peri Podagras*’”, in M. Pandolfi, P. Vanni, *IV International Meeting on the History of Medicine: RELAZIONI*, Firenze: Croce Rossa Italiana, pp. 85, 91.

3 Theophilus Protospatharius, *De Corporis Humani Fabrica*, Vol. 11, Oxonii: E Typographeo Academico, 1842, Chapter 3; Theophilus Protospatharius, *Commentarii in Hippocratis Aphorismos, Scholia in Hippocratem et Galenum*, Vol. 2, Amsterdam: Adolf M. Hakkert, 1966, p. 531; Cf. G. Konstantina, G. Maria, “The Presence of Air Bubbles in Bodily Excrements as a Bad Prognostic Sign According to Ancient Greek and Byzantine Writings”, in M. Pandolfi, P. Vanni, *IV International Meeting on the History of Medicine RELAZIONI*, Firenze: Croce Rossa Italiana, p. 54.

4 A. P. Kazhdan, *The Oxford Dictionary of Byzantium*, New York: Oxford University Press, 1991, p. 1607.

5 P. Moore, *Iter Psellianum: a Detailed Listing of Manuscript Sources for All Works Attributed to Michael Psellos, Including a Comprehensive Bibliography*, Toronto : Pontifical Institute of Mediaeval Studies, 2005, p. 437.

面有利于当时的拜占庭人理解古典医学，更好地承继古典医学，另一方面则有利于后人从其注疏中找寻已经失传的古典医学章节。6至7世纪的医学家帕拉迪乌斯评注了希波克拉底的《骨折论》和《流行病论》以及盖伦的著作。[1]与此同时，拜占庭帝国各修道院和图书馆所收藏的古典医学手稿也逐渐传入阿拉伯地区，被翻译成阿拉伯语后影响了阿拉伯医学。直到11世纪，西欧世界才从阿拉伯人手中获得拜占庭人汇编的古典医学著作。拜占庭人对古典医学手稿的保存，对古代医学著作的整理、汇编、引用、评注等工作扩大了古典医学影响的时空范围，使得文艺复兴时期的西欧能通过对拜占庭和阿拉伯的文化传承，获取并学习古典医学知识。

在传承古典医学典籍的同时，拜占庭亦继承了诸多古典医学思想、医学体系和医疗方法。拜占庭医学家对希波克拉底和盖伦相当尊重，他们从本质上接受希波克拉底和盖伦所构建的古典医学思想和体系，遵从希波克拉底和盖伦的各种医疗方法。他们对古典医学思想的接受、对古典医学体系的吸纳和对古典医疗方法的实践表现在诸多方面。

首先，拜占庭人接受多数“疾病不是因神的惩罚造成的，而是环境因素、饮食习惯和生活习惯的产物”[2]的理念，认为疾病是可以预防和治疗的，而预防疾病重在养生。拜占庭的养生观深受希波克拉底的影响，其养生知识不仅为专业医生所掌握，而且被拜占庭知识分子和大多数普通民众所了解。拜占庭的《饮食历书》将一年四季分为干、湿、热、冷4个阶段，详细地罗列了宜食和忌食名单。[3]他们也同古希腊和古罗马人一样热衷沐浴。根据统计，仅帝国首都君士坦丁堡内就有8个豪华的公共浴池和153个

1 H. von Staden, “Hellenistic Reflections on the History of Medicine”, in P. J. van der Eijk (ed.), *Ancient Histories of Medicine: Essays in Medical Doxography and Historiography in Classical Antiquity*, Leiden & New York: Brill, p. 159.

2 W. H. S. Jones, *Hippocrates Collected Works*, Cambridge, Mass.: Harvard University Press, 1868, p. 11.

3 陈志强：《拜占庭帝国通史》，上海：上海社会科学院出版社，2013年，第303页。

私人浴池。[1]普通人每天洗两三次澡，还有专门的房间用于蒸气浴。6世纪的史学家约达尼斯记载了安齐亚力城12里外的一处温泉浴，认为“在世上无数的温泉之中，它的疗效被奉为特别著名和有效的”[2]。在同时期的西欧，由于罗马教会认为水可以通过皮肤携带疾病进入人体，公共浴池使教徒道德沦丧，遂禁止民众沐浴。此举愈发衬托出拜占庭人对古典养生理论知识的继承与热衷。

因疾病并非神的惩罚，环境和生活习惯等所导致的疾病便可预后，这也是拜占庭继承古典医学思想的一个方面。希波克拉底学派的预后是指“医生在病人旁边独立发现和断言病人的现在、过去和未来，填补病情记录的空白”[3]。我国史籍《通典》中记载拜占庭医生善于“未病先见”[4]，这同古典医学讲求预后息息相关。7世纪拜占庭医书中记载了医生尼赫尔观察预后了121名病人，只有7名病人没有出现预期的出血症状。[5]这说明拜占庭医生已经善于通过观察预知后事，并采取最佳的调理和治疗手段。

其次，拜占庭医学界在医学体系领域完全接受了“四体液论”作为医学的本源，并据此解释和治疗疾病。古典的医学体系主要体现在希波克拉底《论人类的本质》中提出的“四体液论”，即人体要素是血液、黏液、黄胆液和黑胆液，它们同冷热干湿和一年四季共同作用，当它们失去平衡汇集在某处或是某处体液空虚都会使人疼痛生病，这就为解释疾病的特征提供了理论基础。[6]拜占庭史学家米哈伊尔·普塞洛斯在《编年史》中记载了君士坦丁九世皇帝患病的情况，描绘其体液不平衡的症状：“无疑君士

1 爱德华·吉本：《罗马帝国衰亡史》（上册），黄宜思、黄雨石译，北京：商务印书馆，2002年，第382页。

2 Jordanes, *The Origin and Deeds of the Goths*, Princeton: Princeton University Press, 1908, p. 35.

3 Hippocrates, *Prognostic*, in *Hippocrates*, Vol. 2, W. H. S. Jones (trs.), London: W. Heinemann & New York: G.P. Putnam, 1923, p. 7.

4 杜佑：《通典》，北京：中华书局，1988年，第5266页。

5 Paul of Aegina, *The Medical Works of Paulus Aegineta*, Vol. 1, London: Welsh, Treuttel, Würtz, 1834, p. 181.

6 Hippocrates, *On Wounds in the Head*, in *Hippocrates*, Vol. 3, W. H. S. Jones (trs.), London: W. Heinemann & New York: G.P. Putnam, 1923, pp. 13-23.

坦丁（体液）的主要结构发生了重大变化，它们不断汇聚，破坏了先前的协调，体现在他的双脚、躯干关节和双手。随后大量地影响到了肌肉本身和背部的骨骼，彻头彻尾地令他震颤摇晃，好似一艘于风平浪静之时满载货物出海的船遇到了海浪的袭击。”[1] 古典医学体系对拜占庭医学影响之深由此可见。

第三，在治疗手段方面，由于拜占庭人接受大多数的疾病是环境、饮食和生活习惯导致四种体液失去平衡而发病的理念，那么他们也接受治病首先就是让体液恢复平衡的医学手段。拜占庭人按照希波克拉底的实践经验，认为药物是治疗的首选。拜占庭早期的医学实践遵循古老传统，以养生与药物等手段来治疗疾病[2]，当养生方式无效时就需要使用药物。拜占庭人使用了很多古希腊人惯用的草药，例如：藜芦用于催吐，秋水仙用于治疗痛风。[3]

当药物无效时，恢复体液平衡就需要各种手术，其中之一便是放血。希波克拉底认为有些患者可适时放血，有些则不能。[4] 盖伦在“四体液学说”的基础上大力提倡放血疗法，病情越严重，放血量越多。盖伦充分了解动脉与静脉的区别，他根据病人的年龄、体质、季节、天气、地点和发病器官等构建了一套非常复杂的放血疗法体系。埃伊纳的保罗、欧利巴休斯和阿伊提乌斯等人在自己的医著中详细介绍了放血的适用病症和程序[5]；侯尼亚迪斯在《记事》中亦记载阿莱克修斯三世在准备推翻依沙克

1 Michael Psellus, *Fourteen Byzantine Rulers: The Chronographia of Michael Psellus*, Baltimore: Penguin Books, 1966, p. 222.

2 O. Temkin, “Byzantine Medicine Tradition and Empiricism”, *Dumbarton Oaks Papers*, Vol. 16, No. 1, 1962, p. 100.

3 同上。

4 Hippocrates, *Humours*, in *Hippocrates*, Vol. 4, W. H. S. Jones (trs.), London: W. Heinemann & New York: G.P. Putnam, 1923, p. 95.

5 Paul of Aegina, *The Seven Books of Paulus Aegineta*, Vol. 1, London: Publications of the Sydenham Society, 1844, p. 547; W. Smith, *A Dictionary of Greek and Roman Antiquities*, Vol. 1, Boston: Little, Brown, 1870, pp. 644, 991; N. Papavramidou, H. Christopoulou-Aletra, “Medicinal use of Leeches in the Texts of Ancient Greek, Roman and Early Byzantine Writers”, *Internal Medicine Journal*, Vol. 39, No. 9, 2009, p. 626.

二世时，以放血为由拒绝了皇帝的邀请，“他伪称身体不适，已经准备放血”[1]。其二便是当药物对溃疡无效或是收效甚微的时候，切开溃疡放脓。希波克拉底在《溃疡论》中认为，如果溃疡肿胀，“糊剂用于脓肿发炎时，必须用在溃疡的周围，用毛蕊花、车轴草叶、岩生草叶和狭叶香科共煎制成后敷用”，“应选择适当时机将溃疡面切开以便分泌物流出”。[2]当皇帝约翰二世的伤口开始溃烂时，医生“使用其他可以减轻伤口溃烂的药物，当这些药物被证明是无效时，医生考虑动手术，脓肿部分被切开”[3]。其三便是比较大型的外科手术。古典医学的外科手术十分发达，希波克拉底和盖伦在外科手术上颇有建树。拜占庭外科手术技术极为高超，开颅术的声名甚至曾传至中国。《通典》中记载拜占庭外科医生“善医眼及痢……或开脑出虫”[4]。最后，像希波克拉底派那样，拜占庭人也将烧灼法视为最后的一根救命稻草[5]。在《记事》中，皇帝阿莱克修斯三世为了治疗已经溃烂化脓的腿疾，瞒着医生最后私自采用了这一方法，“他深深按下烙铁烙自己的腿”[6]。

拜占庭对于古典医学的继承是全方位的，从典籍本身到其中所蕴含的医学思想、体系和治疗手段都予以接受并运用到医学实践中，拜占庭医学可以说是古典医学的忠实继承者。

二、对古典医学的发展

当时间纵线进入到中古时代，拜占庭帝国核心区域发生了环境和人口

1 Niketas Choniatēs, *O City of Byzantium, Annals of Niketas Choniatēs*, Detroit: Wayne State University Press, 1984, p. 247.

2 Hippocrates, *On Ulcers*, in *Hippocrates*, Vol. 8, P. Potter (trs.), London: W. Heinemann, 1995, pp. 5-6.

3 Niketas Choniatēs, *O City of Byzantium, Annals of Niketas Choniatēs*, Detroit: Wayne State University Press, 1984, pp. 23-24.

4 杜佑：《通典》，北京：中华书局，1988年，第5266页。

5 Hippocrates, *Nature of Women*, in *Hippocrates*, Vol.10, P. Potter (trs.), Cambridge, Mass.: Harvard University Press, 2012, p. 201.

6 Niketas Choniatēs, *O City of Byzantium, Annals of Niketas Choniatēs*, Detroit: Wayne State University Press, 1984, p. 273.

的变动，同时在空间方面，帝国领土的扩张与收缩使拜占庭出现了不同于古典时期的社会文化变迁。因此，拜占庭虽继承了古典医学的诸多理论与知识，但它并非仅仅是古典医学的载体，而是结合其自身历史特点予以发展。

首先，拜占庭帝国疆域广阔，地理与气候条件各异，帝国内部族群众多，其成分与古希腊、罗马时期不同，不断有新的族群加入。他们体质各异，使得原有的仅在希腊等地区实践的古典医学无法满足拜占庭人民的需求，新的疾病、新的检测手段和治疗方法被发现并得以发展。

在疾病方面，拜占庭人对一些病症的认识已经在古典医学的基础上有所发展，新的认知被文艺复兴时期的医生所接受，其部分观点甚至已经接近现代医学的结论。盖伦等古典医生认为糖尿病是一种罕见的疾病[1]，而欧利巴休斯等拜占庭医生则对该病非常熟悉，他们认为病因是肾脏和膀胱的病变，症状则是过度口渴和尿频[2]。阿伊提乌斯对痤疮新的认识受到文艺复兴时期医生的肯定。拜占庭医生认为"查士丁尼瘟疫"是腹股沟淋巴结炎[3]，这种看法已经很接近现代医学对于鼠疫症状的认识了[4]。13世纪的御医迪米特里·佩帕哥门诺思著有《痛风原理》（*Σύνταγμα περὶ τῆς ποδάγρας*），其中提出痛风是由排泄不畅所致的新观点[5]，被文艺复兴时期的医学界接受。佩帕哥门诺思的观点同现代医学关于痛风的结论类似，即痛风同嘌呤代谢紊乱和（或）尿酸排泄减少直接相关。

在检测手段方面，14世纪的医生约翰·阿克图阿里乌斯对于尿液和验

---

1 F. Henschen, "On the Term Diabetes in the Works of Aretaeus and Galen", *Medical History*, Vol. 13, No. 2, 1969, pp. 190-192.

2 H. Christopoulou-Aletra, N. Papavramidou, "'Diabetes' as Described by Byzantine Writers from the Fourth to the Ninth Century AD: the Graeco-Roman Influence", *Diabetologia*, Vol. 51, No. 5, 2008, p. 894.

3 普罗柯比：《秘史》，吴舒屏、吕丽蓉译，上海：上海三联书店，2007年，第17页。

4 F. Kudlien, "Aetius of Amida", in C. C. Gillispie (ed.), *Dictionary of Scientific Biography*, Vol. 1, New York: Charles Scribner's Sons, 1970, pp. 68-69.

5 G. Sarton, *Introduction to the History of Science*, Vol. 2, Baltimore: Williams & Wilkins, 1953, p. 1095.

尿的研究取得了突破。他对尿液的观察和检测为此后这个领域的研究奠定了基础。他的《论尿》（*Περί Ουρων*）成为从古典时代到19世纪化学改进之前关于这一主题最完整和最系统的著作。很多西欧医学家对他这本书是逐字逐句抄写，不敢有丝毫谬误。在化学没有发展到一定程度之前，西欧医学家对于他的基础研究在理论上没有新的突破。

在治疗手段方面，埃伊纳的保罗反对古希腊、罗马医生使用呕吐法来治疗糖尿病。保罗建议使用药酒、草药和水果来治疗糖尿病，常用的药物有玫瑰酒、蜂王浆酒、蜂王浆水、草药、菊苣、生菜、生活在岩石中的鱼、猪脚和猪的子宫、梨、苹果、石榴以及冷水。[1] 现代医药学实验证明蜂王浆、菊苣、苹果、石榴等材料的提取物对糖尿病具有一定功效。[2] 保罗还精确描述了用固体导管导尿时应当遵循尿道的曲线，随后应该注入各种药剂。[3] 在口腔治疗方面，拜占庭制作假牙的技术趋于成熟。侯尼亚迪斯在《记事》中讽刺那些“用假牙用力咀嚼咸肉”[4]的人，说明假牙已经较为普及。“给牙齿腐烂的人清洁口腔并敷上树脂”[5]是12世纪拜占庭医生惯用的手法。癌症、疝气等手术也有超前发展。关于乳腺癌和子宫癌，埃伊纳的

1 Paul of Aegina, *The Seven Books of Paulus Aegineta*, Vol. 1, London: Publications of the Sydenham Society, 1844, pp. 224-225.

2 结论参见汪宁、朱荃、周义维，等：《蜂王浆冻干粉对HepG2细胞葡萄糖消耗作用及对糖尿病小鼠降糖作用的实验研究》，载于《食品科学》2009年第9期；S. Pourmoradian, R. Mahdavi et al., “Effects of Royal Jelly Supplementation on Body Weight and Dietary Intake in Type 2 Diabetic Females”, *Health Promotion Perspectives*, Vol. 2, No. 2, 2012, pp. 231-235；王喜民：《菊苣多糖对链脲菌素糖尿病肾病大鼠ET-1、CRP的影响》，载于《黑龙江医学》2013年第3期；冯伟伟：《苹果酸铬对2型糖尿病大鼠的降血糖活性、作用机制及安全性初探》，镇江：江苏大学博士学位论文，2015年；刘慧、赵文恩、康保珊：《石榴抗糖尿病生物活性的研究进展》，载于《食品工业科技》2012年第23期；S. R. Katz, R. A. Newman et al., “Punica Granatum: Heuristic Treatment for Diabetesmellitus”, *Journal of Medicinal Food*, Vol. 10, No. 2, 2007, pp. 213-217.

3 Paul of Aegina, *The Seven Books of Paulus Aegineta*, Vol. 6, London: Publications of the Sydenham Society, 1844, pp. 351-354.

4 Niketas Choniatēs, *O City of Byzantium, Annals of Niketas Choniatēs*, Detroit: Wayne State University Press, 1984, p. 274.

5 同上，第137页。

保罗有自己的见解，他认为这两种癌症是最常见的，他断言手术对子宫癌是无效的，因为极易复发；而乳腺癌则不能采用传统的烧灼疗法，应该切除。[1]保罗对腹股沟直疝和斜疝的手术也有非常详细的描述[2]，另外他对于睾丸切除术、女性生殖器湿疣和治疗先天阴道闭锁畸形的手术以及关于肛门瘘、痔疮、肛门湿疣的手术与治疗都是在实践的基础上得出的自己的新见解。他还首次提出使用减压法来治疗脊柱创伤，即用手术取出压迫脊椎神经导致瘫痪的碎骨[3]，使患者能够重新站立。

其次，随着帝国政治、经济和文化中心的东移，拜占庭人更加重视对帝国东部药材的开采和使用，这大大丰富了拜占庭药用动植物的种类，使拜占庭药学得到长足的进步。

拜占庭药学的发展体现在药用动植物范围的扩展与整理、方剂的丰富与编码等方面。西蒙·塞思不仅挑选保留了很多古希腊的草药，更用到了来自帝国统治区域如波斯和北非等地的药材。侯尼亚迪斯记载皇帝安德罗尼库斯一世“吃非常类似于鳄鱼的尼罗河里的动物来增强自己的性能力”[4]，也有人认为这是一种生活在非洲东部的药用蜥蜴[5]。埃伊纳的保罗的《医学概略七卷》中的最后一卷是专门记载药物和配药的，其中共记载了药用的90种矿物质和金属、600种植物和170余种动物药材[6]，另外还有各种方剂配法，如第3卷记载了28种香油膏的配方[7]。保罗的贡献在于将古希腊药

1 Paul of Aegina, *The Seven Books of Paulus Aegineta*, Vol. 6, London: Publications of the Sydenham Society, 1844, pp. 332-334.

2 R. Gurunluoglu, A. Gurunluoglu, “Paul of Aegina: Landmark in Surgical Progress”, *World Journal of Surgery*, Vol. 27, No. 1, 2003, p. 22.

3 U. Er, S. Naderi, “Paulus Aegineta: Review of Spine-Related Chapters in ‘*Epitomoe Medicoe Libri Septem*’”, *Spine*, Vol. 38, No. 8, 2013, p. 695.

4 Niketas Choniatēs, *O City of Byzantium, Annals of Niketas Choniatēs*, Detroit: Wayne State University Press, 1984, p. 177.

5 在波恩版本中这种动物被称为小蜥蜴，参见Nicetae Choniatae, *Nicetae Choniatae Historia*, Bonnae: Weber, 1835, p. 17。

6 A. P. Kazhdan, *The Oxford Dictionary of Byzantium*, New York and Oxford: Oxford University Press, 1991, p. 1883.

7 Paul of Aegina, *The Seven Books of Paulus Aegineta*, Vol. 3, London: Publications of the Sydenham Society, 1844, pp. 599-600.

学理论精华应用于日益庞杂的拜占庭药材中，以临床实践为基准，吸收曾经是拜占庭东部统治地区内的埃及、巴勒斯坦和叙利亚等地的临床实践经验，他的作品不仅是早期拜占庭药学的收官之作，也为晚期拜占庭药学树立了范式。不仅如此，同盖伦时期简洁明了的药物相比，拜占庭药学在药剂来源和配药方面大大丰富，显示出拜占庭医生对众多药材的熟悉程度，他们在近千种药材中挑选最适合的，按药方制作成药，亦显示出他们对药性的精确了解。

第三，帝国地理位置处于东西方交通要道，为拜占庭医学吸取东方国家的医学成果提供了便利的条件。

拜占庭医学界有部分外族医生，除了塞思是犹太人外，13世纪的医生亚伦·本·约瑟夫也是犹太人。同样著名的还有安条克的叶海亚，他出生于法蒂玛王朝的埃及地区，成为拜占庭的医生后带来了中东地区的一些医学知识。他们使东方和中东的医学传统进入拜占庭人的视野。

拜占庭医学家在古典医学思想的基础上吸收了部分东方文化内涵，将二者融合 在一起。拜占庭医学受到东方神秘主义和自身的基督教神学的影响，因而重视灵魂、情绪、人体和疾病之间的关系研究。9世纪的医学家利奥曾困惑于人本质为何，何谓灵魂，何谓精神，他重视对身体、精神和灵魂三者关系的研究，认为疾病有时是因为身体的软弱，有时又是因为身体与灵魂的冲突，也因为精神和灵魂的衰弱。他拓宽了医学哲学的范围，将他所继承的古典医学哲学带入了拜占庭医学神学领域。

在药学方面，埃伊纳的保罗的《医学概略七卷》中的第3卷和第7卷记载了包括来自埃及的莎草纸等药用香料配方。[1] 塞思更用到了来自阿拉伯和印度等东方的草本药物，这跟塞思本人是犹太人、非常了解东方医学传统有关。普塞洛斯《论食物的性质》也强调了东方等国的药用传统，展现出拜占庭医学家开阔的视野。

1 J. Scarborough, "Early Byzantine Pharmacology", *Dumbarton Oaks Papers*, Vol. 38, No. 1, 1984, pp. 230-231.

第四，帝国内部不同民族和地区间的差异使拜占庭医生注重医学的实用性而非教条。实用性在治疗理念上的表现主要是指拜占庭医生并没有固执地坚持希波克拉底的“反治法”，也没有因为盖伦治疗学的基础思想是“相反疗法”而变得因循守旧。“反治法”或是“相反疗法”，顾名思义，即用“干”来治疗由“湿”引发的疾病，用“热”来治疗由“冷”引起的病痛，血太多导致不平衡就放血。拜占庭医生对于各种病症，不是单一采用“反治法”，而是重视实效，更注重实用性和经验积累。

实用性在实践上的表现主要集中在对古典医学权威的某些观点的批判和打破固定医疗模式上。埃伊纳的保罗称希波克拉底是最伟大的医学权威[1]，在治疗骨折的时候几乎遵循希波克拉底的观点，但保罗个人经验丰富，在治疗鼻骨骨折时与希波克拉底并不完全一致。他先叙述了希波克拉底如何用皮带固定歪在一旁的鼻子后评论道：“但是现在这种方法已经被证明不太适用了。”[2]由此可见，拜占庭医生在长期医学实践的积累中更为注重疗效而非教条。塞思则在修订的《论食物的性质》一书中批驳了盖伦[3]，因为盖伦的著作可以说是古代医学的标杆，他在医学界的地位犹如亚里士多德在哲学领域一样。该书对于盖伦的一些错误之处的批判，凸显出拜占庭医学批判性继承的特性，尊重权威但不太过于迷信。

同时，拜占庭解剖学并没有因为基督教反对人体解剖而停滞。9世纪修道士梅莱提奥斯同样也被称为医生哲学家，其《论人体构造》堪称第一部医疗解剖学著作。“首席执剑官”塞奥菲路斯为了写作《论人体构造》中关于解剖和生理学的部分进行了动物解剖，诸如猿和熊等。兽医学也在动物解剖的基础上得到了发展。迪米特里·佩帕哥门诺思著有一部喂养和护理鹰，特别是矛隼的兽医著作，同时他还写了一部关于犬的护理和治疗的

1 Paul of Aegina, *The Medical Works of Paulus Aegineta*, Vol. 1, London: Welsh, Treuttel, Würtz, 1834, p. 127.

2 同上，第二卷，第443-444、466-467页。

3 A. P. Kazhdan, *The Oxford Dictionary of Byzantium*, New York and Oxford: Oxford University Press, 1991, p. 1883.

医书。[1]以上种种均显示出拜占庭医学的实用倾向，并没有因为古典权威和神学的阻碍而止步不前。

最后，拜占庭医学丰富的发展成果使原有的医学著作体例难以容纳，出现了新的著作形式即百科全书。

埃伊纳的保罗的突出贡献是用希腊语写作了医学百科全书《医学概略七卷》。这是一部集大成的作品，以完整性和准确性著称。它不仅是对拜占庭继承的古典医学著作的汇编，在很长一段时期里也是当时所有西方医学知识的总和。该书第1卷主要讨论营养卫生，共一百论，在继承古希腊四体液论的基础上，根据拜占庭的地理和气候进行校正，论述不同年龄和体质的人在不同的季节需要注意的事项以及各种食物的功用。[2]第2卷是一般病理学，如关于发烧的研究与治疗。第3卷论述身体各个部位的疾病，从头部一直到脚趾。第4卷论麻风、皮肤科、烧伤、一般外科和出血，探讨肉眼所见的生物对人体的影响，包括肠道寄生虫和蠕虫等。第5卷论毒物，讲述了被毒蛇咬伤后的处理措施以及狂犬病的症状和应对等。第6卷是外科，关于手术的一切，包括如何从体内取出残留的武器，如何治疗骨折等等。第7卷是药理学，涉及他所知道的所有的药物，以及药效叠加的影响。[3]

医学养生类的著作也出现了百科全书的形式。11世纪的西蒙·塞思修订了米哈伊尔·普塞洛斯的《论食物的性质》，该书一共涉及228种植物和动物。[4]塞思的工作是对养生和营养疗法的一大贡献，他将动植物编号分类，按症状和月份提出饮食治疗的方案，成为具有拜占庭特色的饮食和营

1 D. Karasszon, *A Concise History of Veterinary Medicine*, Budapest: Akadémiai Kiadó, 1988, p. 115.

2 Paul of Aegina, *The Medical Works of Paulus Aegineta*, Vol. 1, London: Welsh, Treuttel, Würtz, 1834, pp. 4-6.

3 W. Smith, *Dictionary of Greek and Roman Biography and Mythology*, Vol. 3, Boston: Little, Brown and Co., 1870, pp. 152-153.

4 Anthony Kaldellis, "Paul MOORE, Iter Psellianum. A detailed listing of manuscript sources for all works attributed to Michael Psellos. Including a comprehensive bibliography. *Subsidia Mediaevalia*, 26", *Byzantinische Zeitschrift*, Vol. 99, Iss. 1, 2006, p. 257.

养治疗指南。

药学著述方面，当拜占庭中晚期药用动植物的扩展使原有著作体例无法承受内容的变化时，新的药学著作因此诞生。尼古拉斯·米莱普索斯的《药典》分为48部，包含2500种方剂，他将方剂按种类和成分排序编码。直到1651年，该书都是巴黎医学院主要的药品代码来源。[1]

三、拜占庭医学的成就

除了对古典医学的继承和发展外，拜占庭医学自身也获得了极大的发展，创立了医院并建立了发达的军事医学和医疗制度。拜占庭医学对人类医学最重要的贡献在于公共卫生领域的创新，具体表现为医学史上第一所医院的建立，以及随着公共卫生水平的提高和军事斗争的需要而发展起来的军事医学和医疗制度。

医学史上的医院是以提供医疗护理服务为主要目的的医疗机构，从这个定义上来看，一般认为最古老的医院是370年左右圣瓦西里在凯撒里亚建立的。[2]西欧中世纪早期所谓的“医院”以招待和收容为主，在1204年攻陷君士坦丁堡后，西欧人才仿效拜占庭，开始修建真正意义上的医院。而萨珊波斯的医院是受拜占庭启发于五六世纪在君迪沙普尔建造的，并影响了阿拉伯医院的诞生。[3]

医院首先出现在拜占庭帝国是同基督教神学有关的。《圣经》中说：“你们中间有病了的呢，他就该请教会的长老来，他们可以奉主的名用油抹他，为他祷告。”[4]在基督教神学思想中，帮助病人具有重要的宗教意义。《马太福音》中称“我实在告诉你们：‘这些事你们既做在我这弟兄

1 Deno John Geanakoplos, *Byzantine East and Latin West: Two Worlds of Christendom in Middle Ages and Renaissance*, Hamden, Connecticut: Archon Books, 1976, p. 31.

2 T. S. Miller, *The Birth of the Hospital in the Byzantine Empire*, Baltimore: The Johns Hopkins University Press, 1997, pp. 85-88.

3 G. M. Taylor, “The Physicians of Jundishapur”, *Sasanika*, No. 11, 2010, p. 7.

4 《圣经》，《雅各书》5-14，中国基督教三自爱国运动委员会，中国基督教协会，2002年。

中一个最小的身上，就是做在我身上了。’”[1]这种互助理念后来逐渐发展为社会和个人都需要承担的一种宗教和社会责任，这就为公共医院的诞生奠定了神学基础。拜占庭救世主基督医院章程第42条“对医院工作人员的勉励”中用《马太福音》里的这句话勉励医护人员，并指出主会根据他们的作为予以回报[2]，这从一个侧面印证了拜占庭神学对公共医学的促进作用。

医院首先诞生在拜占庭帝国而非同样信仰基督教的西欧地区，这同拜占庭医生的培养体系有关，因为这种体系为建立医院提供了大量的医务人员。训练医生的重要场所是帝国首都的君士坦丁堡大学，各行省也有医学院。在这里医学是一门真正的学科，其毕业生被纳入拜占庭的公务员序列之中，医生的社会地位大大提高。到了12世纪，医生的地位已同官员和学者相当，受到世人的尊敬。稳定和严格的培养制度为帝国源源不断地输送医学人才，加之整个社会更重视身体的健康而非灵魂的救赎[3]，使得医院在紧急情况下有较为充足的人力资源基础，得以在帝国各地建立。公立医院医生数量不足时，便由私人医生补充，采取的措施是请私人医生去公立医院工作。6世纪的皇帝查士丁尼一世曾下旨补贴在公共部门工作的私人医生的工资。

拜占庭的医院制度是多种现代医院制度的鼻祖，在很多制度创立方面是具有独创性的。拜占庭医疗机构首创了综合性医院和专科医院的概念，并付诸实施。以君士坦丁堡的救世主基督医院为例。1112年皇帝约翰二世建立救世主基督修道院时，同时兴建了附属的救世主基督医院，另含一所

1 《圣经》，《马太福音》25：39-40，中国基督教三自爱国运动委员会，中国基督教协会，2002年。

2 Emperor John II Komnenos, “Typikon of Emperor John II Komnenos for the Monastery of Christ Pantokrator in Constantinople”, in John Thomas, A. C. Hero (eds.), *Byzantine Monastic Foundation Documents: A Complete Translation of the Surviving Founders’ Typika and Testaments*, Washington, D.C.: Dumbarton Oaks Research Library and Collection, 2000, p. 758.

3 A. Kazhdan, “The Image of the Medical Doctor in Byzantine Literature of the Tenth to Twelfth Centuries”, *Dumbarton Oaks Papers*, Vol. 38, No. 1, 1984, p. 51.

老人之家和位于4英里外的麻风病医院。救世主基督医院类似于现在的综合医院，而麻风病医院是专科医院[1]，老人之家则是含有医疗功能的公共慈善机构。另外拜占庭帝国在5世纪以后就成立了各种专科和慈善医疗机构，如旅客救济站、外来人员的医院和孤儿院等。

拜占庭医院首创门诊—住院制度，通过门诊对患者病情分级分流，门诊患者经过治疗后可离开医疗机构，而住院患者则需受到全天候的照护。这一制度有助于提高医院效率，避免医疗资源浪费和过度医疗，使病人得到最合适的医治。根据拜占庭修道院的章程，救世主基督医院设门诊部和住院部，跟现代医院是一样的。门诊部有两位医生坐诊，住院部有50张床位，还有5张机动床位[2]，另配备医疗人员。

与门诊—住院制度相配合的是医院分区制度，这是拜占庭人智慧的创造。分区制度根据部门科室的不同功用，在空间上予以区分，达到集中医疗资源、提高治病效率的目的。首先门诊部和住院部分开，而住院部分为5个区，这种分区制度跟现代医院类似。5个区是根据医疗科室的不同和患者性别进行区分的，如内科与外科分区，男性患者和女性患者分区。根据救世主基督医院的章程，皇帝亲自规定住院部1区"10张床位赐予那些有外伤与骨折的病人；2区8张床位给予那些患有眼疾、胃部疾病以及其他急性且痛苦疾病的患者；3区12张床仅收治女性患者；4区和5区分别有10张床收治男性普通患者"[3]。可见不仅男女患者分开，特定科室的患者也集中起来治疗，具有很高的实用性和科学性。如果某病区没有患者而其他病区床位爆

1 关于拜占庭麻风病院的修建历史参见T. S. 米勒、J. W. 奈斯毕特：《行尸走肉：拜占庭和中世纪西方的麻风病》（T. S. Miller, John W. Nesbitt, *Walking Corpses: Leprosy in Byzantium and the Medieval West*, Ithaca & London: Cornell University Press, 2014）第四章。

2 Emperor John II Komnenos, "Typikon of Emperor John II Komnenos for the Monastery of Christ Pantokrator in Constantinople", in John Thomas, A. C. Hero (eds.), *Byzantine Monastic Foundation Documents: A Complete Translation of the Surviving Founders' Typika and Testaments*, Washington, D.C.: Dumbarton Oaks Research Library and Collection, 2000, p. 757.

3 同上。

满，医院章程也对这种情况做了规定，床位可以灵活调用，非常人性化。

拜占庭人也非常重视医院的卫生制度，并制定了严格的章程。救世主基督修道院章程第37条规定是关于“病人衣服和床上用品”的。按规定医院每张床都要有一个垫子，床垫上必须有一个枕头和床单，冬天有两条山羊毛毯子。为了保持医院卫生，防止病人交叉感染，医院保持供应15至20件衬衣或是宽大外衣给穷苦病人，使他们上床前能更换病号服，自己的衣服则被医院清理后在出院时归还主人。医院每年都更换所有床上用品和不能继续使用的衣服，床垫和枕头的填充物每年都重新填充。[1]另有一男一女两个厕所。病人可根据医嘱洗澡，一般是每周两次。[2]医院卫生制度的健全既可减少交叉感染，也能保障病人早日康复，如此规定即使是现在也不过时。

拜占庭医院详细规定了不同工作人员的职责，目的也是节省人力、提高效率。首先是管理和监管体系的完备。管理人员由修道院院长和修道士组成，监管人员由医院管理人和医疗监督人员组成，监督人都是医学专家。其次是实行代理人采购制度。代理人负责食品和药物供应，拜占庭医生同古希腊、罗马医生不同，医生不会自己买卖药品，杜绝了药品回扣等腐败现象。第三是对医生职责的细化。拜占庭医院的医生同古典时代全科式的医生不同，皆有自己擅长和负责的项目。如主治医师2名，主治内科；病房主管两名，负责2区；医生10名，余下4个区各2名，另两名医生负责修道院修道士的医疗服务；外科医生2名；门诊医生2名。[3]

另外，拜占庭医院建立了轮值制度。例如在救世主基督医院，医生被分为两组，每月一轮。[4]候补医生的轮值制度在拜占庭医院也广为实行。医

1 Emperor John II Komnenos, “Typikon of Emperor John II Komnenos for the Monastery of Christ Pantokrator in Constantinople”, in John Thomas, A. C. Hero (eds.), *Byzantine Monastic Foundation Documents: A Complete Translation of the Surviving Founders' Typika and Testaments*, Washington, D.C.: Dumbarton Oaks Research Library and Collection, 2000, p. 757.

2 同上，第759页。

3 同上，第757—758页。

4 同上，第757页。

院有候补医生，所有职位每月轮流一次，跟现代医学生所有科室轮流实习的制度类似，如此可为医疗后备人才提供实践机会，提高整体水平。

拜占庭医院的护理制度也非常发达，护理人员是医院必备的。救世主基督医院规则第38条规定，每晚都会有4名男护士和1名女护士在病区守夜。[1]男病房平时有3名护士、2名杂工和2名仆人；女病房另有1名女医生、4名女护士、2名女杂工和2名女仆；门诊有4名护士和4名杂工。[2]

拜占庭医院后勤支援也相当发达，由于其非营利性质，医院所需的东西全部实行配给制。[3]他们同现代医院一样提供病号饭，而且是免费的。病人每天有定额的餐食，如面包、豆子和新鲜蔬菜等[4]，还可以额外购买食物和酒，由病房主管监督。后勤人员配备4名药剂师，2名药剂师助手，1名门房，5名洗衣工，2名厨师，马夫、面包师、烧水工等若干。[5]

由以上种种可见，拜占庭医院制度和人员配备在当时是相当先进和科学的，公立医院和卫生管理体系高度发达，现代医院的一些制度和理念是自拜占庭医院承袭而来的。拜占庭医院的数量是随着人口变化而变化的。12世纪拜占庭皇帝就亲自修建、改建了一些医院。如依沙克二世“将属于皇帝的一栋房屋变为医院。……另外，他购买了士官长的房子，同样将它作为体弱、贫困和需要养病的人的休息室”[6]。

公共医院提高了公共卫生水平，这样就促进了拜占庭军事医学的发展，军事医疗体系也逐渐形成。古希腊军队中没有固定的医疗服务队伍，即使有医生，其数量也是极少的，且多为高级军官服务。古罗马一个军团

---

1 Emperor John II Komnenos, “Typikon of Emperor John II Komnenos for the Monastery of Christ Pantokrator in Constantinople”, in John Thomas, A. C. Hero (eds.), *Byzantine Monastic Foundation Documents: A Complete Translation of the Surviving Founders’ Typika and Testaments*, Washington, D.C.: Dumbarton Oaks Research Library and Collection, 2000, p. 757.

2 同上。

3 同上，第760—762页。

4 同上，第758—759页。

5 同上，第758页。

6 Niketas Choniatēs, *O City of Byzantium, Annals of Niketas Choniatēs*, Detroit: Wayne State University Press, 1984, p. 244.

只配备1名医生。而拜占庭军队中除了跟随皇帝的御医，还有随军医生负责士兵的医疗服务。6世纪的拜占庭皇帝莫里斯规定每营（tagma）须有8至10位医护兵组成医疗队（deputatoi），并对他们的服饰、装备和职责进行了详细的规定[1]，绑带和水瓶是医务人员的标准配置。后来逐渐发展为300至400人的骑兵营配备一个医疗队，除医护兵外另配有1名内科医生和1名外科医生，甚至若干助手。

拜占庭军队最早实行战时医护制度，这同帝国长期处于战争状态有一定关系。作战时，勤务人员如医护人员和抬担架的人员加入，使医疗队的人数可以扩充8至18倍。[2] 伤员运送制度也比较完善，他们使用特制的双马鞍来接送伤员。双马鞍的左侧有一前一后两个梯状的马镫，便于伤员的运送。[3] 抚恤制度也得到发展。医疗人员每救出一名伤员就会获得黄金奖励，医护兵也可以分得部分战利品。[4] 另外当国库充足时，士兵会得到“一枚银币作为医疗补偿”[5]。此外拜占庭人还创立了军人医院，这是人类历史上最早的长期医护系统，也是军事医学的重要进步，因战争而伤残的军人首次可以终生得到医疗照顾。君士坦丁一世在4世纪创建了退伍军人医院，查士丁二世皇帝建立了残疾军人医院，阿莱克修斯一世皇帝在11世纪建立供士兵长期疗伤的医院。[6] 这些都是拜占庭对公共医学的发展。

1 Byzantine Emperor Maurice, *Maurice's Strategikon: Handbook of Byzantine Military Strategy*, George T. Dennis (trs.), Philadelphia: University of Pennsylvania Press, 1984, pp. 29, 7.

2 理查德·A. 盖布里埃尔、凯伦·S. 梅兹：《军事医学史》，王松俊译，北京：军事医学科学出版社，2011年，第58页。

3 Byzantine Emperor Maurice, *Maurice's Strategikon: Handbook of Byzantine Military Strategy*, George T. Dennis (trs.), Philadelphia: University of Pennsylvania Press, 2001, p. 30.

4 同上，第29-30页；理查德·A. 盖布里埃尔、凯伦·S. 梅兹：《军事医学史》，王松俊译，北京：军事医学科学出版社，2011年，第58页。

5 Niketas Choniatēs, *O City of Byzantium, Annals of Niketas Choniatēs*, Detroit: Wayne State University Press, 1984, p. 108.

6 F. H. Garrison, *Notes on the History of Military Medicine*, Washington: Association of Military Surgeons, 1922, p. 81; 理查德·A. 盖布里埃尔、凯伦·S. 梅兹：《军事医学史》，王松俊译，北京：军事医学科学出版社，2011年，第58页。

四、小结

拜占庭对古典医学著作的整理、汇编和引用，使得古典医学文献在帝国境内得以大量保存。这些经拜占庭人保护的古代医学遗存传入阿拉伯地区后，对该地区的医学发展起到了推动作用，阿拉伯人阿维森纳的《医典》就是在此基础之上汲取了大量古典医学的知识和理念编写而成的。古典的医学传统因为拜占庭帝国得以保留，又经阿拉伯人之手在日后回传西欧，在这个过程中，拜占庭帝国起到了承上启下的作用。

拜占庭医学在古典的基础上持续发展，不仅诞生了被文艺复兴和近代早期医学界奉为圭臬的著作，在医学各个领域也因长期实践有所突破。更为重要的是，在公共卫生领域的创造性建树，综合医院和专科医院的首次建立、设置与相关规章制度的完善，也恰好与频仍的军事冲突对接，并衍生出军事医学的进步和对伤残军人的终身医疗照顾体系。拜占庭医学的独创性贡献，使我们不得不对其在人类医学史上的影响和地位进行重新评估和定位。

拜占庭医学在学术界没有得到公允的评价有多种因素，重要的一点在于年鉴学派以来的社会文化史研究更注重的是西欧，主流学派长期疏于对拜占庭医疗社会史的关注。如果说卡斯蒂廖尼[1]、盖布里埃尔[2]等人可能受到了20世纪“唯科学主义”影响，而忽视拜占庭医学发展的自身规律，仅仅以现代医学为衡量标杆，而不将其放入所处的历史时代和自然环境予以公正评价的话，那么21世纪的医学史家如凯特·凯利[3]和罗伊·波特[4]等人对拜占庭医学的偏见和忽略，就更是凸显了“西欧中心论”的倾向。在这种背景下，补偏救弊、匡正偏颇就显得尤为重要了。

1 Arturo Castiglioni, *Storia della medicina*, Milano: Società editrice “Unitas”, 1927.
2 Richard A. Gabriel, Karen S. Metz, *A History of Military Medicine*, New York: Greenwood Press, 1992.
3 Kate Kelly, *The History of Medicine*, New York: Facts on File, 2009.
4 Roy Porter, *The Cambridge History of Medicine*, Cambridge & New York: Cambridge University Press, 2006.

医学史研究一方面非常需要借鉴最新的医学研究成果，在传统医学宝库中发掘新的材料，同时还可以对原有史料进行再分析，对原有问题进行再论证，对原有结论进行再探索；另一方面，如何尊重历史发展规律，辩证且公正地看待古代各地区的传统医学，是历史研究者的学科优势，反过来也显示出在诸如医学史等跨学科史研究中，研究者历史素养的重要性和历史研究者发声的迫切性。

传统事例史的兴衰与近代早期西方史学的转变

徐　波*

20世纪六七十年代西方学术界就文艺复兴时期是否出现过所谓史学革命展开了广泛讨论，许多著名学者都参与其中，产生了一大批非常有分量的学术成果。虽然学者们在是否发生了史学革命、史学革命首先发生在何处、第一位近代史学家是谁以及史学革命的过程如何等问题上没有一致意见，但是，他们都充分认识到文艺复兴时期欧洲史学确实发生了重大变化，是史学迈向近代的关键点。[1] 我们认为，如果在一个宽泛的意义上，不把革命狭隘地理解为短时期内完成的突发事件，而是理解为经历了漫长时期逐渐发生的一系列对后世有重大影响的变化，那么，从15、16世纪开始直到17、18世纪在史学领域确实发生了革命性的变化。要概述这持续几个世纪、涉及历史思想和历史写作方方面面的变化是非常困难的，不过我们能从不同的侧面辨析其变化的一般倾向。本文拟通过概述西方史学传统中

* 徐波，四川大学历史文化学院教授，主要研究方向为14—18世纪欧洲史、西方史学史。

1 Joseph H. Preston, "Was There an Historical Revolution?", *Journal of the History of Ideas*, Vol. 38, No. 2 , 1977, p. 353.

"事例史"（exemplar history）[1]的兴衰过程，去探究近代早期西方史学转变的一个面向，即从把"历史"（historia）等同于事件（events），在历史事例中寻求教益，到把历史看作一个整体，从而去追寻历史知识（historical knowledge）的过程，希望能为理解西方近代以来历史思想和历史写作的变迁提供一条有益的线索。

一、古希腊、罗马：事例史传统的确立

古希腊的希罗多德（Herodotus，约前484—约前424）因写作《历史》一书，而且最早使用"历史"一词来作为著作的名字，所以被称为西方"历史之父"。他自称著史的目的是保存人类所能达到的伟大成就，使之不致因为年代久远而湮没无闻，为了使希腊人和异邦人的那些可歌可泣的丰功伟绩不致失去其应有的光彩，特别是为了要把他们之间发生战争的原因记载下来以永垂后世。[2]希罗多德之后的修昔底德（Thucydides，约前460—约前400）写作了《伯罗奔尼撒战争史》。全书一开头就写道："在这次战争刚刚爆发的时候，我就开始写我的历史著作，相信这次战争是一次伟大的战争，比过去曾经发生过的任何一次战争都更有记载的价值。"[3]

莫米利亚诺认为，希罗多德把历史理解为探究过程，是要把全部可知世界和传统作为他的叙述主题，来探究人类的生活状态和生活环境。修昔底德则是把历史研究仅仅当作一项"写作"工作，可以理解为是对事件前因后果以及事件参与者的心理动机的探索。他注重按时间顺序来叙述历史事件，分析影响事件发生的多种因素，并力图捋清各种因素的作用方式和

1　所谓事例史（exemplar history），是指自古希腊、罗马以来直至18世纪的传统历史学，它"强调与哲学原则相对的历史事例的教育效果"。"exemplar history"这一术语是乔治·H. 纳德尔提出来的。Cf. Astrid Witschi-Bernz, "Main Trends in Historical-Method Literature: Sixteenth to Eighteenth Centuries", *History and Theory*, Vol. 12, Beiheft 12: Bibliography of Works in the Philosophy of History 1500-1800, 1972, p. 51; George H. Nadel, "Philosophy of History before Historicism", *History and Theory*, Vol. 3, 1964, pp. 291-315.

2　希罗多德：《历史》，北京：商务印书馆，1985年，第1页。

3　修昔底德：《伯罗奔尼撒战争史》，北京：商务印书馆，1978年，第2页。

主次关系。他研究的是个别事件和人物，不过试图使其具有理解人性的普遍意义。[1]对修昔底德来说，研究过去是为了理解人性，从而有益现在，嘉惠于未来。历史的有用性正是基于恒常不变的人性，这样，历史就被看作对人性的案例研究。他说："如果那些想要清楚地了解过去所发生的事件和将来也会发生的类似的事件（因为人性总是人性）的人，认为我的著作还有一点益处的话，那么，我就心满意足了。"[2]因此，修昔底德开创的这一史学传统重视历史事件与未来的关联，认为历史能够提供榜样，有助于人们理解人类事物未来发展的方向。

然而，历史学的论题似乎不在希腊哲学家的研究计划中。柏拉图的《理想国》不涉及历史学，亚里士多德也从来没有提出过系统的历史学理论。到了希腊化时代，希腊人和罗马人才有系统的关于历史学家的任务和作用的思考。"关于历史学的思考不是沿着希腊哲学家设定的路线的发展，而是沿着希腊修辞学家，尤其是伊索克拉底（Isocrates，前436—前338）铺就的道路发展，伊索克拉底本人受到修昔底德的影响。"[3]历史是希腊修辞学家所关注的城邦公民教育的一个组成部分。关于公民教育，伊索克拉底的观点与柏拉图不同。柏拉图把知识和美德看作外在于日常经验之外的抽象理念，而伊索克拉底从不忽略日常的实际经验，他不考虑"纯粹理念"，而是在理念与现实之间寻求平衡。[4]这种主张从实际经验来获取知识，而不仅仅是通过哲学思考来获取知识的观点在后世得到充分阐述，将决定西方史学中重要的历史观念，如事例史和历史的教育目的等。这些观念通过罗马斯多葛派哲学家、修辞学家和历史学家的经典格言而具有了权威性，成为西方史学的传统观念。

---

1 Cf. Arnaldo Momigliano, *The Classical Foundations of Modern Historiography*, Berkeley: University of California Press, 1990, chap. 2.

2 修昔底德：《伯罗奔尼撒战争史》，北京：商务印书馆，1978年，第18页。

3 George H. Nadel, "Philosophy of History before Historicism", *History and Theory*, Vol. 3, 1964, p. 294.

4 Takis Poulakos, David Depew, *Isocrates and Civic Education*, Austin: University of Texas Press, 2004, p. 238.

如果说希罗多德和修昔底德的历史著作是在阐明人类理解未来以及为未来做准备的理智能力，他们对事例的理解更精致，更具有希腊哲学意味的话，那么，罗马时代的历史学家对历史事例则有更为具体的认识。罗马人长期在比喻的意义上用“exemplum”（事例）一词来指人类善恶行为的某种表征，或人的品德的某种表现，也用来指代某种品德的特定行为、事件或人。[1]罗马人尤其惯用历史人物来例示和界定罗马人的美德，所以在罗马时代无论是对于历史学家还是哲学家，历史都是道德和政治教育的事例宝库，被认为是人生的导师。对罗马思想影响最大的两个希腊学问是修辞学和斯多葛派哲学，二者都重视实用目的，而不是提出理论阐述。斯多葛派哲学从塞浦路斯的芝诺（Zeno，约前336—约前264）到马可·奥勒留（Marcus Aurelius，121—180）的五个世纪中，一直都在发生变化，从多少有些缜密的哲学变为一套实用的人生哲学。希腊化时代的著名历史学家波里比阿（Polybius，约前204—约前122）在其《通史》一开篇就明确指出历史的说教目的。他关于历史的看法正是受到斯多葛派哲学影响的结果，因为他是罗马统帅西皮阿的圈子成员，又是斯多葛派哲学的支持者。

在青年教育或政治演讲中，希腊人、罗马人非常重视事例的作用。罗马青年是向他们的父辈学习伦理道德，而不是学习哲学家的伦理学，由其父辈给出具体的经验榜样，告诉他们哪些要避免，哪些可效仿。这种教学法是与政治教育的传统密切相关的。对罗马人来说，年长者有义务将行事原则传授给年轻一代。这不是只按照耳听的训诫来做，而是要按照能眼见的榜样来做。他们被带到元老院去，在那里，他们的父辈向他们讲述元老院运作的实际程序，他们通过“最确实可靠的教育方法，即事例教育”来为从政做准备。罗马的“积极的人”就是这样在实际经验中学习，因为经验总是由“自己的和他人的经验”所构成，所以作为过去他人的经验的历

1 George H. Nadel, “Philosophy of History before Historicism”, *History and Theory*, Vol. 3, 1964, p. 296.

史是服务于同一个教育目的的。[1]

亚里士多德认为，例证法是“修辞性归纳法”，用例证法和修辞性推论只是为了产生说服力。[2]而罗马思想家如西塞罗（Cicero，前106—前43）和昆提良（Quintiltianus，约35—约100）坚持认为，规则教导是与希腊哲学思维相联系的，事例教导则为获得真理和美德提供了更好的方法，优于各派哲学的教条。昆提良写道：“假如说希腊人长于规则，那么，罗马人则更擅长事例。”他认为，假如演说家的推论不能使事实更明白易懂，那么，事例会引领我们达致真理。[3]斯多葛派道德哲学家塞涅卡（Seneca，约前4—65）经常使用事例，他有一句格言为后世所熟知，即“眼睛比耳朵更可信，依理行事，道路迢遥；依样画葫芦，直截了当”[4]。修辞学家们认为，事例的生动性使其具有说服力，事例不仅具有说服力，而且能灌输正确行为的动机，因为就其效用来说，事实总是胜于雄辩。

关于历史的教育作用，波里比阿的论述尤其具有代表性。他认为，对实际生活有教益的有两种经验，即自己的挫折和他人的不幸经历。从自身的不幸经历中学习，教训最为深刻；从他人的不幸经历中学习，则更少痛苦。[5]因此，人们不仅可以通过先例来学习，而且可以由经验推论来得到教益，尤其是那些记载翔实，包括前人行为的环境、动机以及失败原因的经验。这就是他所谓的实用历史的作用。实用历史有两个要求，首先它必须真实，“无眼的身体是无用的，不真实的历史犹如无眼的身体，只能是没有教益的奇谈”[6]。第二，除了要真实外，历史要有教益还必须确定事件发

---

1 James M. May, *Brill's Companion to Cicero: Oratory and Rhetoric*, Leiden: Brill, 2002, pp. 42-43.

2 亚里士多德：《修辞学》，北京：生活·读书·新知三联书店，1991年，第21–26页。

3 George H. Nadel, “Philosophy of History before Historicism”, *History and Theory*, Vol. 3, 1964, p. 297.

4 Seneca, *Selected Letters*, Elaine Fantham (trs.), Oxford: Oxford University Press, 2010, p. 10.

5 Polybius, *The Histories*, Robin Waterfield (trs.), Oxford: Oxford University Press, 2010, p. 33.

6 同上，第423页。

生的具体原因："历史学家的任务是，无论说什么话，首先要确认自己所言是真，其次要确定导致成功或失败的言行的原因。因为单纯的事实陈述可能有趣，但不会有教益。然而，为了使历史研究富有成效还需要别的因素，那就是关于事件原因的知识。"[1] 因此，我们可以看到波里比阿要求实用历史不仅记载的事件要真实可靠，而且历史叙述也要有连贯性，要具体分析事件之间的因果关系。在波里比阿看来，真实地陈述事件和对事件之间因果关系的分析对于实用历史来说是同等重要的。

西塞罗不是历史学家，不过他关于历史与修辞学的关系，以及历史写作的基本原则、历史的价值和作用的论述影响深远。他认为历史与修辞学的关系是一个特殊的关系。历史应该附属于雄辩术，历史为演说家提供古代的真实事例，使他的演讲更具权威性和可信度。历史虽然是文学的分支，但历史处理真实之事，而以愉悦人为目的的诗歌则是处理虚构之事。首先在西塞罗为历史下的著名定义中表明了历史的价值："历史，这时代的见证，真理的光辉，记忆的生命，生活的老师，古代社会的信使。"[2] 同时，他提出了历史写作的基本原则："历史的首要原则是不可有任何谎言，其次是不可有任何不真实，再次是写作时不可偏袒，不可怀怨。"[3]

尽管关于历史必须要真实的法则，"历史是生活的导师"的著名格言以及历史叙事的基本程序都出自西塞罗的修辞学著作《论演说家》，然而，关于历史事例的教育意义的经典表述则出自波里比阿的《通史》。他指出："我认为一开篇就应该鼓励每一个人虚心地阅读历史，因为过去事件的知识是矫正人类行为最好的方法。我的所有前辈史家不仅把研究历史视为政治生活最可靠的教育和训练，而且，他们把历史看作是最易理解，最全面充分的能干教师，其教导比任何灾难记载更能使人们勇敢地面对无

1　Polybius, *The Histories*, Robin Waterfield (trs.), Oxford: Oxford University Press, 2010, pp. 433-434.

2　西塞罗：《论演说家》，王焕生译，北京：中国政法大学出版社，2003年，第227页。

3　同上，第249-251页。

常的命运，可以毫不夸张地说，他们实际上都以此作为他们工作的首要目的。”[1]

波里比阿和西塞罗之后，哈利卡纳苏斯的迪奥尼修斯（Dionysius of Halicarnassus，约前60—前7年后）、西西里的迪奥多罗斯（Diodorus Siculus，前1世纪）等修辞学家和斯多葛派哲学家都无一例外地重申历史的政治和伦理的教育意义。哈利卡纳苏斯的迪奥尼修斯更在他的《修辞学》中创造了一个为后世所熟诵的短语：历史是“用事例教导的哲学”（philosophy teaching by example）[2]。罗马最伟大历史学家李维（Livius，或前59—约17）在其《罗马史》的序言中，竭力主张历史的示范作用。他说：“历史研究之所以特别有益有效，是因为你可以看到各类经验教训的实例，像铭刻在引人注目的石碑上一样被昭示出来，由此，你和你的国家可以择善而从之，以防止开端或结果都同样糟糕的事情。”[3]李维关于历史的作用的论述，在中世纪和文艺复兴时期有广泛的影响。罗马帝国时代的希腊作家普鲁塔克（Plutarchus，约46—约120）更试图对善行榜样的效力做系统的心理学解释。在谈到自己写作《希腊罗马名人传》的缘由时，他指出伦理道德榜样会激发人们行善的强烈欲望，这种欲望有自我激励的作用，正是对榜样的环境的探究开启了我们的心智能力，同时也赋予我们道德目的。[4]普鲁塔克的观点有深远影响，“可以说事例史的观念之所以能持久，很大程度上要归功于作为从16世纪到19世纪最流行的古典读物《希腊罗马名人传》的长盛不衰”[5]。

---

1 Polybius, *The Histories*, Robin Waterfield (trs.), Oxford: Oxford University Press, 2010, p. 3.

2 Donald R. Kelley, *Versions of History from Antiquity to the Enlightenment*, New Haven: Yale University Press, 1991, p. 54.

3 Livy, *The History of Rome* (Books 1-5), Valerie M. Warrior (trs.), Indianapolis: Hackett Publishing Company, Inc., 2006, pp. 3-4.

4 普鲁塔克：《希腊罗马名人传》，北京：商务印书馆，1990年，第462-463页。

5 George H. Nadel, “Philosophy of History before Historicism”, *History and Theory*, Vol. 3, 1964, p. 298.

二、中世纪：神学史观下事例史传统的延续

基督教认为，人类历史过程是上帝的神圣计划，是上帝的目的的实现。人仅仅是实现上帝目的的手段。[1] 按照上帝的计划，即神意的作用，人的活动在任何一个给定时间只能导致这一结果，而不是另一种不同的结果。历史轨迹是线性的，从创世到基督的第二次来临。换言之，历史以创世开始，以基督再度来临告终。基督教的神学历史观否认了人的意志在历史中的作用，把人类历史看作不以人的意志为转移的过程，从而摈弃了意外和机遇，神意被当作决定历史过程的必然因素。

整个中世纪的历史观念都受到上帝"宏大计划"的影响，基督教神学对一切世俗知识学科起着指导和支配作用。因此，中世纪思想家认为，在历史写作过程中，需要把自然的或年代的顺序与人为的逻辑顺序区分开来。前者是编年史应该遵循的方法，而后者与修辞学或哲学问题相关。当然这两者都是人写的历史，而不是上帝所写的历史，与神圣事物的永恒王国截然不同。他们不仅把编年叙事与哲学分析区分开来，而且把世俗历史与神圣历史区分开来。同时，他们又在神学上将人类时间（chronos）与神圣时间（kairos），此岸的人与事件与彼岸的神圣品质关联起来。实际上，"中世纪的史学观和古代史学观相比，不仅更有秩序，而且更变化多端。它在上帝的计划中发现了秩序，正是这种秩序最终覆盖了由罗马国家命运引起的'世界史'，并且同样重要的是，设想把历史进程投射到未来"[2]。

由于把神圣历史与世俗历史关联起来，把道德判断与基督教神学预言式的讨论结合起来，所以基督教徒不仅在神学上将历史看作上帝设计的一个过程，而且通过隐喻和类推将历史作为基督教伦理和政治教育的事例宝库。因此，从教父时代起，一方面圣经的权威要排斥异教历史这位老师，另一方面教父们又非常重视历史的作用，并依据西塞罗的观点来为之辩

1 柯林武德：《历史的观念》，北京：中国社会科学出版社，1986年，第54页。

2 唐纳德·R. 凯利：《多面的历史：从希罗多德到赫尔德的历史探询》，陈恒、宋立宏译，北京：生活·读书·新知三联书店，2003年，第222页。

护。圣奥古斯丁（Saint Aurelius Augustinus，354—430）认为，写作历史必须在三个相互补充的意义上来进行，首先是编年史研究可以作为圣经解释的有用工具；其次，有教育意义的事例（不管它是来自基督教历史还是非基督教历史）研究可以提供有益的伦理和政治教训。即便考虑到天意的不可测以及人类理解力的局限性，历史仍然具有古典历史学家所认为的那些教育作用。第三，历史写作能够被用来证明事件的“意义”，而不仅仅是它们发生的年代顺序。[1]塞维利亚的伊西多尔（Isidore of Seville，约560—636）在《词源》一书中经常引证西塞罗的《论演说家》，但在他关于历史的定义中，他有意对“历史是生活的导师”一说避而不谈。如何在基督教历史观念和教会史的框架内整合世俗历史与古典学说，是摆在基督教护教者面前的一道难题，不过伊西多尔还是承认人类历史具有教育作用。[2]而《英吉利教会史》的作者，历史学家比德（Bede，约673—735）则更自觉地为世俗历史正名，认为即便是世俗历史也能提供警示和具有效仿价值的例子。因此，中世纪的基督教思想家们承认圣经历史的重要性，也承认世俗历史的教育价值。索尔兹伯里的约翰（John of Salisbury，约1115—1180）认为，“因为就像异教徒所说的，‘他人的生活经历是我们的老师’”，所以，“任何对往昔一无所知的人将盲目地闯进未来”。[3]当然，正如文多维的罗杰尔（Roger of Wendover，？—1236）所强调的，后古典历史教育的目的是“对信仰的忠诚”[4]。在基督教背景下，历史保留了它的榜样作用，也保留了历史经验和观点所提供的那种智慧。

据上述，在中世纪，历史是上帝意志的表现，但依然是生活的导师。坚定基督教信仰，提供道德和政治教训还是历史的重要作用。我们可以从

1 Matthew Kempshall, *Rhetoric and Writing of History*, Manchester: Manchester University Press, 2011, p. 107.

2 Cf. *The Etymologies of Isidore of Seville*, Stephen A. Barney et al.(trs.), Cambridge: Cambridge University Press, 2006, p. 67.

3 唐纳德·R. 凯利：《多面的历史：从希罗多德到赫尔德的历史探询》，陈恒、宋立宏译，北京：生活·读书·新知三联书店，2003年，第229页。

4 同上。

如下三个方面来理解历史在中世纪的教育作用：首先，把历史作为生活导师，在中世纪具有深厚的社会、政治、文化基础，很少有像欧洲中世纪那样的复杂社会，依照过去的观点来调整社会生活。[1] 中世纪社会受习惯，即历史先例的支配，甚至社会和法律方面的创新也得由习惯来推动。社会实践既需要合法化为惯例，也需要使之成为惯例。因为它是惯例，所以它就是好的；因为它是好的，所以就要遵循。从理论上说，中世纪的君王权力源于上帝的意志，要服从上帝命令。因为王权神授，所以世俗政治权力具有所谓神圣性，国王是“蒙主恩宠的君王”（Rex Dei Gratia）。王权神授是整个中世纪政治合法化的基础，君王统治的合法性似乎与过去全然无关，在此意义上中世纪世俗政权是非历史的。然而，神授权力只是奠定了统治权的合法性，它却不能为君王提供任何政治行动指南和政策上的指导。这些东西只能从历史记录中得来。正如惯例在社会生活中具有至高无上的地位一样，政治传统的历史记录也决定着政治活动的界限。与王权神授一道，中世纪的世俗政权还根据马克斯·韦伯所说的“永恒的昨天”[2]的权威，即用被神圣化的习俗的权威来证明其统治的正当性。

其次，西塞罗的著作以及古代历史学家的著作在中世纪有广泛影响，中世纪编年史家是遵循古代历史学修辞原则，以古代历史学家为榜样来写作历史著作的。古代历史学家萨鲁斯特（Sallust，约前86—约前35）、约瑟夫斯（Josephus，37—约100）、李维、塔西陀（Tacitus，约55—约120）、苏维托尼乌斯（Suetonius，约69—130年后）等人的著作在8—9世纪都有抄本流传，尤其是萨鲁斯特的《喀提林阴谋》和《朱古达战争》，以及约瑟夫斯的《犹太战争史》和《犹太古史》在整个中世纪颇有影响。中世纪历史学家以他们为榜样，关注政治、军事事件，将历史事件的叙事置于更广

1 Gabrielle M. Spiegel, “Political Utility in Medieval Historiography: A Sketch”, *History and Theory*, Vol. 14, No. 3, 1975, p. 315.

2 马克斯·韦伯：《学术与政治：韦伯的两篇演说》，冯克利译，北京：生活·读书·新知三联书店，1998年，第56页。

泛的道德和政治分析的解释框架之中，强调历史的教育作用。[1]因此，古典修辞学原则和古代历史著作的榜样奠定了中世纪历史写作的文学基础，决定了他们对待历史事例的基本态度。

对于古希腊、罗马人来说，历史是对时间的操作，目的是防止人类事迹湮没无闻。同时，历史也是与自然的斗争，自然周而复始的生生不息与人类生存的短暂性形成强烈对比。为了打败时间，获得自然宇宙的永恒，则意味着要成为永恒之物，要使有死的人类进入宇宙不朽的王国。希腊、罗马的历史本质上是史诗性的，是一种衡量人类对抗宇宙自然的力量的方式。作为人类伟业的记录，历史使人类不至于为时间所摧毁，使人类具有永恒的声誉和荣耀。一旦载于青史，这种不朽的记忆就能一代代传承下去。[2]中世纪编年史家有保存记忆的动机，但其愿望没有古希腊、罗马人那么强烈，因为基督教徒坚信“我们在尘世寻求的东西只有在上天才能实现”[3]。中世纪编年史家承认历史的记忆作用，记忆事件依然是他们从事历史写作的主要原因之一。通过历史著作来颂扬伟大的君王，使其伟业不至于随时间的流逝而消失，是中世纪编年史家著史的主要动机。像古希腊、罗马历史学家一样，中世纪编年史家也把历史看作道德教育的学校，是教导人们趋善避恶，择善而从的善恶行为事例的宝库。如前所述，他们尊崇西塞罗的教导，认为“历史是生活的导师”。中世纪编年史家一般都声称遵守古代修辞学家提出的历史写作法则，力图使其叙述简洁、流畅和真实。实际上中世纪的编年史并不那么严格地遵循叙述简洁的法则，也不是那么流畅，但还是尽可能地根据目击证据或被认为是真实的文献来叙事。他们越接近自己的时代，记载的内容越真实。不管中世纪编年史在文学形式上多么不足，但它基本上还是遵循了把历史作为劝人趋善避恶的方式的

1 Matthew Kempshall, *Rhetoric and Writing of History*, Manchester: Manchester University Press, 2011, pp. 38-52.

2 Cf. Hannah Arendt, “The Modern Concept of History”, The *Review of Politics*, Vol. 20, No. 4, 1958, pp. 570-576.

3 列奥·施特劳斯、约瑟夫·克罗波西：《政治哲学史》，李天然，等译，石家庄：河北人民出版社，1998年，第217页。

古典修辞学规则。历史著作的基本目的是教育，历史是“用实例教导的哲学”这一古典格言对中世纪编年史家依然适用。尤其是在政治领域，历史长期被认为是君王必需的教育，历史是君王宝鉴。

第三，中世纪历史学家确实缺乏因果观念，但他们思考过去事件与当代现实的关系的基本假设与我们现代的因果关系理论类似。事例在中世纪文献中并不是只具有事实那样的卑微地位，而是像传统事物一样，具有准宗教的规定地位。它不仅具有普遍的道德意义，而且它就像惯例一样，要求人们遵循它，由此决定人的行为模式。因此，中世纪的事例观念表明在过去的行为与当代实践之间具有一种关系，即便不是充分的因果关系，也不只是道德劝诫的关系。中世纪这种事例观念，或者说这种对事例的特殊使用的根源可以追溯到圣经解释学。中世纪圣经解释者的预表解经法（typological interpretation）意在强调圣经在神圣历史中的整体一致性，声称《旧约》中的人、事、物是一种“类型”（type），与其在《新约》中的“对型”（antitype）相对应，前者是后者的预表。[1]根据预表解经法，过去的历史事件与后来的历史事件就有了某种遥相呼应的关系，前者是后者的预表，后者是前者的完成，彼此之间是类似的。过去的意义在现在得到重申，旧的预言了新的，后来的在形式和解释上都在前一个中预先确定了。这样，过去就成为一种解释原则，成为在时间上相距遥远的事件之间建立联系，使其可理解的一种方式。

中世纪编年史家在日常读经的过程中接受了预表解经法的训练，所以很容易将这种读经方法转换到历史解释中来。根据世俗化的预表解经法，不仅能用过去来解释现在，而且，过去在解释现在的同时还形塑了未来。总之，预表解经思维构造了一个复杂的影响场域，把过去与现在，现在与未来关联在一起，纳入一个历史分析的预言模式。借助预表解经法的帮助，中世纪编年史家能利用过去的人物和事件来解释现在的政治生活，为现实政治提供合法化根据。“正是在这一种框架中，过去是一个预言，它

1 梁工：《西方圣经批评引论》，北京：商务印书馆，2006年，第36页。

决定了未来之事的状况及其解释，它把过去、现在和未来纳入一个单一的全面的历史过程中。”[1]因此，“圣经历史和世俗历史都提供了尘世变迁的事例，二者以不同方式表明上帝的作用和安排。这样，得自古代人的关于历史写作之任务的观念就同与救世期待相关的基督教历史经验相一致了。直至波舒埃（Bossuet，1627—1704），圣经的预兆及其实现这一线性历史模式并没有突破人们为了未来而从过去获得经验教训这一框架”[2]。

三、文艺复兴时期：事例历史的兴盛

从文艺复兴时期起，直到17、18世纪，欧洲历史观念主要来自古希腊、罗马作家。在15、16世纪的西欧可以得到每一位重要的古代历史学家著作的拉丁文本，到17世纪这些著作一般都有了俗语译本。如果说李维和塔西陀是文艺复兴时期历史写作的典范，那么，迪奥尼修斯和琉善（Lucian，约125—180年后）则是那时候历史方法著作的古典榜样。作为复兴古典学术的结果，与琉善的《怎样写历史》类似的历史手册首先产生于意大利，16世纪成为一种公认的人文主义文类，随后不久传播到了其他国家。这类著作最初被称为历史的艺术（artes historicae），书名一般叫《怎样写历史》《历史的观念》《历史的艺术》，或者叫《历史研究》。它们起初主要论述历史的文学和修辞方法，后来逐渐发展成为对历史的实用性的论述。另外，这类著作因国家不同而有所差异，如早期出现在意大利的这类著作的作者时常是柏拉图主义者，著作形式是苏格拉底式的对话形式，而在德国这类著作比意大利、法国和英国更多地关注圣经的历史，因为德国人沉迷于宗教改革。[3]

据上述，我们看到对历史艺术的探讨在欧洲学术史上可以说是源远流

1 Gabrielle M. Spiegel, “Political Utility in Medieval Historiography: A Sketch”, *History and Theory*, Vol. 14, No. 3, 1975, p. 322.

2 Reinhart Koselleck, *Futures Past: On the Semantics of Historical Time*, New York: Columbia University Press, 2004, p. 29.

3 George H. Nadel, “Philosophy of History before Historicism”, *History and Theory*, Vol. 3, 1964, p. 305.

长，在古代有西塞罗、昆提良、琉善的专论或专著，在中古时代这一传统没有中断，有塞维利亚的伊西多尔关于历史的用处的论述。到文艺复兴时期，对历史的颂扬，对历史写作方法的探讨更是人文主义者喜爱的主题，有许多关于历史写作的专论传世。[1]然而，在16世纪上半期，这类著作系统论述的主要是“历史写作艺术”的问题，目的是确立理想的历史叙述的文学标准。这是延续了古代同类著作的传统，是受古典修辞学和斯多葛派哲学等影响的结果。它们除了重视历史写作的修辞问题外，还特别强调历史在公私领域的实用作用，尤其是历史事例的教育效用。到16世纪后半期，法国学者开始关注“历史阅读艺术”，在重视历史事例的教育意义的同时，把历史知识的可信性、史料的类型、史料的价值、文献真实性的辨析以及历史学家倾向性表现等问题作为研究的重点。[2]

16世纪法国出现了几部研究历史方法的著作，即博杜安（François Baudouin，1520—1573）的《整体史的建立及其与法学的结合》（1561）、波丹（Jean Bodin，1530—1596）的《易于理解历史的方法》（1566）、加亚尔（Pierre Droict de Gaillard，生卒年不详）的《历史方法》（1579）。其中影响最大的是博杜安和波丹的著作。17世纪最详尽的历史手册是荷兰古典学者福修斯（Gerardus Vossius，1577—1649）的《历史艺术》或《历史与编史理论的性质》。博杜安和波丹代表了文艺复兴时期人文主义者的观点，他们都主张囊括人类生活方方面面的整体的历史，更不同寻常的是，波丹还试图确立自然主义原则，如气候理论，以便把人类史与自然史联系起来。福修斯是一位纯粹的古典语文学家，他阐述了历史艺术的概念，提出了历史在内容和形式上的各种特性。这三部书都以西塞罗的观点作为论述基础，都强调历史事例的教育意义。实际上，直到18世纪上半

1 关于“历史艺术”这一著作体裁的历史较为详细的论述，请参阅Anthony Grafton, *What was History?: The Art of History in Early Modern Europe*, Cambridge: Cambridge University Press, 2012, pp. 21-33。

2 Julian H. Franklin, *Jean Bodin and the Sixteenth-century Revolution in the Methodology of Law and History*, New York: Columbia University Press, 1963, p. 4.

期，博林布鲁克（Bolingbroke，1678—1751）的《历史研究和使用书简》（1738），依然将若干传统论题与他的时代的反教权论、怀疑论等观点混合在一起。这些学者的历史方法著作都赞成效仿罗马的事例史，“‘积极的人’、事例的鼓励和阻止的作用、作为生活导师的历史、作为个人经验的延伸的历史、历史学家对真实性的关注、事例的说服力等等，所有这些论题都出现在他们每一位的著作中，只是着重点不同”[1]。

除了历史方法著作外，具体历史写作也表现出同样的事例史兴盛的图景。1681年波舒埃主教将他的《论普遍史》献给法国王太子，强调了过去事例对于君王来说可以起到延伸经验的作用。当然，面对新的形势，绝大多数事例史的倡导者确实提出了产生于古代之后的问题，如神意的作用、圣经年表或历史分期等等。不过这些通常只是他们论述内容的一小部分，大量的论述集中于古人已论述过的问题。西塞罗把历史界定为生活的导师，这不仅出现在这时期产生的每一本历史手册中，而且，西塞罗关于历史的定义及历史真实性的原则甚至成了主要历史著作的标准卷首语，或者作为著作题献词的修饰。

文艺复兴时期新政治史的开创者马基雅维里（Machiavelli，1469—1527）的历史著作就表现出对传统事例史的继承。马基雅维里通过《论李维》和《佛罗伦萨史》两部著作，试图提出一种新的历史研究方法。他认为历史既可以给人提供有用的教训，也可以基于历史事例对现实政治进行分析。从古代历史和当代经验引申出政治教训，分析得出政治观点是马基雅维里的历史研究新方法，即所谓新政治史风格的出发点。遵循这一方法，马基雅维里试图为政治，即治国之术提供坚实的历史基础。他说：“不管是谁，只要考察过去和现在就能看到，所有城邦和所有人现在被，而且永远被同样的愿望、同样的情感所激励。因此，通过对过去的勤奋研究，就可以很容易地预言在任何共和国未来可能要发生的情况，可以使用

1 George H. Nadel, “Philosophy of History before Historicism”, *History and Theory*, Vol. 3, 1964, p. 306.

古人所用的补救方法，或者……可以根据事件的相似性来策划一个新事件。”[1]他的《佛罗伦萨史》正是要用历史事例来告诉佛罗伦萨人国家的强盛必须依靠像古罗马共和国那样的公民兵。[2]如果说马基雅维里的政治论著是试图通过总结古代历史和当代经验来得出一般政治原则，并由此开创了西方近代以权力为基础的政治思想的先河，那么，他的历史著作则是把历史作为分析现实政治的方法和工具，从而确立了一种风格，或准确地说是在修昔底德、波里比阿和塔西陀的传统中复兴了一种风格，即分析的政治史风格，这种风格显然与传统事例史有密切关联。

然而，就在16世纪事例史兴盛的景象中，新的变化正在酝酿。圭查迪尼（Guicciardini，1483—1540）与马基雅维里一样，是在意大利遭受外敌入侵时开始写作历史的。对法国入侵意大利这一最近事件的深刻思考使他对马基雅维里那种对待过去的方法产生严重的怀疑，或者至少是对从历史得到的教训的真实价值表示怀疑。他强调指出，环境的变化会削弱现在借鉴过去教训的有效性。圭查迪尼对过分相信生搬硬套的事例发出了警告：“如果不是原因相同，不仅是在总体上相同，而且甚至在细节上也相同，如果事情不是由同样的才智来支配，那么，人们要用事例来指导自己的行动那是一件非常危险的事情。”[3]他的历史著作关注最近发生的事件，充分利用档案材料，线索清晰，叙事连贯，事件紧密关联是其最显著的特征。他深刻地意识到必须把佛罗伦萨置于整个意大利的背景中来考察，而意大利事务的解释又不得不牵连到整个欧洲的事务。这样一来，一个城邦就不足以成为历史叙述的主体，“佛罗伦萨的历史只能作为整个意大利场景的

1 参见马基雅维里：《论李维》，马克利译，上海：上海人民出版社，2005年，第432页。

2 Felix Gilbert, *History: Choice and Commitment*, Cambridge, Mass.: Belknap Press of Harvard University Press, 1977, p. 151.

3 Cf. Daniel R. Woolf, “From Hystories to the Historical: Five Transitions in Thinking about the Past, 1500-1700”, *Huntington Library Quarterly*, Vol. 68, No. 1-2, 2005, p. 48.

一个组成部分来理解”[1]。因此，他的《意大利史》的主题不是作为一个政治实体的意大利，而是发生在意大利半岛上的事件。意大利的各种势力并不适宜分别作为各城邦历史的主题来叙述，因为各城邦内部的发展与其他城邦有剪不断理还乱的关系，发生在意大利的所有事件又与发生在欧洲其他地区的事件密切相关。《意大利史》的主题是由一个内在逻辑来规定的，其范围扩展到西欧其他国家是确定事件之间因果关系的必然要求。

据上述，我们得出，圭查迪尼和马基雅维里虽然在政治思想上有共同之处，但在对待历史事例的态度上有很大差异。二者都主张基于历史事实来对现实政治进行分析，但马基雅维里强调无条件效仿古人，而圭查迪尼则重视对具体事例和具体条件的考虑。实际上，圭查迪尼超越了传统事例史观念，他的观点开始与“历史是生活的导师”拉开距离，当然它暂且是少数派的观点。

四、16世纪中期以后事例史的衰落

16世纪中期以后和17世纪的作家一方面延续着西塞罗的方式，搜集事例用于政治论文、布道文、辩论以及别的论辩情景，另一方面，历史写作中事例史由盛转衰，出现了更重视历史事件的具体情境分析，重视事件与事件之间的关联性、历史的整体性和连续性的趋势。因此，我们认为，追溯从古希腊、罗马事例史的兴起，到中世纪神学背景下事例史的延续，再到近代早期事例史盛极而衰的转变，是我们把握西方史学发展变化的一条重要线索；同时，应该把近代早期社会事实的变迁与史学本身的变化结合起来考察，这样能使我们更好地理解近代早期的“史学革命”。

首先是16世纪中期以后西欧社会文化的新变化改变了社会心态，为不同于以往的历史知识生产和接受提供了条件。直到16世纪上半期，历史事件和历史人物故事的主要载体是古典作家的著作、圣经和中世纪编年史。

1 Felix Gilbert, *Machiavelli and Guicciardini*, New York: W. W. Norton & Company, 1984, p. 247.

从社会层面上看，有文化的人主要是在口头演讲和书面写作的修辞语境中引用历史事例，了解和掌握大量历史细节的有文化教养的人本来不多，能够把过去作为一个相互联系的整体来思考其意义的人就更少了。16世纪中期以后，尤其是到1700年左右，这种状况发生了根本性的改变。这一时期正好是欧洲商业经济转型的重要时期，在日益成熟的商业环境中逐渐发展起知识交流网络，包括历史知识的社会传播网络。书籍销售网络非常大，超越了宗教的、政治的和语言的界限，“近代早期的书籍也可能通过贸易和人的流动，包括学生从国外学习归来或宗教避难等原因而传播得很远”[1]。

随着历史知识的广泛传播，史学更趋于公众化，使人们能超越地方环境，熟悉各地的历史“事实”，看到各地区事件之间的联系，从而为人们整体性地思考历史提供了社会文化条件。同时，关于历史事件和人物的细节在社会上和家庭中以文本、口头和图画的形式得到广泛传播，其传播的频率和速度也使历史地思考过去成为可能。广泛而频繁的历史细节交流使那些博学者具备了足够的内化参照点，充分意识到事件与事件之间的动态联系，因而发展出从前没有的生产和接受新的历史知识的心理类型。另外，在中古晚期和文艺复兴早期，那种有选择的群体诵读，出于道德教育或娱乐的目的而去讲述一个历史故事，使用事例和榜样以便于个别读者和听者的接受。从16世纪中期开始，随着书籍印刷技术的发展，阅读方法的变化（从群体诵读到个人阅读），读者数量和范围的扩大，加剧了对已有权威的怀疑，不同的见解更易于盛行和传播。[2] 在知识传播过程中，出现了更具公众性的讨论和社会交流模式，如政治、宗教争论造成的学术繁荣，各种世俗学术研究机构的建立，学者之间的频繁的书信交流，以及大学教授完全不受地域限制的流动，等等。历史事实和历史资料不再只是在相当

1 安·布莱尔：《工具书的诞生：近代以前的学术信息管理》，徐波译，北京：商务印书馆，2014年，第290页。

2 戴维·芬克尔斯坦、阿利斯泰尔·麦克利里：《书史导论》，何朝晖译，北京：商务印书馆，2012年，第177页。

私人的背景下为了特定目的而交流的知识，它们成为各种社会场景中文化交流的主要内容，可以在多种语境中使用。关于过去的详细知识具有社会价值，这就使历史著作成为17、18世纪居于支配地位的文体。

其次，在16世纪后半期和17世纪，近代科学的兴起、怀疑论的活跃使人们不再盲从传统教条，而是用人文主义语文学方法来重新检视古代历史著作，质疑传统的历史著作阅读方法和剥离具体历史语境的孤立历史事例的有用性。到18世纪上半期，随着怀疑论思潮进一步发展，传统历史艺术所教导的那一套分类、摘录和使用历史事例的方法完全过时了。博林布鲁克在其《历史研究和使用书简》中，对脱离语境的历史事例的有用性表示怀疑。他认可迪奥尼修斯的"历史是用事例教导的哲学"的说法，以及把历史看作教育事例的宝库的古典观点，不过他的认可是带有批判性的。他认为不具备个人经验，这类事例知识是学究的财产，最好情况下是死知识，最糟情况下会误导人。积极的生活与沉思的生活必须相互渗透。博林布鲁克特别批判了马基雅维里的方法，表现出对圭查迪尼的认同。[1]

德国埃尔朗根大学教授约翰·马丁·克拉顿尼乌斯（Johann Martin Chladenius，1710—1759）更是彻底抛弃了"历史是生活的导师"这一古典格言。在其关于解释学和历史学的著作《史学通论》（1752）中，他主张对古今历史学家的个人立场观点，他们所处的文化环境，以及所属的民族等因素进行具体分析。他认为现代人绝不能简单地利用古代历史学家，阅读他们的著作时必须努力地去分析解释，要有同情之心，深入了解他们的文化的性质。对于克拉顿尼乌斯来说，阅读历史就是与完全各不相同的史家的相遇，所得到的"历史教训不再是政治的和道德的，而是纯粹理智上的"[2]。

1 Daniel R. Woolf, "From Hystories to the Historical: Five Transitions in Thinking about the Past, 1500-1700" , *Huntington Library Quarterly*, Vol. 68, No. 1-2, 2005, p. 49.

2 Anthony Grafton, *What was History?: The Art of History in Early Modern Europe*, Cambridge: Cambridge University Press, 2012, p. 254.

据上述，16世纪后半期的法国学者把传统的“历史写作艺术”转变为“历史阅读方法”，后经17世纪自然科学和怀疑论的冲击，传统历史艺术不再能够为思想家提供思想资源，历史著作也不再是道德和政治教育的事例宝库，新的历史研究和写作方法应运而生。正是在这一背景下，我们说16世纪后半期波丹的历史方法和17世纪的博学研究，以及18世纪的克拉顿尼乌斯等人关于历史解释学理论，预示了18世纪后半期产生的德国哥廷根学派的新史学方法。哥廷根学派的产生既是对传统历史艺术和博学研究的继承，也标志着传统历史艺术的终结。从此历史学家不仅要精研文献，还要探究作为整体的人类过去，包括各民族的精神、习俗、仪式、制度、法律、艺术和工艺，以及所有人类理智的产物。正如该学派的领军人物之一克里斯蒂安·戈特洛布·海涅（Christian Gottlob Heyne，1729—1812）指出的，这种探究的方法是跨学科的，必须利用版本学、印章学、纹章学、钱币学等所有学科的成果来“支撑历史论点的可信性”[1]。

第三，从16世纪中期开始历史学家不仅像博学家一样关注遥远的过去，追溯各民族的起源，同时也越来越关注最近的过去，以探求当代政治和宗教危机的根源。对最近过去的关注是历史研究方法在这时期发生根本性变化的原因之一，它促使历史学家有使用第一手档案资料的必要和可能，而档案资料的使用又强化了历史学家的选择和解释意识。关注最近过去的历史学家没有现成的叙事可以依赖，必须通过自己对档案材料的研究来引导读者走出纷繁复杂的事件迷雾，这就突破了自古代以来历史学家只是记录事件，而不试图解释事件的传统。为了探讨当代政治危机的根源，历史学家采用由现在回溯过去的研究方法，因而使历史学家看到现在与过去的关联性和差异性，产生了把过去作为一个连续的过程来看待的意识。他们开始重视历时连续的相邻事件之间，以及不同地点发生的事件之间的因果关系，而不是像古人，甚至马基雅维里那样看重时间上相距遥远的、

1　Anthony Grafton, *What was History?: The Art of History in Early Modern Europe*, Cambridge: Cambridge University Press, 2012, p. 190.

不连续的事件之间的示范和类比关系。

由于聚焦最近的过去，这一时期的意大利、德国和法国的历史学家需要新的历史写作方法。在探索新的历史写作方法的过程中，他们逐渐摆脱了传统事例史的束缚，超越了人文主义者从古人那里继承得来的关于历史作用的观念。意大利的圭查迪尼、卢森堡的斯莱丹（Sleidanus，1506—1556）、法国的雅克·奥古斯特·德·图（Jacques Auguste de Thou，1553—1617）、英国的卡姆登（Camden，1551—1623）等人的历史著作都主要依靠档案资料写成。这些著作用事件之间的因果关系，而不是示范、预表或类推作为历史叙述的轴线。

最后，在古代历史学家的著作中是存在一个起主导作用的叙述者的，但是，在中世纪编年史著作中作者是隐而不见的。事实上，中世纪历史学家几乎完全不认为自己是作者，经常将自己从事的文字活动描述为“编辑”“汇编”“摘录”等，而不是写作（composing）。[1] 中世纪编年史家按年叙述一系列从过去到现在的事件，常常连续不断地随着他们自己所处的现在向前推移而在结尾处添加叙述，他们的著作没有把各条线索编织在一起的真正意义上的结束。到文艺复兴复兴时期，通过复兴古代历史学术，西欧历史著作中逐渐重新有了作者的声音。作者的在场或作者的意图逐渐成为历史著述固有的性质。历史著作不仅是过去事件记录的形式，而且是作者意图的载体，其本身具有阐述和说服的作用。作为一种论辩形式（argument），历史固然要试图说服人，不过从波里比阿和琉善起，人们将历史的说服力和有用性与所述事件的真实性联系在一起，到文艺复兴时期这一思想观念更是得到了发扬光大。

因为历史著作具有阐述和说服的论辩性质，“这就赋予每一个具有良好动机的历史文本特定的当代历史意图”[2]。具有明确作者意图的历史著

1 Lloyd Kramer, Sarah Maza, *A Companion to Western Historical Thought*, Oxford: Blackwell Publishers, 2002, p. 80.

2 Nancy S. Struever, “Topics in History”, *History and Theory*, Vol. 19, No. 4, Beiheft 19: Matahistory: Six Critiques, 1980, p. 67.

作要求其各组成部分必须彼此关联，必须有助于整体论述。因而历史著述就具有一个内在固有的抽象：事件不是孤立地来理解，而是根据它在一个“因果—时间—逻辑”关系中的位置来理解。由此历史便得到一种视角，即把过去的事件看作最终导致现在的线性序列。在这个序列中，现在具有一个外在于过去的特殊地位，成为我们安排和评价过去事件的出发点。这种特殊的视角使作者和读者从遥远现在的高峰眺望，“能够俯视事件之流，在一团混乱的‘过去’中能辨识出这些事件相互之间的关联和作为其结果所产生的另一部分事件，以及该部分又与别的部分相关联，最终成为‘现在’”[1]。这种“全知作者”（omniscient author）视角使历史著作有了统一的作者的声音，这一声音把事件整合在一起，使其可理解，并将其呈现给读者。

五、结语

如前所述，从把“历史”（historia）等同于事件（events），在历史事例中寻求教益，到把历史看作一个整体，从而去追寻历史知识（historical knowledge）的转变是近代早期西方历史学的重大变化。“在这个时期的开端，有存在于历史之中的知识，但并不存在我们可以称为‘历史知识’的那种知识。”[2]然而，从16世纪后半期开始，历史研究不再仅仅是用事例讲授道德哲学，历史学逐渐成为一个独立的知识学科。历史学家既是历史的记录者，也是历史的解释者。正是在这样的意义上，“圭查迪尼的《意大利史》是古典历史学的最后一部伟大著作，又是近代历史学的第一部伟大著作”[3]。

1 Shelly Errington, “Some Comments on Style in the Meaning of the Past”, *The Journal of Asian Studies*, Vol. 38, No. 2, 1979, pp. 239-240.

2 Daniel R. Woolf, “From Hystories to the Historical: Five Transitions in Thinking about the Past, 1500-1700”, *Huntington Library Quarterly*, Vol. 68, No. 1-2, 2005, p. 36.

3 Felix Gilbert, *Machiavelli and Guicciardini*, New York: W. W. Norton & Company, 1984, p. 301.

当然，“历史是生活的导师”这一传统主题的最后消解，事例史观念最终被把历史理解为进步或发展过程的近现代史学观念取代，还有待更猛烈的社会革命事件的震荡，与传统时间经验的彻底断裂。关于欧洲人在18—19世纪历史时间经验的变化，德国历史理论家科泽勒克有精彩的论述。他认为，从1750年到1850年，欧洲经历了启蒙运动和法国大革命等一系列震荡，以及技术变革所带来的加速体验，最终使过去的经验与未来的期待分离开来，不同时代之间不再只是“同”的连续性，而是强调不同时代的差异，历史被描述为从过去、现在走向未来的进步或发展的过程。因此，历史就不再可能是传统意义上的“生活的导师”了，它本身就是更大意义上的哲学，它不仅思考过去和人类理性的潜能，而且思考走向社会完美的人类未来。[1]另外，18世纪中期以后，启蒙历史学家也不再像传统历史学家那样把“历史”等同于事件本身，历史逐渐与对历史的认识融为一体。[2]事例史让位于对体系、方法、历史哲学和世界史的探究。凯利认为，对理性形式和“体系”的更大抱负不仅为启蒙时代的“推测性历史”（conjectural history）和德国大学中发展起来的“历史科学”，也为世界史体裁奠定了基础。[3]

1 Keith Tribe, “Translator’s Introduction”, in Reinhart Koselleck, *Futures Past: On the Semantics of Historical Time*, New York: Columbia University Press, 2004, p. xiv.

2 Reinhart Koselleck, *Futures Past: On the Semantics of Historical Time*, New York: Columbia University Press, 2004, pp. 31-42. 同时参见黄艳红：《欧洲历史中的过去和未来》，载于《史学理论研究》2014年第4期。

3 Gianna Pomata, Nancy G. Siraisi, *Empiricism and Erudition in Early Modern Europe*, Cambridge, Mass.: MIT Press, 2005, p. 16.

文艺复兴和巴洛克时期意大利城市广场的装饰符号：军事将领与君主的塑像

刘耀春*

广场是意大利城市最显著的特色之一，它的命运与意大利城市文明的兴衰息息相关。在古典时代，广场文化在罗马盛极一时，伴随着罗马帝国的覆灭和都市文明的萎缩，广场文化也一蹶不振。伴随着城市文明在中世纪盛期的复兴，广场在意大利的城市里获得了新生，并成为对西方城市建筑文化最重要的贡献之一。从长期的历史发展来看，从中世纪盛期到巴洛克时期，意大利的城市广场发生了重大的演变，这突出体现在广场规模的日趋宏大，广场形制强调严格的几何规整性等方面，意大利城市广场的装饰性因素日趋完备。用美国建筑史家尼阿尔·阿特金森（Niall Atkinson）的话来说，从中世纪盛期到巴洛克时期，意大利的城市广场完成了“从哥特式脚注到巴洛克戏剧”[1]的演变。在本文里，我们重点从巴洛克时期意大利

* 刘耀春，四川大学历史文化学院教授，主要研究方向为欧洲社会文化史、意大利建筑和城市史。

1 Niall Atkinson, “The Italian Piazza: From Gothic Footnote to Baroque Theater”, in Babette Bohn, James Saslow (eds.), *A Companion to Renaissance and Baroque Art*, Oxford: Wiley-Blackwell, 2013, pp. 561-581.

城市广场的装饰符号来审视这一时期的广场文化。在文艺复兴和巴洛克时期（约1550—约1750），意大利广场的装饰符号得到充分的发展，主要体现为频繁且娴熟地运用三个重要的装饰符号：喷泉、军事将领与君主的塑像以及方尖碑。在本文里，笔者着重讨论这一时期的军事将领与君主的塑像。

一、中世纪盛期的军事将领和君主的塑像

在罗马帝国时代，为军事将领和帝王歌功颂德修建纪念碑构成了罗马帝国政治文化的重要形式之一。这些纪念碑大致包括帝王的塑像（尤其是骑马像）、凯旋柱（或纪功柱）、凯旋门等。[1] 随着罗马帝国的覆灭，这些歌颂权力的纪念物曾一度衰微。但在文艺复兴和巴洛克时期，这三种形式又在一定程度上得以复兴，并以变种的形式延续至今。这里我们关注的是军事将领或君主的骑马像（坐像和站像）作为一种重要的装饰符号在意大利城市广场上的复兴。

在漫长的中世纪早期和中期，统治者的骑马像时有出现，不过，此类雕塑的数量并不多，且往往保存在室内，其中最著名的当属保存在亚琛的查理大帝骑马像。在中世纪盛期（1000—1348），意大利的一些城市市政府成为重要的艺术资助人，它们常常聘请艺术家用绘画和雕塑的形式宣扬和纪念对城市“公共利益”（common goods）做出重要贡献的军事将领。正是在这一时期，骑马像成为一种重要的装饰符号，大致来说，又可以分为绘画骑马像和雕塑骑马像。

我们注意到，纪念军事将领（主要是雇佣兵队长）或城市领主（urban signori）呈现出不同的地区差异，意大利半岛中部的托斯卡纳地区的城市

1　James Ackerman, “Arch, Column and Equestrian Statue: Three Persistent Forms of Public Monument”, in Donald M. Reynolds (ed.), *Remove not the Ancient Landmark: Public Monuments and Moral Values*, Amsterdam: Gordon and Breach Pub., 1996, pp. 21-26. 这篇文章在目录和正文里的题目不一致，在正文里，文章的题目为“The Power of the Classical Tradition”。

图1　圭多里乔·达·佛利亚诺的骑马像（约1330）

多倾向于采用绘画，而北部伦巴底和威尼托地区的城市多偏好雕塑。14世纪锡耶那画家西莫内·马尔蒂尼（Simone Martini，活跃于1315—1344）在锡耶那市政厅里绘制的装饰壁画中就包含颂扬和纪念军事将领圭多里乔·达·佛利亚诺（Guidoriccio da Fogliano）的骑马像（图1）。

图2　约翰·霍克伍德爵士的骑马像（约1436）

用绘画颂扬捍卫城市的军事将领的做法一直延续到文艺复兴早期。在15世纪早期，佛罗伦萨人聘请画家保罗·乌切罗（Paolo Uccello，1397—1475）在佛罗伦萨大教堂里绘制了纪念著名的英国籍雇佣兵将领约翰·霍克伍德爵士（Sir John Hawkwood，约1323—1394）的骑马像（图2）。在这幅壁画不远处，还有画家安德雷亚·德尔·卡斯塔尼奥（Andrea

del Castagno，约1421—1457）绘制的雇佣兵队长尼科罗·达·托伦蒂诺（Niccolò da Tolentino，约1350—1435）的骑马像（图3）。

图3 尼科罗·达·托伦蒂诺的骑马像（1456）

在13、14世纪，表现圣徒、军事将领或领主（signori）的雕刻骑马像开始在伦巴底地区和威尼托地区的城市出现，这种骑马像的出现与意大利城市政治体制的演变有密切的关联。从13世纪中期到15世纪早期，随着大多数意大利城邦从共和制向领主制的过渡[1]，城市的公共雕塑逐渐从歌颂共和美德转向歌颂和纪念领主或统治者。这一时期歌颂和纪念城市统治者的塑像大致可以分为三类：骑马像（equestrian statue）、坐像（sitting statue）和站立像（freestanding statue）。在这三种类型中，骑马像最流行，其次是站立像，最后是坐像。其中的缘由并不难理解，骑马像最能打造大权在握的统治者的伟岸和威严的形象。

图4 米兰督政官奥尔德拉多·达·特雷塞诺骑马像（1223）

骑马像通常又分为两种：一种是作为高浮雕出现在一些城市的大教堂或市政厅的主立面上，其中比较有名的是米兰市政厅（Palazzo della Ragione，或Broletto Nuovo）上的米兰督政官奥尔德拉多·达·特雷塞诺（Oldrado da Tresseno）骑马像（图4）；另一种骑马像接近独立雕塑，

1 关于意大利城市共和国的政治体制的演变，参见刘耀春：《意大利城市政治体制与权力空间的演变（1300—1600）》，载于《中国社会科学》2013年第5期，第185-192页。

骑马像作为墓葬纪念碑被安置在室内而非室外，并且通常是作为墓葬纪念碑，其中比较著名的有维罗纳统治者斯卡拉（Della Scala）或斯卡利杰里（Scaligeri）家族在维罗纳的老圣马利亚教堂（Santa Maria Antica）庭院里的三尊骑马像，分别纪念康格兰德·德拉·斯卡拉（Cangrande della Scala）、马斯蒂诺·斯卡拉（Mastino della Scala）和康西尼奥里奥·德拉·斯卡拉（Cansignorio della Scala）。这三尊骑马像中的人物都是中世纪骑士的装扮，宣扬墓主人生前的英勇和荣耀（图5）[1]；雕塑家波尼诺·达·皮奥内（Bonino da Campione）为米兰统治者贝尔纳波·维斯孔蒂（Bernabò Visconti，1323—1385）制作的骑马像（图6）[2]；以及雕塑家雅科波·德拉·奎尔恰（Jacopo della Quercia，约1374—1438）为保罗·萨维利

图5　康格兰德·德拉·斯卡拉的骑马像

图6　米兰统治者贝尔纳波·维斯孔蒂的骑马像（1363年前）

1　Brendan Cassidy, *Politics and Civic Ideals and Sculpture in Italy c.1240-1400*, Turnhout: Harvey Miller, 2007, pp. 190-197.

2　同上，第197－200页。

图7 保罗·萨维利的骑马像

（Paolo Savelli，1350—1405）制作的骑马像（图7）[1]。

这种作为墓葬纪念碑的骑马像传统一直延续到文艺复兴早期。例如位于博洛尼亚大圣加科莫教堂（Basilica of San Giacomo Maggiore）的本提沃利奥礼拜堂里的阿尼巴莱·本提沃利奥（Annibale Bentivoglio）的骑马像（1458），以及位于那不勒斯的卡尔波纳拉的圣乔瓦尼教堂里的国王拉迪斯拉斯（Ladislas）的骑马像（15世纪20年代）。[2]不过，随着文艺复兴时期纪念文化的转变，这种类型的室内骑马像的数量日益减少。在15世纪的意大利"艺术革命"（即艺术领域里的文艺复兴运动兴起）之前，不论是室外的高浮雕骑马像还是庭院内或室内的独立骑马像，它们的尺寸都比真实的人和马小，这些骑马像仅仅是公共建筑物的整体装饰中的一部分，并非独立的纪念性装饰品。

二、文艺复兴早期和中期城市广场上的军事将领和君主的塑像

把独立的骑马像安置在城市广场上是文艺复兴时期意大利人的创举。在15世纪，城市领主（signori）十分关注君主的塑像，尤其是骑马像，并把它们用于宣扬王朝的合法性。与城市共和国不同，领主制城市的政权往

1 H. W. Janson, "Equestrian Monument from Cangrande della Scala to Peter the Great", in Archibald Lewis (ed.), *Aspects of the Renaissance*, Austin: University of Texas Press, 1967, pp. 80-81.

2 这两幅墓葬骑马像图片，参见Alison Cole, *Italian Renaissance Courts: Art, Pleasure and Power*, London: Laurence King Publishing, 2016, pp. 20, 83.

往是暴力夺取的，因此，这些城市统治者本身对政权的合法性和稳定性格外敏感和关切。这些领主政权为了巩固其统治，往往是“硬手段”和“软手段”双管齐下。就前者而言，领主政权会不遗余力地打造坚固的城堡和强大的军队，形成对臣民的强大威慑力[1]；就后者而言，则会利用文学、历史、传记以及艺术等各种手段不遗余力地赞美领主家族的统治，并创造领主家族的记忆文化，引导民众接受和顺从领主家族的统治。显而易见，这种记忆文化构成了领主政权的政治文化中不可或缺的一部分。

1443年，费拉拉的统治者莱奥内罗·德·埃斯特（Leonello d’Este，1407—1450）家族委托艺术家制作其父尼科罗·德·埃斯特三世（Niccolò Ⅲ d’Este，1383—1441）的骑马像。建筑师莱昂·巴蒂斯塔·阿尔贝蒂（Leon Battista Alberti，1404—1472）在费拉拉埃斯特家族的旧宫（Cortevecchia，即昔日的市政厅）的大门口为这尊骑马像修建了一座凯旋门形式的大理石基座。阿尔贝蒂甚至撰写了一篇《论活马》（*De equo animante*）的著作献给莱奥内罗·德·埃斯特。1451年，尼科罗·德·埃斯特三世的青铜骑马像被安置在这座凯旋门的顶端（图8和图9），从此之后，这座凯旋门就被人们称为“战马拱

图8　尼科罗·德·埃斯特三世骑马像（17世纪素描）

图9　尼科罗·德·埃斯特三世骑马像（想象复原品）

1　参见刘耀春：《意大利城市政治体制与权力空间的演变（1300—1600）》，载于《中国社会科学》2013年第5期，第185-203页，第198-202页。

门”（Volto del Cavallo或Arco del Cavallo）。[1]这种青铜骑马像和凯旋门相结合的纪念碑形式很可能借鉴了保存在安科纳城里位于凯旋门之上的图拉真皇帝纪念碑，而这一设计灵感又很可能出自当时意大利最杰出的古物学家安科纳的齐里亚科（Ciriaco d'Ancona）。[2]这尊青铜骑马像是古典世界衰亡以来西方世界的第一尊真人尺寸的骑马像。[3]

但很可惜，这尊骑马像在1796年被入侵费拉拉的拿破仑军队摧毁。尽管这尊骑马像的原作已经不复存在，但它在西方雕塑史上的意义不容忽视：正是从这尊青铜骑马像开始，独立的骑马像不再局限于墓葬雕刻传统，而是成为城市广场上最醒目的装饰符号之一。此外，我们还要强调的是，它与同一时期佛罗伦萨雕塑家多纳泰罗在帕多瓦铸造的威尼斯佣兵队长“加塔梅拉塔”的骑马像形成了一种竞争关系。关于后者，我们将在后面详细论述。

1450年，波尔索·德·埃斯特（Borso d'Este，1413—1471）登上费拉拉侯爵的宝座后，墨德纳城决定为他塑造一尊骑马像，但最终未能实现。费拉拉城为波尔索塑造了一尊青铜坐像，并将其安置在一根粗壮的科林斯柱头的凯旋柱顶端。手持权柄、正襟危坐的波尔索俨然圣经中的大卫王。但不幸的是，这尊青铜坐像后来也被入侵费拉拉的拿破仑军队捣毁。不过它的基座科林斯凯旋柱没有被破坏，并一直保存至今。而波尔索青铜坐像，则通过两幅17和18世纪的素描保存下来（图10和图11），可以让今天的人们从中一窥其原初风貌。我们现在看到的波尔索坐像就是根据这两幅素描制作的想象复原品（图12）。

当时的一位人文学者提托·斯特罗奇（Tito Strozzi）为这个纪念碑撰写了铭文：“感恩戴德的费拉拉把这根柱子献给仍然活在人世的您——最公

1 Charles Rosenberg, *The Este Monuments and Urban Development in Renaissance Ferrara*, Cambridge: Cambridge University Press, 1997, pp. 50-82.

2 Mary Bergstein, “Donatello's Gattamelata and Its Humanist Audience”, *Renaissance Quarterly*, Vol. 55, No. 3, 2002, p. 852.

3 Charles Rosenberg, *The Este Monuments and Urban Development in Renaissance Ferrara*, Cambridge: Cambridge University Press, 1997, p. 54.

图10　波尔索·德·埃斯特的青铜坐像（17世纪素描）

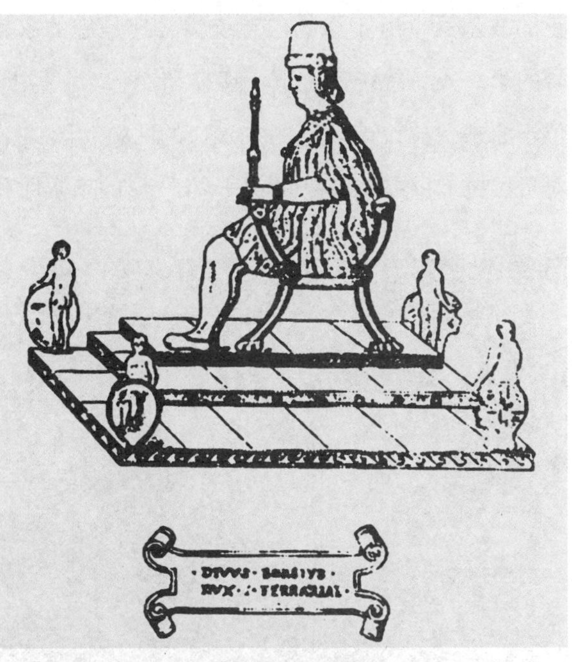

图11　波尔索·德·埃斯特的青铜坐像（18世纪素描）

图12　波尔索·德·埃斯特的青铜坐像（想象复原品，刘耀春拍摄）

正的波尔索，由于您的仁慈统治，您是您的家族中从皇帝那里获得公爵封号的第一人，您统治之下一切祥和安宁。”[1]尼科罗和波尔索的青铜像分别位于原来费拉拉市政厅的主入口的两端（图13）[2]，它们宣示了埃斯特家族对费拉拉最重要城市空间——“L”形的市政厅和大教堂广场的主宰。

图13 费拉拉“旧宫”前面的尼科罗·德·埃斯特三世的骑马像和波尔索·德·埃斯特的坐像（刘耀春拍摄）

自1499年起，波尔索·德·埃斯特的继位者埃尔科莱·德·埃斯特（Ercole d'Este，1431—1505）就准备为他本人制作一个更雄伟的骑马像，并打算将其安置在他在费拉拉城扩建的一个新区，即著名的“埃尔科莱新区”的中心广场上。由于中心广场规模巨大，埃尔科莱不得不委托他在米

1 Charles Rosenberg, *The Este Monuments and Urban Development in Renaissance Ferrara*, Cambridge: Cambridge University Press, 1997, pp. 88-109.

2 在此之前，统治费拉拉的埃斯特家族为阿尔贝尔托（Alberto）制作的站立像被安置在费拉拉大教堂立面的神龛里。这两尊青铜塑像在1796年被入侵的法国军队摧毁（Cf. Charles Rosenberg, *The Este Monuments and Urban Development in Renaissance Ferrara*, Cambridge: Cambridge University Press, 1997, p. 89）。现在人们看到的这两尊青铜像是依据图像资料制作的想象复原品。

兰的大使，向正在米兰为斯佛尔扎家族准备骑马像的莱奥纳尔多·达·芬奇咨询和求助。[1]不过，由于16世纪早期意大利局势动荡，这个计划最终未能实现。但是，埃尔科莱骑马像的构想图（图14，图15）却流传了下来，我们可以从中得知它的基本造型。

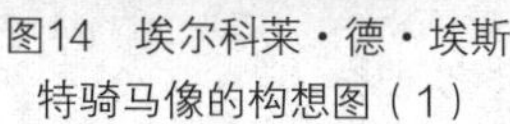

图14 埃尔科莱·德·埃斯特骑马像的构想图（1）

图15 埃尔科莱·德·埃斯特骑马像的构想图（2）

埃斯特家族塑像对古罗马颂扬军事胜利的形式，即凯旋门和凯旋柱的利用尤其值得关注。此外，埃斯特家族在费拉拉中心广场上的雕像意义重大，它预示了未来的一种潮流：在城市广场上树立的是城市的统治者而非受雇于城市的雇佣兵将领的雕像，从这个意义说，埃斯特家族开辟了领主制和君主制城市的一个新传统。

自15世纪中期之后，统治米兰的斯佛尔扎家族也对骑马像情有独钟。斯佛尔扎家族政权的开创者弗朗切斯科·斯佛尔扎原本是一名雇佣兵队长，他凭借武力攫取了米兰的统治权，是“马背上夺权”的一个典型。他的儿子卢多维科·斯佛尔扎积极准备为其父在米兰塑造一尊骑马像，不但是为了纪念这位勇敢的佣兵队长，更重要的是纪念斯佛尔扎王朝的创建者。[2]为此，画家安东尼奥·德尔·波拉约罗（Antonio del Pollaiuolo，

1 Lisa Jardine, Jerry Brotton, *Global Interests: Renaissance Art between East and West*, Ithaca: Cornell University Press, 2000, pp. 143-144.

2 Marco Folin, *Courts and Courtly Arts in Renaissance Italy*, Woodbridge: Antique Collector's Club, 2011, pp. 134-136.

图16　波拉约罗为弗朗切斯科·斯佛尔扎骑马像准备的草图

约1432—1498）和莱奥纳尔多·达·芬奇（Leonardo da Vinci，1452—1519）都准备了各自的方案。波拉约罗在15世纪80年代中期绘制了弗朗切斯科·斯佛尔扎骑马像的草图（图16）。作为画家和雕塑家安德雷亚·德尔·韦罗基奥的徒弟，莱奥纳尔多·达·芬奇显然更懂得统治者对骑马像的偏好，他在写给米兰的统治者卢多维科·斯佛尔扎的信里就特意强调："我能用大理石、青铜和泥土制作雕塑……我也能制作青铜马（骑马像），它将成为你的父亲（弗朗切斯科·斯佛尔扎）的不朽功勋和永恒荣誉的幸福纪念，也将成为光辉的斯佛尔扎家族的纪念。"[1]莱奥纳尔多到米兰之后，他为弗朗切斯科·斯佛尔扎的骑马像做了认真的准备。他早期勾勒的草图（图17）与波拉约罗的构想很相近，战马的前蹄腾空而起，马蹄下是被征服的敌人。但从莱奥纳尔多后期重新勾勒的草图得知，他的方案是回

图17　莱奥纳尔多为弗朗切斯科·斯佛尔扎骑马像准备的草图

1　Elizabeth Holt, *A Documentary History of Art*, Vol. 1, Princeton: Princeton University Press, 1981, pp. 273-275. 莱奥纳尔多·达·芬奇创作过一件骑马像，只不过尺寸很小，参见Shelley Sturman et al., "The Budapest Horse: Beyond the Leonardo Da Vinci Question", in Kelley Helmstutler Di Dio (ed.), Making and Moving Sculpture in Early Modern Italy, Aldershot: Ashgate, 2015, pp. 25-46。

归古典的慢步行进的骑马像。[1] 但波拉约罗和莱奥纳尔多的骑马像都未能落实。我们可以大胆推测，倘若弗朗切斯科·斯佛尔扎的骑马像顺利完成，斯佛尔扎家族想必会将其安置在米兰城最显眼的中心广场。

上述骑马像的原作或被摧毁或最终未能完成，15世纪骑马像的代表作是受威尼斯共和国艺术资助的产物。要理解威尼斯共和国境内城市广场上的骑马像，我们首先要理解15世纪威尼斯的政治、社会背景和军事文化。在1388年的吉奥加海战中，威尼斯战胜了海上强敌热那亚，确立了自己的海上霸权。1402年，米兰公爵加安加莱亚佐去世之后，威尼斯乘机又向陆地（terraferma）扩张，整个15世纪威尼斯都在野心勃勃地向西扩张，这一势头一直保持到1509年威尼斯在与反威尼斯的康布雷同盟进行的阿尼亚代罗（Agnadello）战役失败为止。威尼斯先后夺取了邻近的多个城市，如帕多瓦、维琴察和维罗纳（1404—1406），然后向北方和东北方扩张，夺取了整个弗留利地区，向西夺取了原先属于米兰公国的大片领土和重要城市，如布雷西亚和贝尔加莫（1426—1428）以及克雷马（1449），向南夺取了通向罗马涅亚地区（属于教会国）的战略门户拉韦纳，向东夺取了达尔马提亚。[2] 到16世纪初，威尼斯共和国变成了一个海洋帝国和陆地帝国。

15世纪，正因为威尼斯在陆地的"帝国主义"扩张势头，威尼斯取代米兰成为意大利半岛上各个城邦防范的主要对象，甚至连昔日的盟友佛罗伦萨也转而与威尼斯的敌人结成反威尼斯同盟，意大利半岛的政治格局因威尼斯的扩张而发生根本性的重组。[3] 反过来说，威尼斯要确保扩张得来的果实，就只能更加依赖其军事力量。1453年，奥斯曼土耳其攻陷了拜占庭帝国的首都君士坦丁堡，并迅速从海路和陆路向意大利侵犯。15世纪

---

1 关于莱奥纳尔多的斯佛尔扎骑马像的探讨，参见Diane Cole Ahl, *Leonardo Da Vinci's Sforza Monument Horse*, Bethlehem PA.: Lehigh University Press, 1995。

2 Michael Knapton, "Venice and the Terra ferma", in Andrea Gamberini, Isabella Lazzarini (eds.), *The Italian Renaissance State*, Cambridge: Cambridge University Press, 2012, pp. 132-155, esp. 133.

3 Nicolai Rubinstein, "Italian Reaction to Terraferma Expansion in the Fifteenth Century", in John Hale (ed.), *Renaissance Venice*, London: Faber and Faber, 1973, pp. 197-217.

后半期，威尼斯除了提防老对手米兰公国的陆地威胁，又面临新强敌奥斯曼土耳其海陆两路的威胁。按照威尼斯的军事制度，威尼斯海军由威尼斯贵族军官统帅，而威尼斯没有常备陆军，只能依靠雇佣兵或外援。不言而喻，雇佣兵将领对威尼斯共和国的忠诚度对确保威尼斯陆地领土的安全至关重要。正如16世纪的意大利政治思想家尼科罗·马基雅维利（Niccolò Machiavelli，1469—1527）严厉批评的，雇佣兵将领缺乏忠诚度，经常背信弃义，反而使聘用他们的国家置身危险的处境。[1]威尼斯政府对待那些胆怯畏战、临阵脱逃、心存不忠，甚至背信弃义的雇佣兵队长，会采取一些措施进行报复，其中包括让画家绘制他们的画像或让雕塑家制作他们的模拟像，倒挂在威尼斯的里亚尔托桥，尤其是妓院的外墙上，以示羞辱。反过来，对于那些忠心耿耿并立下赫赫战功的雇佣兵队长，威尼斯政府会给予多重回报：授予重金、赐予封地、授予列席大议政会和威尼斯贵族的荣誉头衔，优待家属，去世后给予国葬或修建纪念碑的殊荣。[2]15世纪中后期，威尼斯共和国决定为两位卓越的雇佣兵总队长（captain-general）授予国家荣誉：为他们塑造威风凛凛的骑马像，让后人铭记他们的战功，成为未来的威尼斯雇佣兵将领效仿的楷模。

1443年，曾经为威尼斯共和国立下卓越战功的雇佣兵队长埃拉斯莫·达·纳尔尼（Erasmo da Narni，1370—1443）——绰号“加塔梅拉塔”（花斑猫）——去世，威尼斯政府为他举行了隆重的葬礼，并将他安葬在帕多瓦的圣安东尼奥大教堂（Il Santo）。后来，埃拉斯莫·达·纳尔尼的妻子、儿子和部下将领决心出资，请求威尼斯元老院为加塔梅拉塔铸造一尊骑马像来纪念他。[3]威尼斯政府同意了这一请求，聘请佛罗伦萨雕塑家

1 马基雅维利：《兵法》，袁坚译，北京：商务印书馆，2012年，第24-43页。马基雅维利的批评是基于佛罗伦萨的经验。

2 Michael Mallett, John Hale, *The Military Organization of a Renaissance State: Venice c.1400 to 1617*, New York: Cambridge University Press, 2006, pp. 181-198.

3 Mary Bergstein, “Donatello’s Gattamelata and Its Humanist Audience”, *Renaissance Quarterly*, Vol. 55, No. 3, 2002, p. 842.

多纳泰罗（Donatello，约1386—1466）为佣兵队长埃拉斯莫·达·纳尔尼铸造一尊高大的青铜骑马像。当时，多纳泰罗正在为威尼斯下属的帕多瓦城的圣安托尼奥大教堂（Pontificia Basilica Minore di Sant'Antonio di Padova）制作大祭坛。从1447年到1453年，多纳泰罗前后用了6年时间，终于完成了这尊青铜骑马像，并将其安置在圣安东尼奥大教堂广场（Piazza del Santo）的一侧，人们习惯上将它称为"加塔梅拉塔"（Gattamelata，图18）。[1]多纳泰罗创作这一尊骑马像是他与建筑师布鲁内莱斯基早年在罗马学习古代雕塑和建筑的成果，保存在罗马城的古罗马皇帝马可·奥勒留（Marcus Aurelius，121—180）的骑马像给他提供了创作灵感（图19）[2]；另一方面，多纳泰罗在制作"加塔梅拉塔"时，他与帕多瓦的人文学者们关系密切。多纳泰罗与人文学者阿尔贝蒂、弗

图18　多纳泰罗的加塔梅拉塔

图19　马可·奥勒留的骑马像

1　H. W. Janson, "Revival of Antiquity in Early Renaissance Sculpture", *Looking at Italian Renaissance Sculpture*, Cambridge: Cambridge University Press, 1998, pp. 54-55. 16世纪意大利艺术家和艺术史家乔尔乔·瓦萨里对"加塔梅拉塔"的评论值得引述："正当此时，威尼斯元老院打算铸造一尊青铜像以纪念加塔梅拉塔，他们久闻多纳泰罗的大名，于是就派人请他在帕多瓦完成这项任务。多纳泰罗欣然前往，铸造了这位将领骑马的青铜像，放在帕多瓦的圣安东尼教堂前的广场上。在这里，多纳泰罗生动地表现了马的焦躁不安和骑马者的勇敢与豪迈。这件大青铜像比例匀称，风格优美，证明多纳泰罗在表现动作、设计、技艺、比例和细致方面，丝毫不逊于古代的艺术家。"上述译文（略有改动）出自乔尔乔·瓦萨里：《意大利艺苑名人传·辉煌的复兴》，徐波、刘君、毕玉译，武汉：湖北美术出版社，2003年，第107页。

2　Frederick Hart, David Wilkins, *History of Italian Renaissance Art*, Upper Saddle River, N. J.: Prentice Hall, 2007, pp. 258-260.

朗切斯科·巴尔巴罗以及古物学家安科纳的齐里亚科都有交往，很有可能正是在多纳泰罗的启发下，阿尔贝蒂撰写了他的《论活马》。反过来说，多纳泰罗在创作“加塔梅拉塔”时，极有可能受到这些人文主义朋友的建议和启发。[1]不过，有一点是确凿无疑的：多纳泰罗的“加塔梅拉塔”骑马像是文艺复兴早期崇尚古典文化的产物。多纳泰罗的“加塔梅拉塔”并非对马可·奥勒留的骑马像亦步亦趋的拷贝，而是把它当成创作的一个参照物，多纳泰罗表现出了用“加塔梅拉塔”与马可·奥勒留的骑马像竞争的意愿。“加塔梅拉塔”远远超过了此前意大利的任何一尊纪念性的骑马像，这不仅体现在尺寸方面，而且也表现在材质方面，“加塔梅拉塔”是用青铜铸造的，在雕塑制作工艺上的难度更大。从这个意义上说，多纳泰罗的“加塔梅拉塔”的确是一件划时代的作品。

15世纪80年代，威尼斯共和国委派雕塑家安德雷亚·德尔·韦罗基奥（Andrea del Verrocchio，1435—1488）创作了威尼斯共和国雇佣兵总队长巴托罗梅奥·科莱奥尼（Bartolomeo Colleoni，1400—1475）的骑马像（1481—1486，图20）。科莱奥尼生前为威尼斯共和国效力，他非常羡慕和渴望得到“加塔梅拉塔”骑马像纪念碑一般的国家荣誉。为此，他甚至把一大笔财产捐赠给威尼斯共和国，他在自己的遗嘱里明确提出，希望威尼斯共和国为他铸造一尊青铜骑马像，并安置在威尼斯最显要的圣马可广场。威尼斯政府决定满足他的部分愿望，但科莱奥尼的骑马像最终被安置在圣乔瓦尼和圣保罗教

图20　安德雷亚·德尔·韦罗基奥：巴托罗梅奥·科莱奥尼

1　Mary Bergstein, “Donatello’s Gattamelata and Its Humanist Audience”, *Renaissance Quarterly*, Vol. 55, No. 3, 2002, pp. 857-865.

堂的广场上。[1]

圣乔瓦尼和圣保罗教堂广场的平面图为“L”形，由两个矩形广场组成，这尊骑马像的位置恰好在这两个矩形中轴线的交汇点上。这个安放位置很巧妙，如此一来，在“L”形广场的任何一个位置都可以看到这尊骑马像。

这两尊高大的雇佣兵总队长骑马像的创造者都是佛罗伦萨的雕塑家，这表明佛罗伦萨雕塑家的青铜雕塑技术在当时的意大利独占鳌头。“加塔梅拉塔”和科莱奥尼的骑马像所在的位置都是经过深思熟虑的，它们皆位于由重要教堂主宰的次要广场，而非城市的市政厅或主教座堂（duomo）的中心广场，这说明威尼斯共和国政府有意让它们远离城市的核心空间或中轴线，以免让人误以为雇佣兵总队长是城市的征服者。[2]威尼斯共和国只是用两尊骑马像表彰和纪念为共和国英勇效力的军事将领，同时宣示威尼斯共和国的军事荣光。从某种意义上，这两尊佣兵队长骑马像代表了中世纪骑士军事文化传统在新时代的延续和一个新变种。顺便说一下，礼遇雇佣兵将领并授予他们国家荣誉其实是15世纪意大利城邦的常见做法，我们在前面提及，佛罗伦萨共和国把两位为佛罗伦萨效劳的雇佣兵队长的骑马像绘制在佛罗伦萨大教堂的墙壁上供后人瞻仰和纪念。我们看到佛罗伦萨和威尼斯两个城市在纪念雇佣兵总队长的方式上存在差异：佛罗伦萨选择壁画，威尼斯选择雕塑。这说明文艺复兴时期不同城市的文化品位和风格存在差异。

16世纪早期，米开朗基罗奉教皇朱利乌斯二世（Julius Ⅱ，1503—1513在位）之命改造卡皮托尔山广场。经他整修一新的卡皮托尔山广场，具有强烈的对称性和几何规整性。1537年，教皇保罗三世（Paul Ⅲ，1534—

1 H. W. Janson, “Equestrian Monument from Cangrande della Scala to Peter the Great”, in Archibald Lewis (ed.), *Aspects of the Renaissance*, Austin: University of Texas Press, 1967, p. 82.

2 Martha Pollak, *Cities at War in Early Modern Europe*, Cambridge: Cambridge University Press, 2010, p. 266.

1549在位）决定把原来位于拉特兰的圣乔瓦尼教堂前的古罗马皇帝马可·奥勒留的骑马像搬迁至卡皮托尔山广场的中轴线和椭圆的几何中心位置（图21）。[1]

图21　卡皮托尔山广场中央的马可·奥勒留骑马像

保罗三世的这一决定并非心血来潮，而是有其特定的历史背景。1527年，神圣罗马帝国皇帝查理五世的军队大肆洗劫罗马，给罗马造成惨痛的损失。1536年，查理五世趾高气扬到访罗马城，让教皇保罗三世倍感屈辱和担忧，他意识到罗马教廷面临强大世俗君主时的脆弱处境；另一方面，当时欧洲北方的新教改革家引发的宗教改革运动对罗马教会构成严重的威胁，教皇迫切需要天主教君主的鼎力相助以反击挑战者。保罗三世决定把

1　James Ackerman, *The Architecture of Michelangelo*, 2nd ed., Chicago: University of Chicago Press, 1986, pp. 161-170. 现在广场上的马可·奥勒留骑马像是复制品，原作保存在博物馆。关于米开朗基罗首次大胆使用椭圆，参见沃尔夫林：《文艺复兴与巴洛克》，沈莹译，上海：世纪出版集团，2007年，第61−62页。

马可·奥勒留的骑马像安置在罗马城最显赫的政治和外交仪式空间——卡皮托尔山广场的心脏位置，保罗三世的主要用意并非审美性的而是说教性的。在文艺复兴时期，人们皆误以为这尊骑马像的主人是曾经皈依基督教和捍卫基督教信仰的古罗马皇帝君士坦丁[1]，因此，安置这尊骑马像旨在提醒来到这里的所有基督教君主效仿皈依基督教的君士坦丁皇帝，尊重并矢志不渝地捍卫罗马教会。在文艺复兴时期及之后，罗马教廷委托绘制宣扬君士坦丁的护教功勋的壁画不下五组，其中最有名的当属梵蒂冈宫的君士坦丁大厅（Sala di Constantino）里由拉斐尔及其助手在1519—1524年间绘制的那些表现君士坦丁皈依和捍卫基督教的系列壁画，教廷用这种方式期盼一位新的君士坦丁。[2]今天的人们通常难以领会这尊骑马像所传递的隐含信息和象征寓意，但对当时熟悉基督教文化的欧洲精英阶层而言，要读懂它的含义并非难事。马可·奥勒留骑马像的重新安置标志着罗马教皇开始对古代纪念物大规模重新利用的开端，此后，古罗马时代凯旋柱和古埃及的方尖碑等都被重新利用，并被注入基督教的文化内涵，从而改变它们原有的功能和意义。

综上所述，从15世纪到16世纪早期，军事将领和君主的塑像实现了一个重大的转变：从庭院或室内的墓葬纪念物变成了室外露天广场上的纪念物；换言之，它们开始成为城市主要广场的一个重要装饰符号。但我们要读懂这些装饰符号的内涵，必须考虑制造这些符号的历史情境（historical contexts）。我们不能把它们视为纯粹审美意义上的物品，不同城市的统治

1 15世纪的人文主义者巴托罗梅奥·普拉提纳（Bartolomeo Platina）首先提出，传统上被认为是君士坦丁大帝的骑马像其实是马可·奥勒留的骑马像，但这种观点直至17世纪才被普遍接受。Cf. Francis Haskell, *History and Its Images*, New Haven: Yale University Press, 1993, p. 115; Francis Haskell, Nicholas Penny, *Taste and Sculpture*, New Haven: Yale University Press, 1981, pp. 252-255.

2 Thomas Dandelet, "Search for the New Constantine: Early Modern Rome as a Spanish Imperial City", in Gary Cohen, Franz Szabo (eds.), *Embodiment of Power: Building Baroque Cities in Europe*, New York: Berghahn Books, 2008, pp. 195-197.

者赋予这些纪念物的象征含义往往是各不相同的：对城市领主来说，君主的塑像和骑马像是确立王朝合法性的重要手段；对威尼斯共和国来说，骑马像被用于表彰和纪念捍卫共和国的勇士，树立学习的楷模；对罗马教皇来说，古罗马基督教皇帝的骑马像代表世俗统治者对宗教信仰的忠贞和捍卫。

三、文艺复兴晚期和巴洛克早期城市广场上的君主塑像

从长远来看，对意大利乃至欧洲的君主塑像造成深刻影响的榜样来自文艺复兴晚期和巴洛克时期的佛罗伦萨。1530年，最后一个短命的佛罗伦萨共和政权垮台，从此，佛罗伦萨开始从共和制向君主制转变。1537年，年仅18岁的科西莫·德·梅迪奇成为佛罗伦萨的统治者，他掌权之后采取了一系列巩固梅迪奇家族统治的措施。科西莫在位期间努力抹除共和制残余，创建和巩固梅迪奇家族的君主制。他积极改造佛罗伦萨的视觉象征文化，不遗余力地推动歌颂梅迪奇家族和他本人的视觉宣传运动，最突出的莫过于他委派艺术家瓦萨里等人重新改造和装饰佛罗伦萨旧宫里的五百人大厅。此外，科西莫委派亲梅迪奇家族的雕塑家巴乔·班迪内利（Baccio Bandinelli，或1493—1560）在1540年制作了其父乔瓦尼·德·邦德·内雷（Giovanni dalle Bande Nere，1498—1526）的大理石坐像（图22），并把它安置在梅迪奇家族的家族教堂——圣洛伦佐教堂——侧翼的广场上。乔

图22　乔瓦尼·德·邦德·内雷（刘耀春拍摄）

瓦尼一身戎装，右手紧握一柄断矛，目光严峻，表现出乔瓦尼的果敢和威严。[1]

乔瓦尼生前是一位著名的雇佣兵队长，科西莫在城市广场上树立其父塑像的做法可能受到帕多瓦和威尼斯在城市主广场上树立两位著名佣兵队长的骑马像的启发。但不管怎样，科西莫的这一举动的确不同凡响：一方面，他打破了构成佛罗伦萨城市广场象征文化传统的重要组成部分的公共雕塑的格局。[2] 从前，佛罗伦萨城市广场上的公共塑像往往是圣徒或佛罗伦萨的象征——马尔佐科狮子（Marzocco）、赫库利斯（Hercules）、大卫（David）、尤迪与荷乐弗尼（Judith and Holofernes）等，科西莫把梅迪奇家族成员的塑像矗立在“公共空间”，这种做法更接近北方那些宫廷城市的领主们的做法。另一方面，他开辟了梅迪奇家族艺术资助和家族纪念文化的新方向，从前梅迪奇家族积极地介入各种文化资助活动，就其家族的纪念文化而言，基本上集中在圣洛伦佐教堂（梅迪奇家族的家族教堂）和圣母领报教堂里的墓葬纪念礼拜堂，几乎无一例外都在室内空间，但科西莫把梅迪奇家族的纪念碑从教堂的室内空间延伸到开放的城市空间，这不得不说是一个大胆的创举。

1587年，科西莫一世的儿子费尔迪南多·德·梅迪奇一世（Ferdinando I de' Medici，1587—1609在位）成为新的托斯卡纳大公。如同他的父亲科西莫公爵，托斯卡纳公国的第三位大公费尔迪南多一世也是一位性格强悍的统治者，他在许多方面几乎是亦步亦趋效仿其父，其中包括继承其父颂扬梅迪奇家族的纪念文化和表达权力的方式，他把其艺术资助的重心放在凸

1 Henk Th. van Veen, “A Note on Bandinelli's ‘Giovanni Delle Bande Nere’ in Piazza San Lorenzo, Florence”, *The Burlington Magazine*, Vol. 128, No. 998, 1986, pp. 346-347.

2 关于佛罗伦萨市政厅广场上的公共雕塑的出现和发展，参见Sarah McHam, “Public Sculpture in Renaissance Florence”, in Sarah McHam (ed.), *Looking at Italian Renaissance Sculpture*, Cambridge: Cambridge University Press, 1998, pp. 177-178。

图23　科西莫一世骑马像（刘耀春拍摄）

显科西莫一世作为梅迪奇王朝新奠基人的视觉宣传上。[1]他继位后的重要举动之一是委托雕塑家吉安波洛尼亚创制其父科西莫一世（Cosimo I de' Medici，1537—1574在位）的骑马像（图23），这尊塑像在1594年制成，并安置在佛罗伦萨的旧宫广场上。

这尊骑马像以古罗马皇帝马可·奥勒留的骑马像为样板制作，梅迪奇家族刻意把科西莫一世打造成一个类似神灵的人物，这种源自古罗马颂扬皇权的艺术形式明确表达了梅迪奇家族的王朝野心。[2]科西莫一世的骑马像的基座上有三幅浮雕：正前面的浮雕描绘的是科西莫在1537年被推选为佛罗伦萨的统治者，左右两侧的浮雕分别描绘了1537年佛罗伦萨元老会授予科西莫一世公爵头衔和科西莫一世被加冕为托斯卡纳大公的情景。科西莫一世的骑马像连同三幅浮雕清楚地表达了它的政治宣传功能——颂扬梅迪奇家族统治的合法性和光辉业绩。[3]此外，骑

1　Mary Hollingsworth, *Patronage in Sixteenth Century Italy*, London: John Murray, 1996, pp. 276-278.

2　Sarah McHam, "Giambologna's Equestrian Monument to Cosimo I: The Monument Makes the Memory", in Kathleen Christian, David Drogin (eds.), *Patronage and Italian Renaissance Sculpture*, Farnham: Ashgate, 2010, pp. 195-221, esp. 199, 203-215.

3　科西莫一世骑马像的基座上的拉丁铭文写道："献给科西莫·德·梅迪奇，托斯卡纳的首位大公，敬畏上帝的、幸运的、战无不胜的、公正和仁慈的、托斯卡纳地区神圣战争与和平的推动者：他的儿子即第三位大公费尔迪南多为杰出的君主和他的父亲树立了这尊塑像，1594年。"这段文字转引自Mary W. Gibbons, "Cosimo's Cavallo: A Study in Imperial Imagery", in Konrad Eisenbichler (ed.), *The Cultural Politics of Duke Cosimo I de' Medici*, Aldershot: Ashgate, 2001, p. 79。

马像所在的空间位置更值得玩味。科西莫把其父的一尊坐像安置在圣洛伦佐教堂广场上，虽然这个广场并非封闭的空间，但它毕竟是梅迪奇家族的地盘，可以说是高度私有化的“公共空间”。费尔迪南多一世则完全打破了这一限制，毫无顾忌地把梅迪奇家族的纪念符号和权力符号嵌入佛罗伦萨最重要的公共空间——市政厅广场上。这尊骑马像明确表明，佛罗伦萨城市的政治中心广场从共和国时代的市政厅广场转变成为托斯卡纳大公国的公爵广场。[1]

在这尊骑马像之前，雕塑家阿马纳蒂就隐晦地把科西莫公爵刻画为矗立在阿马纳蒂创作的海神喷泉中央的海神，就其手法而言采用的是隐喻的方式，到费尔迪南多一世这里，这种隐喻的面纱被彻底揭开，这无疑展示了梅迪奇君主制的巩固和自信，以及梅迪奇家族对佛罗伦萨的完全控制。[2]当时的人们显然明白这个用意，16世纪的一个宝石雕像（图24）就把科西莫一世骑马像作为佛罗伦萨市政厅广场的焦点，完美地体现了15世纪早期佛罗伦萨编年史家乔瓦尼·卡瓦尔康蒂（Giovanni Cavalcanti）的名言：“谁控制了市政厅广场，谁就控制了城市。”[3]

图24　宝石雕刻呈现的科西莫一世骑马像是佛罗伦萨市政厅广场的焦点

此后，费尔迪南多一世委托雕塑家皮埃特罗·弗朗卡维拉（Pietro

1　Martha Pollak, *Cities at War in Early Modern Europe*, Cambridge: Cambridge University Press, 2010, p. 268.

2　关于科西莫一世艺术资助的宣传策略中相对隐晦，参见Mary W. Gibbons, “Cosimo’s Cavallo: A Study in Imperial Imagery,” in Konrad Eisenbichler (ed.), *The Cultural Politics of Duke Cosimo I de’ Medic*i, Aldershot: Ashgate, 2001, p. 83。

3　Cf. Roger J. Crum, John T. Paoletti, *Renaissance Florence: A Social History*, Cambridge: Cambridge University Press, 2006, p. 83.

图25 比萨骑士广场科西莫一世的站立像

图26 费尔迪南多·德·梅迪奇一世骑马像

Francavilla，1548—1615）制作他父亲科西莫一世的站立像（1594—1600，（图25）），并将这尊雕像安置在比萨城的骑士广场（Piazza dei Cavalieri）。这一举措同样具有深刻寓意，因为科西莫一世曾创建过一个抗击奥斯曼土耳其威胁的圣斯泰法诺骑士团（Sacro Militare Ordine di Santo Stefano Papa e Martire），它的总部就设在骑士广场上的元老宫（Palazzo degli Anziani，即比萨的市政厅）。[1] 科西莫一世站立像背后的华丽元老宫高处悬挂着梅迪奇家族的家徽，宣示梅迪奇家族对比萨城的统治权。

费尔迪南多一世不仅推动了对梅迪奇家族的纪念和颂扬，也不遗余力地推动对他本人的颂扬和崇拜，在佛罗伦萨、比萨、利沃诺（Livorno）等城市的广场上都可以看到他的塑像。[2] 他委托雕塑家吉安波洛尼亚为他制作一尊骑马像（图26），这件作品最终由吉安波

1 关于这个骑士团的创立背景及其在梅迪奇家族统治战略中的地位，参见 Katherine Pool, "Medici Power and Tuscan Unity: The Cavalieri di Santo Stefano and Public Sculpture in Pisa and Livorno under Ferdinando I", in Arnold Coonin (ed.), *A Scarlet Renaissance: Essays in Honor of Sarah Blake McHam*, New York: Italica Press, 2013, pp. 239-266。

2 Suzanne B. Butters, "Ferdinando de' Medici and the Art of the Possible", in Cristina Luchinat, Suzanne Butters, Marco Chiarini (eds.), *The Medici, Michelangelo, and the Art of Late Renaissance Florence*, New Haven: Yale University Press, p. 72.

洛尼亚的助手皮埃特罗·塔卡（Pietro Tacca，1577—1640）完成（1595—1608），并被安置在“圣母领报广场”（圣安伦齐亚塔广场）上。从很多方面来看，这尊骑马像与佛罗伦萨市政厅广场上的科西莫一世的骑马像极其相似，这表明，费尔迪南多一世在刻意塑造他是梅迪奇王朝的合法统治者的形象。

费尔迪南多一世又委托吉安波洛尼亚设计了一尊他本人答应比萨求助的站立像（图27），后来由雕刻家皮埃特罗·弗朗卡维拉（Pietro Francavilla，1548—1615）制作完成（1596），并将这尊雕像安置在比萨城的卡拉拉广场（Piazza Carrara）上。雕塑群中的费尔迪南多一世一身戎装，右手持一根指挥棒，脚下是一个象征比萨的拟人像，在苦苦哀求费尔迪南多一世的“帮助”。这件雕塑作品把梅迪奇家族对比萨的武力征服变成了顺应比萨民意的“王道”之举，这当然是梅迪奇家族自己一厢情愿的视觉叙事和宣传，比萨人内心未必如此。[1]

图27　费尔迪南多·德·梅迪奇一世答应比萨求助的站立像

自1453年奥斯曼土耳其攻陷拜占庭帝国的首都君士坦丁堡之后，意大利和欧洲就时刻面临奥斯曼土耳其的直接威胁。虽

1　Brendan Cassidy, *Politics and Civic Ideals and Sculpture in Italy*, *c.1240-1400*, Turnhout: Harvey Miller, pp. 109-110.

然在1570年的莱潘托海战（Battle of Lepanto）中，威尼斯海军一举战胜奥斯曼土耳其海军，但奥斯曼土耳其的威胁并未根本消除。17世纪，柏柏尔海盗（Barbary corsairs，即北非的阿拉伯或土耳其海盗）成为一大威胁，费尔迪南多一世为此努力在海上剿灭柏柏尔海盗，并多次获胜。他下令把从海盗那里缴获的青铜炮熔化，铸造自己征服摩尔人（当时对北非穆斯林的统称）的青铜塑像纪念碑。1595年，雕塑家乔瓦尼·邦迪尼（Giovanni Bandini）和皮埃特罗·塔卡制作的费尔迪南多一世站像被安置在利沃诺的达尔塞纳广场（Piazza della Darsena）上。1626年，皮埃特罗·塔卡制作的"四摩尔人"被安置在费尔迪南多一世立像基座的四角。在这组雕塑群中，费尔迪南多一世高高站立在基座之上，他身着戎装，右手紧握指挥棒，目光坚毅地眺望着远方的大海，他的脚下是四名被锁链拴住的摩尔人俘虏，因此，这个雕塑群被称为"四摩尔人纪念碑"（Monumento dei Quattro mori，1623，图28）。[1]

图28　四摩尔人纪念碑

这组雕像在君主塑像史上具有开创性的意义，它确立了用雕塑表现征服者和被征服者的标准程式，后来欧洲各国君主在制作宣扬各自赫赫武功的纪念雕塑时或多或少都仿效这一表现模式。[2]

1　Cornelia Joy Danielson, *Livorno: A Study in 16th Century Town Planning in Italy*, New York: Columbia University Thesis (Ph. D.), 1986, pp. 199-205.

2　例如，法国凯旋广场上表现路易十四征战胜利的雕塑群和柏林表现普鲁士国王弗雷德里克大王战功的雕塑群，都是君王塑像及其底下被锁链捆绑的敌人。

从科西莫一世到费尔迪南多，梅迪奇家族开始把广场变成了展示梅迪奇家族权力和统治的最重要场所，并把梅迪奇家族统治者的塑像安置在佛罗伦萨和臣服于梅迪奇家族的其他托斯卡纳城市的重要广场上，他们把托斯卡纳地区的城市广场“变成一个展示梅迪奇家族权力和统治的高显示度和公开的舞台”[1]。

梅迪奇家族原本从帕多瓦和威尼斯的佣兵队长像和罗马卡皮托尔山广场上的罗马皇帝骑马像那里获得灵感，如今他们给别的城市提供了灵感和榜样。梅迪奇家族的创举迅速被意大利其他城市的君主们效仿，从16世纪晚期开始，骑马像纪念碑这种荣誉逐渐变成君主而非军事将领的专属特权。1625年，吉安博洛尼亚的弟子，雕塑家弗朗切斯科·莫基（Francesco Mochi，1580—1654）在皮亚琴察制作了两尊巨大的骑马像，分别表现统治该城市的两位法尔内塞公爵，即阿莱桑德罗·法尔内塞（Alessandro Farnese，1545—1592）和拉鲁乔·法尔内塞一世（Ranuccio I Farnese，1569—1622）。[2] 这两尊青铜骑马像被安置在皮亚琴察的市政府广场（图29），分别位于市政厅（Palazzo Comunale，又称Il Gotico）的左右两端。

图29　皮亚琴察的市政府广场

1　Katherine Pool, “Medici Power and Tuscan Unity: The Cavalieri di Santo Stefano and Public Sculpture in Pisa and Livorno under Ferdinando I”, in Arnold Coonin (ed.), *A Scarlet Renaissance: Essays in Honor of Sarah Blake McHam*, New York: Italica Press, 2013, p. 249.

2　Martha Pollak, *Cities at War in Early Modern Europe*, Cambridge: Cambridge University Press, 2010, pp. 268-270.

它们赋予了这座古老的城市广场新的内涵和意义，从此，当地人把这个广场称为“战马广场”（Piazza dei Cavalli）。

我们看到，16世纪末和17世纪早期意大利城市广场上的君主骑马像基本上都出自吉安波洛尼亚及其弟子兼助手之手，这意味着这些骑马像在造型上具有很大的相似性。但是，随着巴洛克审美品位的兴起，骑马像的造型也发生了一些显著的变化。吉安波洛尼亚之前和他本人塑造的骑马像基本上是静态的，而弗朗切斯科·莫基为两位法尔内塞公爵制作的青铜骑马像“动感”十足，对“运动”或“动态”的注重恰恰是巴洛克艺术风格的重要特征之一。[1]

四、结语：作为政治表达的雕塑

16世纪的艺术批评家拉法埃罗·波尔吉尼（Raffaello Borghini）指出：“雕塑和绘画可以用作装饰，但就雕塑而言，塑像和公共巨像的目的是让著名英雄的荣誉流芳百世，并极大地美化城市。”[2] 这表明，广场上的公共雕塑品兼有实用和审美的双重功用。但军事将领和君主塑像的功能首先不是审美性的装饰符号，它们是具有强烈政治内涵的纪念碑。正如一些艺术史家指出的：“统治者委托的艺术品……是战略工具、战术武器、政府的技术工具，它们不亚于军队、法律、制度和税收。”[3] 仔细观察15、16世纪意大利君主们的塑像，就会发现它们都有一个共同特征：君主们几乎无一例外都是戎装打扮，显示他们非凡的军事才能与赫赫武功。在文艺复兴

1 Rudolf Wittkower, *Art and Architecture in Italy 1600-1750*, 4th ed., Vol. 1, New Haven: Yale University Press, 1999, p. 93. 沃尔夫林：《文艺复兴与巴洛克》，沈莹译，上海：世纪出版集团，2007年，第58–61页。

2 Raffaello Borghini: “che la scultura, e la pittura si fanno per adornamento, ma che per la scultura si dirizzano statue, e colossi pubblici in perpetuo honore de famosi heroi, e con grandissimo adornamento della Città.” Cf. Mary W. Gibbons, “Cosimo’s Cavallo: A Study in Imperial Imagery”, in Konrad Eisenbichler (ed.), *The Cultural Politics of Duke Cosimo I de’ Medic*i, Aldershot: Ashgate, 2001, pp. 85-86.

3 Randolph Starn, Loren Partridge, *Arts of Power: Three Halls of State in Italy, 1300-1600*, Berkeley: University of California Press, 1992, p. 259.

和巴洛克时期意大利城市广场上，君主的骑马像和站像较多，而坐像相对较少，原因很简单，君主的骑马像要比君主的站像或坐像更能体现君主不可冒犯的威严与权力。即便采用站像的形式，雕塑家通常会采取加高基座的方式凸显君王们的高大伟岸和威严的形象。由于君主的骑马像、站像和坐像都被安置在一个高大的基座之上，如此一来，君王们就显得“英姿飒爽”和“霸气十足”，观者只能以敬畏的心情仰望他们。总而言之，文艺复兴和巴洛克时期城市广场上的君主塑像都竭力塑造和凸显统治者的两大品质：“才能”（virtù）[1]和“威仪”（majesty）。雕塑家努力使统治者的才能和权力笼罩上一层神秘的光环，营造德国思想家马克斯·韦伯所说的“超凡魅力的效果”（charismatic effect）。这些高大威严的君主塑像使民众在心理上产生了对君主的神秘感、畏惧感和顺从感。不言而喻，这些雕塑品借助艺术手段默默地塑造和宣扬王朝统治的合法性，鼓励民众对统治者的服从与敬畏。

另外，我们还要强调的是，文艺复兴和巴洛克时期意大利引领欧洲艺术和建筑文化的潮流，意大利的艺术和建筑文化成为当时欧洲各国竞相学习的楷模。文艺复兴时期意大利城市在城市广场树立军事将领和君王塑像（主要是后者）的文化现象迅速被欧洲各国君主们接纳和仿效，17世纪直至18世纪末，在城市广场上树立君主塑像，特别是君主骑马像的做法迅即成为欧洲各国君主最钟爱的权力表达形式之一。君主的塑像构成了这一时期（即所谓的绝对君主制时期）君主制政治文化的一个重要面向。在君主骑马像的输出过程中，吉安波洛尼亚及其门徒和助手起到了至关重要的作用，我们完全有理由称之为“吉安波洛尼亚雕塑流派”（Giambologna School）。从科西莫一世时代开始，梅迪奇家族竭力保持与西班牙宫廷的友好关系，佛罗伦萨的艺术品成为一种重要的外交资源，它们经常被作为国礼赠给西班牙宫廷，梅迪奇宫廷把佛罗伦萨雕塑家皮埃特罗·塔卡

1 关于文艺复兴时期君主的“virtù”，参见 Jerrold Siegel, “Virtù in, and since Renaissance”, in Philip Wiener (ed.), *Dictionary of the History of Ideas*, Vol. 4, New York: Scribner, 1973, pp. 1476-1486。

制作的菲利普三世和菲利普四世的两尊骑马像作为外交礼物送给西班牙宫廷。[1]法国国王路易十三世的王后玛丽·德·梅迪奇自幼在佛罗伦萨长大，自然非常熟悉佛罗伦萨市政厅广场上由吉安波洛尼亚制作的科西莫公爵的骑马像。她委托雕塑家吉安波洛尼亚为逝去的法国国王亨利四世制作一尊骑马像，这尊骑马像最终由吉安波洛尼亚的弟子、佛罗伦萨雕塑家皮埃特罗·塔卡完成。1614年，亨利四世的骑马像被安置在"新桥"中央位置的半圆形平台上，面向王太子广场。[2]从此以后，骑马像就成为宣扬法国王权必不可少的政治符号，这种做法在路易十四时代登峰造极。[3]崇尚军事主义的普鲁士君主自然热情拥抱凸显君主才能和威仪的新形式。[4]在俄国的圣彼得堡，甚至南美洲的利马，同样可以看到君主的塑像，尤其是骑马像的傲然存在。[5]可以毫不夸张地说，君王们的塑像构成了意大利

1 Edward L. Goldberg, "Artistic Relations between the Medici and the Spanish Court, 1587-1621: Part II", *The The Burlington Magazine*, Vol. 138, No. 1121, 1996, pp. 532-535; Jesús Escobar, *The Plaza Mayor and the Shaping of Baroque Madrid*, Cambridge: Cambridge University Press, 2003, p. 143.

2 Hilary Ballon, *The Paris of Henry IV: Architecture and Urbanism*, Cambridge, Mass.: MIT, 1991, p. 124. 亨利四世的骑马像在法国革命期间被摧毁，1818年，雕塑家勒茂（F. Lemot）的作品亨利四世骑马像重新安置在从前的位置，因此，今天人们在巴黎"新桥"看到的亨利四世并非17世纪的原作（参见Ann Wagner, "Outrages. Sculpture and Kingship in France after 1789", in Ann Wagner, John Brewer (eds.), *The Consumption of Culture 1600-1800: Image, Object, Text*, London: Routeldge, 1997, pp. 294-318，以及该书的图版16.1, 16.12, 16.13, 16.15）。

3 Richard Cleary, *The Place Royle and Urban Design in the Ancien Régime*, Cambridge: Cambridge University Press, 1999, pp. 4-5, 52-84; Martha Pollak, *Cities at War in Early Modern Europe*, Cambridge: Cambridge University Press, 2010, pp. 267-268, 271-276. 关于当时法国用塑像神化国王路易十四的详情，参见彼得·伯克：《制造路易十四》，郝名玮译，北京：商务印书馆，2015年，第120-127页。

4 Martha Pollak, *Cities at War in Early Modern Europe*, Cambridge: Cambridge University Press, 2010, pp. 271-276.

5 在圣彼得堡的十二月党人广场矗立着著名的"青铜骑士"——彼得大帝的骑马像。1734年，西班牙国王菲利普五世的骑马像被安置在利马的中心广场上，不过，它在后来的一次地震中损毁了。

文艺复兴文化和巴洛克文化“欧洲化”的一个重要篇章。[1]从这个意义上说，认识作为文艺复兴时期和巴洛克时期意大利城市广场重要装饰符号的君主塑像的来龙去脉，对理解这一时期整个欧洲的城市广场的历史和文化，乃至这一时期整个欧洲的政治文化都是至关重要的。

1 关于文艺复兴运动“欧洲化”的概念，参见彼得·伯克：《欧洲文艺复兴：中心与边缘》，刘耀春译，北京：东方出版社，2007年，第186-217页，特别是187页。

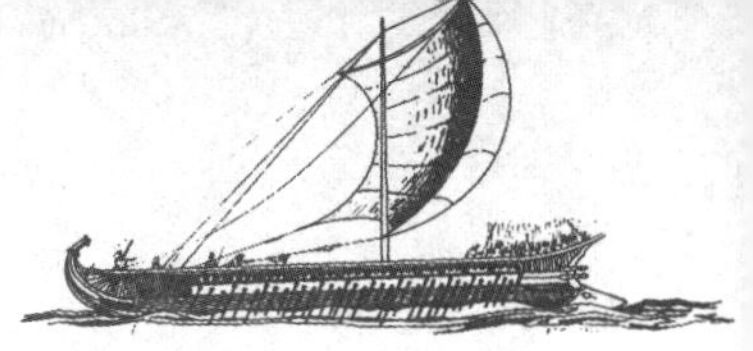

西方“中华帝国”概念的起源（1516—1688）

陈　波*

“中华帝国”话语对孟德斯鸠、马克思、恩格斯、马克斯·韦伯等西方学者有深刻的影响[1]，至今仍然是西方汉学研究最重要、最根本的分析概念之一。如此重要的概念，学界却不清楚中华为何会是帝国，绝大多数中国学者甚至不加批判地沿用和发展这一概念[2]。汪晖基本上重新定义了他在古文献中发现的“帝国”概念，主要是19世纪以后西方的“帝国—国家”二元论的框架中叙述近代中国思想史的进程，没有顾及清代儒学界是否了解欧洲的帝国话语、是否以中国为帝国的议题，直接以“中国即是帝国”和当时思想界明确这一点为前提展开论述；尽管他承认二元论是西方建构

* 陈波，四川大学历史文化学院教授，主要研究方向为藏文明的人类学研究、学术史和概念史。

1 Baron de Montesquieu Charles de Secondat, *De l'esprit des loix*, Geneve: Barrillot & Fils, 1748, pp. 160-163；高哲、温元著、贯建梅：《马克思恩格斯要论精选》，北京：中央编译出版社，2000年，第362，365-367页；Max Weber, *The Religion of China*, New York: Free Press, 1951, p. 4.

2 20世纪80年代以后，中译者在翻译欧洲著作中的“kingdom”时普遍弃“王国”而采用“帝国”，更扩大帝国话语在华语圈的影响，如何高济和孙家堃所译的《中华大帝国史》。

现代合法性的手段，将其用于分析中国并不合适。[1] 刘禾对东西帝国碰撞的话语政治研究，亦不加置疑地以中国即帝国作为前提。[2] 类似取径不一而足。

在欧立德看来，19世纪初中文出现的“帝国”一词是对英文“empire”（旧译“英拜尔”）的翻译；1895年，中日《马关条约》始正式将清朝列为“大清帝国”，中国知识阶层通过媒体获知此概念后将其普及；他批评说，民国以降，中国历史学家“以此‘帝国’的称号投射到无限历史长廊镜头中，直至远古”[3]，把中国当作从始至终绵延无间断的帝国，误导后人。然而中国学界不过是借用绝大多数在17世纪的欧洲知识界早就已经成型的观点而已。欧立德认为，其时欧洲学者把清朝认定为帝国，是看到满洲的军事暴力和清廷作为“统治不同民族的政体”。他在解读欧洲文献时把这两点系统地嵌入其中。[4] 为揭示欧立德以后世观点歪曲史料造成的史实错误，曹新宇和黄兴涛对欧洲史料进行细致梳理，认为当时的“帝国”概念比较宽泛，且早在1563年就有欧洲学者认定中华为帝国，并一直延续下来，其重点一直“在于中国是何种形态的‘帝国’，根本就不在于中国应不应该，或配不配被称为‘帝国’”[5]。

欧立德旨在把当代帝国定义嵌入现代早期欧洲学者的著述中，“借”他们的文本来“证明”他的观点，即明朝作为“China”不是帝国，清朝才是帝国，所以清跟“China”不同；曹新宇和黄兴涛力证欧洲学者早已将明朝中国视作帝国并在进入清朝后延续，默认清朝即中国；尽管观点针锋相对，但他们共同的地方则是承认欧洲的“帝国观”可以用来套解中国事

1 汪晖：《现代中国思想的兴起·理与物》，北京：生活·读书·新知三联书店，2008年，第23-46页。

2 刘禾：《帝国的话语政治》，杨立华译，北京：生活·读书·新知三联书店，2009年。

3 欧立德：《传统中国是一个帝国吗？》，载于《读书》2014年第1期。

4 同上。

5 曹新宇、黄兴涛：《欧洲称中国为“帝国”的早期历史考察》，载于《史学月刊》2015年第5期。该文是目前国内学者所著唯一与本文直接相关的文献，文中的细致分析值得参考，下文不一一列出。

实。本文的议题恰好是将这一想当然的史学观念置于疑问之中，从欧洲学界把帝国话语逐渐加诸中国的漫长过程，来反思这一近五个世纪的做法是否妥当。为此，我们必须重建相关历史构架，找出欧洲学者塑造中华帝国话语的结构性真相，并加以解释。[1]

欧洲在认知中国方面具有开创性意义的是马可·波罗游记时代。本文以此为起点，以“王国”（kingdom）概念之运用于理解中国作为参照，梳理欧洲学界建构“中华帝国”话语的早期过程，以期发现他们在认定中华帝国的过程中运用的原则，这些原则是否存在内在的冲突，并在跨文明比较的视野中分析欧洲概念在用于理解中国体系时是否存在困难。

一、欧洲帝国观与元朝：选择性理解[2]的原则

从区域性宰制上升为跨区域宰制，从宰制一王国到宰制若干王国，追求的是普遍在上性。这一观念起源于古希腊斯多葛学派。前5世纪的希波战争将古希腊引向追求普遍超越性的路途；马其顿国王亚历山大东征波斯并取得成功，使狭隘的城邦国家概念从此开始具有世界普遍性观念（oecumene）；他们强调希腊文明是最好的人类文明，具有普遍使命，并对外围的蛮族统治区实施宰制。前2世纪后，希腊人相信罗马帝国的文化具有普遍性，相信随着罗马的征服会走向所有文明民族的统一[3]：帝国即全世界（Orbis Terrarum）；波利比奥斯甚至证明帝国是历史的目标[4]；他们想象的普遍性世界随后也演绎为基督教世界（Orbis Christianus）、基督教帝国（Imperium Christianum）、罗马世界（Orbis Romanus）或不列颠世界（Orbis Britannicus）等。但帝国最初是指臣服于罗马人民后来才是指臣服

1 Chen Bo, “Conceptions of ‘China’ in Early Modern Europe”, *Chinese Studies in History*, Vol. 48, No. 4, 2015, pp. 401-422.

2 David E. Mungello, *Curious Land*, Hawaii: University of Hawaii Press, 1989, p. 14.

3 Lorenzo Valla, *A Treatise of the Donation or Gyfte and Endowment of Possessyons Given and Granted unto Sylvester Pope of Rhome by Constantyne Emperour of Rome*, William Marshall (trs.), London: T. Godfray, 1534, p. 24.

4 Richard Koebner, *Empire*, Cambridge: Cambridge University Press, 1966, p. 2.

于帝王的省，且不允许政体有多样性，只在日耳曼诸部落侵入罗马帝国等因素的影响下才开始将省转变为政体，承认帝王的至上地位，从而生发出帝国高于王国的观念；最终在西罗马帝国灭亡后，由东罗马帝国确立帝王即全世界的卓越者和诸王之王这一等级性观念。正是这一与罗马帝国经验相分离的形式概念使得其他国王可以自称帝王[1]。如英格兰在1588年击败海上霸主西班牙后，国力蒸蒸日上，帝号之说复兴，才出现1611年司笔（John Speed）的《大不列颠帝国志》[2]。

如霍伟（Stephen Howe）所说，帝国的定义性特征是军事暴力[3]；而当代史学家冒顿（James Muldoon）总结出欧洲历史上的八种帝国观，都视帝王为世俗，有时甚至包括非世俗的最高权威：须统治王国或省才可以称为帝国[4]。欧洲现代早期的文献主要用君主政体的帝国和王国形式来理解中国[5]，其基础是由马可·波罗游记和曼德维尔游记奠定的。它们首先运用欧洲概念中"帝国—王国"二元等级的原则，如马可·波罗游记中"契丹"帝国之下有"蛮子"王国，后者的国王臣服于前者的大汗即帝王（emperor）；其次，混用省、王国和帝国的概念，如称"契丹"帝国为世界上最伟大的王国；第三，强调军事暴力在建构帝国或王国中的决定性作用；最后，认为元朝有与欧洲相匹配的概念和事实，概念对译成为关键。[6]但冒顿、傅兹（Robert Folz）和柯博纳（Richard Koebner）等人的帝国研究都没涉及跨文化的概念比对，这是识别非西方的帝国的关键。[7]

1 Robert Folz, *The Concept of Empire in Western Europe from the Fifth to the Fourteenth Century*, London: Edward Arnold, 1969, pp. 4-7, 42.

2 John Speed, *The Theatre of the Empire of Great Britaine*, London: J. Sudbury & G. Humble, 1611.

3 Stephen Howe, *Empire*, Oxford: Oxford University Press, 2002, p. 13.

4 James Muldoon, *Empire and Order*, New York : St. Martin's Press, 1999, p. 95.

5 同上，第125页。

6 Marc Polo, *Travels of Marco Polo*, London: H. Bynneman, 1579, pp. 11, 40-41, 47-48, 57, 74-75, 97, 143; John Mandeville, *Itinerarium,* Westmynster: Wynken de Worde, 1499, pp. lxviii, lxxvi-lxxviii, lxxx, lxxxiiii.

7 Robert Folz, *The Concept of Empire in Western Europe from the Fifth to the Fourteenth Century*, London: Edward Arnold, 1969; Richard Koebner, *Empire*, Cambridge: Cambridge University Press, 1966.

后世欧洲学者一直沿袭等级和中欧概念比对原则，概念混用随处可见，但极大地忽视了军事暴力原则。

二、大明作为"China"[1]：帝国话语的出现（1516—1577）

马可·波罗游记中的"契丹—蛮子"分类是蒙元大陆视角的产物，而"China"则是15世纪末欧洲诸邦开启的海外扩张的结果。葡萄牙作家巴博萨（Duarte Barbosa，约1480—1521）于1516年完成讲述其海旅经历的手稿，首次提到"中华王国"及其国王。[2]他在参加麦哲伦的首次环球航行中曾与皮嘎菲特（Antonio Pigafetta）等同行近两年，或已将"China"的知识传给他们。

1536年皮嘎菲特的著述问世，并没有以"China"为帝国；但同年传西栾那（Maximilianus Transilvanus）在《西班牙环球航行记》中说：中国的国王在其帝国（imperio）之下有70名国王臣服；其中缅（Moin）国王手下有22个王国。该书首次提出"China"为帝国之说[3]。但其主要内容与皮嘎菲特所著大同小异，尤其后者还谈到70个国王中每一个下面都有10～15个国王依附。[4]这显然是朝贡体系的痕迹。卜正明（Timothy Brook）曾提出，以中国为帝国，起因于欧洲人觉得罗马帝国是唯一能与中国相若的历史单位。[5]

1 Pietro Martire Anghiera, *The History of Travayle in the West and East Indies*, London: Richard Jugge, 1577, p. 246. 实际上，欧洲人一直没有"中国"观念，他们只知道"China"等，这基本上不涉及"中国"，整个话语也不是从"中国"出发的，跟中文的"中国"及其内蕴的一整套宇宙观是两回事。张国刚、吴莉苇指出"欧洲人认识中国的基本立场其实从未脱离欧洲本位"（张国刚、吴莉苇：《启蒙时代欧洲的中国观》，上海：上海古籍出版社，2006年）。

2 Duarte Barbosa, *Livro em que dá relação de que viu e ouviu no Oriente Duarte Barbosa*, Lisboa: Divisão de Publicações e Biblioteca, Agência Geral das Colónias, 1946 (1516), p. 217.

3 Maximilianus Transiluanus, *Il viaggio fatto da gli spagniuoli atorno al mondo*, Venezia: (s.n.), 1536, pp. 105-106.

4 Pietro Martire Anghiera, *The History of Travayle in the West and East Indies*, London: Richard Jugge, 1577, pp. 445-446.

5 Timothy Brook, *The Confusions of Pleasure*, Oakland: University of California Press, 1999, p. 265.

其时中国朝贡体系之庞大，古罗马帝国庶几近之，但并非同一。

但中国究竟适用哪个概念则有一个历史进程：直到利玛窦的著作出版时（1615），都以“王国”概念占主导，“帝国”为辅。王国论者有巴雷托（Melchior N. Barreto，1558）、伯来拉（Galeotto Perera，1565）和克路士（Gaspar da Cruz，1569年）。[1] 1563年薄如斯（João de Barros）把“China”与暹罗等并列为帝国，但却说其首脑是国王。[2]

传西栾那等人是因庞大而多样、复层涵盖的朝贡体系而把“China”当作帝国，于是开启了一个缓慢而不可逆的、将其识别为帝国的漫长进程，这也是欧洲学者逐渐全面比较中国和欧洲的过程。根据马可·波罗游记的看法，若契丹为帝国，一经拉达（Martín de Rada）在1575年提出契丹即为“China”并经利玛窦的考证[3]，故“China”为帝国当属名正言顺。

三、门多萨、利玛窦和曾德昭建构中华帝国话语（1585—1642）

最先奠定“中华帝国”话语学术理路的是门多萨（Juan González de Mendoza，1545—1618）。他首先尝试在“中华王国”的基础上确定“中华帝国”；其次，在华语概念中寻找“中华王国”话语的依据；第三，建构国王谱系。

他在《中华大王国最著风物礼俗史记》中广泛使用“王国”来理解大明。他说中华王国有15个省，每个省比全欧洲最大的国家都要大，按照

1 Francisco Guerra, G. Gandolfi, J. C. Mac Coy et al., *Nuoui auisi dell'Indie di Portogallo, riceuuti dalli reuerendi padri della compagnia di Giesu*. Venetia: per Michele Tramezzino, 1559, pp. 44-45; Pietro Martire Anghiera, *The History of Travayle in the West and East Indies*, London: Richard Jugge, 1577, pp. 237-238; Gaspar da Cruz, *Tractado em que se contam muito por extenso as cousas da China, com suas particularidades, e assi do reyno de Ormuz*, Euora: em casa de Andre de Burgos, 1569, Capitulo segundo.

2 João de Barros, *Terceira decada da Asia de Ioam de Barros,* Lisboa: (s.n.), 1563, pp. 36-37.

3 张铠：《16世纪欧洲人的中国观——门多萨及其〈中华大帝国史〉》，上海：上海文艺出版社，1998年。

其幅员面积，确实可以叫作王国。他甚至说中国“堪与全世界已知的最佳和最大的国家相匹敌”[1]。言下之意，连欧洲最庞大的神圣罗马帝国也无法跟中国相提并论。他发现越南南部分成三个省，各有国王，前两个国王臣服于第三个国王，称他为帝王，但他却臣服于中国的国王，缴纳贡税（tribute）并派送质子（párias）。在这多重关系顶层的中国，其政体到底该怎么定性？当谈到古代中国时，他在三个地方很明确地说，第一个国王黄帝将中华王国造就为帝国。[2]既然在第一个国王黄帝时中国已经是帝国，由此往下，历朝历代都应是帝国。他的困惑在于：中国最早的王国时代，也是最早的帝国时代；就黄帝来说，可能他成了帝王，但仍然可以叫国王，跟欧洲的德意志神圣罗马帝国的帝王处境相似。此外，帝国是国王造就的，无须他人加冕，类似于英格兰和西班牙国王之称帝号。[3]

门多萨不懂中文，但他尝试寻找中文里与欧洲概念相对应的词。他说“Rey”（国王）在中文中叫“Bontay”，写作“¥”。[4]这是门多萨音词关系倒置产生的失误。“Bontay”读音极近中文的“皇帝”，帕克（R. Parke）在1853年即考订其为“皇帝”。[5]但是门多萨按西班牙语文的拼写规则，以为两个音节的“Bontay”为一个字，所以给出“皇”字的写法，“帝”字被忽略。音形都将门多萨带到“皇帝”面前，他却以为是“国王”。他找到错误的中文对应词，而“emperador”（帝王）的对应词就被遮蔽了。这一失误表明他认为中国是王国。

门多萨根据拉达1575年左右写的材料，简要地叙述黄帝之后历朝的国

1 门多萨：《中华大帝国史》，何高济译，北京：中华书局，1998年，第20，23–24页。

2 Juan González de Mendoza, *The Historie of the Great and Mightie Kingdome of China*, London: (s.n.), 1588, pp. 10-11, 41, 50, 322, 345, 382, 480.

3 Robert Folz, *The Concept of Empire in Western Europe from the Fifth to the Fourteenth Century*, London: Edward Arnold, 1969, pp. 41, 55.

4 Juan González de Mendoza, *Historia de las cosasmás notables, ritos y costumbres del gran reyno de la China*, Rome: (s.n.), 1585, p. 104.

5 Juan González de Mendoza, *The Historie of the Great and Mightie Kingdome of China*, London: (s.n.), 1588, p. 121.

王，直至鞑靼入主，九传其位，为大明的创始者所驱逐，复经十二王而至门多萨时代。[1]这个历代国王名单是对“中华王国”话语的建构，也是这一话语的最高峰。

利玛窦（Matteo Ricci，1552—1610）将中国概念与欧洲概念对应，厘定概念的等级关系，更多地使用帝国话语，也使得概念混用的情形多起来。他把“中国”解释为“中间的王国”。他也承认15个省每个都可以称为王国。[2]这再次引出对居于诸省之上的朝廷的定性。利玛窦在札记中有一个耀眼的贡献是把中文的“皇帝”跟意大利文的“imperatore”（帝王）等同起来；他还把中国称为帝国，并与欧洲的帝国比对。他说中国人称他们的王为天子，而日常生活中对天子的称呼是皇帝，差不多就是指“imperatore”和最高的君主。[3]通过这一转换利玛窦把“皇帝”跟“国王”等同起来。

利玛窦将天子/皇帝称呼推到政体成立之初[4]，明确中国的天下共主（signore universale）在前2636年就已存在。门多萨的数据是前2611年[5]，大致相同。但他们都把中国纳入欧洲计时系统之中，而这造成了重大的想象空白：在欧洲计时系统中，欧洲史相当清晰，但中国史则是需要填充的虚空。[6]填补这个虚空便成为塑造“帝国”话语的重任。

利玛窦更多地用帝国概念来理解中国。除他的意大利文札记外，在17世纪初由金尼阁（Nicolas Trigault）译成拉丁文并润色出版的札记中，也非

1 博克舍：《十六世纪中国南部行纪》，何高济译，北京：中华书局，1990年，第198-199页；门多萨：《中华大帝国史》，何高济译，北京：中华书局，1998年，第71-74页。

2 Matteo Ricci, *Le lettere dalla Cina, 1580-1610*, Macerata: F. Giorgetti, 1913, pp. 38, 5.

3 Matteo Ricci, *I commentari della Cina*, Macerata: F. Giorgetti, 1911, pp. 5, 33-34, 37.

4 同上，第33页。Matteo Ricci, *De Christiana expeditione apud Sinas*, Augsburg: (s.n.), 1615, p. 43.

5 Matteo Ricci, *I commentari della Cina*, Macerata: F. Giorgetti, 1911, pp. 32, 4. 门多萨：《中华大帝国史》，何高济译，北京：中华书局，1998年，第70-71页。

6 D. E. Mungello, *The Great Encounter of China and the West, 1500-1800*, Lanham: Rowman & Littlefield Pub. Inc., 2013, pp. 103-104.

常多地使用了帝国话语。[1]但金译本中“王国—帝国”话语并列的情况增多。比如利玛窦意文本第二章标题是“中华王国的名字、幅员和位置”，开章第一句是“这个最远东帝国以不同的名字为我们欧罗巴人所知”，而译本在标题中加入“王国”字样，开章则用“这个最远东帝国”。[2]

门多萨和利玛窦都因中国居于诸王国之上，而认定其具有帝国属性，跟是不是统治多民族没有关系。但两人都立意将中国塑造为同质政体：有确定的边界；内部同质，只讲汉语；有相同的风俗、律法、政府；越来越不允许政体内部出现族性多元的情况，如果出现，就把他们跟“Chinese”划清界限。这就不难理解他们为何相对一致地忽视朝贡体系。

曾德昭（Álvaro de Semedo，1585—1658）写《中华帝国志》[3]（1642）时大明尚存。他推进帝国话语的工作主要有两个方面：首先，在书中广泛使用“帝国”一词，如“中华帝国”“在这个帝国里”“他的帝国”等，“帝国”出现34次之多，其中只有一次是用来指欧洲的帝国。这表明他是在同一个意义上使用这个词。但他依旧把“王国”和“帝国”话语并列，如说阁老是“帝国内国王之下最大的官员”。该书第一章以“中华王国”为题，他说：“这个君主国分为十五个省，每个都是辽阔的王国，古老且有自己的国王。”正文中“王国”出现189次，其中有25次是用来指吐蕃、日本、鞑靼和朝鲜等。这种并列或混用现象随着使用“帝国”概念的次数增多而增多。如他在认定中国的第一个帝王为尧帝时，说尧帝把“帝国”传给舜，舜传禹，禹的德行是在“王国”内治理水患。尽管第一帝的说法跟门多萨不同，但宗旨都是从历史的开端去确定政体的属性，而且假定一

1 比如拉丁文译本Matteo Ricci, *De Christiana expeditione apud Sinas*, Augsburg: (s.n.), 1615, pp. 6, 48, 685，法译本Matthieu Riccius, Nicolas Trigault, *Histoire de l'expedition chrestienne au royaume de la Chine,* Lyon: H. Cardon., 1616, pp. 5, 160。

2 Matteo Ricci, *I commentari della Cina*, Macerata: F. Giorgetti, 1911, p. 3. Matteo Ricci, *De Christiana expeditione apud Sinas*, Augsburg: (s.n.), 1615, pp. 3-4.

3 有关该著的原文和译本情况，参见计翔翔：《十七世纪中期汉学著作研究：以曾德昭〈大中国志〉和安文思〈中国新志〉为中心》，上海：上海古籍出版社，2002年，第76-82页。

旦开端确定之后，后世便不会更改。其次，他与利玛窦一样，曾把中文的“皇帝”理解为欧洲意义上的帝王；不过他在翻译唐代《大秦景教流行中国碑》时，把“帝”和“皇帝”几乎都译为“Rey”（国王），只有一次例外，跟“大帝”一样，译为“Emperador”。他又解释说：君（Kium）是指外国的国王；王（Vam）是指国王之子，而君王指国王，但主要的还是称皇帝，也就是“Emperador”（帝王）[1]；他在解释等级概念，但概念等同关系却无时不在。通过君王这个中介，皇帝也等同于国王。可见曾德昭在套用欧洲政体概念时，不但解决不了混用的情况，反而以此改造中文概念体系。

四、清朝作为“中华帝国”之始（1654—1686）

卫匡国（Martino Martini）写《鞑靼战纪》时（1651）已是大清。该著已经把“帝国”比较彻底而广泛地用于理解中国，开篇即说鞑靼人四千年来都跟“中华帝国”为敌。[2] 1658年，卫氏出版《中国初期史记》，对建构“中华帝国”话语做出了实质性的贡献。首先，卫匡国一开篇就将天子理解为帝王。他说从黄帝开始，中国诸代国王才开始通称“皇帝”，好比“我们从第一个恺撒开始（历代国王）才称恺撒”。[3] 这就把中国和欧洲置于同一政体层面：中国好比欧洲的罗马帝国，恺撒即皇帝。这暗含着国王等同于皇帝、天子和恺撒，所以他又跟传西栾那之后将国王等同于皇帝的传统藕断丝连。

其次，卫氏将“王国”话语有机地纳入帝王历史序列之中：在帝王治下有许多王国，与欧洲的两级政体对应。如周帝王下面有楚、齐、鲁、秦诸王国[4]，其君主只能称国王。春秋战国时期的王国亦皆处于帝王之下。柏

1　以上参见Alvaro Semedo, *Imperio de la China*, Madrid: (s.n.), 1642, pp. 14, 247, 16, 21-22, 99, 135, 146, 109, 69, 5, 27, 28, 121, 127, 130, 143, 148, 202, 204, 207, 248, 264, 332-333, 352, 354, 144, 205-213。

2　Martino Martini, *De bello tartarico historia*, Amstelodami: (s.n.), 1655, pp. 19, 20, 51, 56, 61, 144, 36, 50, 51, 206, 23.

3　Martino Martini, *Sinicae historiae decas prima*, Monachii: Typis L. Strubii, impensis J. Wagneri, 1658, pp. 11, 18.

4　同上，第117，126，139，147页。

应理（Philippe Couplet）继承这一思路，说晋帝国时期有齐、燕诸王国等。这一路径的困难在于一旦确定唯一的帝家正统后，其他并立的诸国诸朝都必须降格为王国，不服从帝国者即为叛乱者，如说东晋安帝时期（397—419）有七个叛乱的王国。[1] 除了中国史学正统观，魏晋南北朝时期大概最像欧洲中世纪的“帝国—王国”格局，对他不无影响。

接着，卫氏把伏羲定为第一个帝王；其出生日即帝国诞生时，为前2952年。这个年代比此前任何一家的说法都大大提前。但其关键仍然是追溯到历史的开端，而中国依旧是从一开始就是帝国。这是对传西栾那以来识别中国为帝国这一遗产的一大飞跃。伏羲在位115年后，神农继位；神农在位140年之后黄帝继位，时第一甲子第一年，即前2697年；黄帝在位100年后经少昊、颛顼、帝喾、尧和舜，在禹帝时进入夏家帝国，时前2107年；10年后其子启继任，以下直到第十七帝桀，时前1818年。第二帝朝为商家所有，从汤帝开始，历28帝至纣帝而终，时前1154年。第三帝家为周，从文帝开始历30帝，至考帝算一期，自前425年威烈帝时进入战国年代，复经7帝至姬延帝而终，时前254年。秦家（Familia Cina）帝国历三帝而终，时前206年。汉家帝国自高祖刘邦始，历12帝至哀帝，时第45甲子58年，即公元元年。[2]

这个谱系首先是中国史学正统观的成果；卫匡国之理解，则有欧洲历史上的“帝权转移”理论和基督教与犹太教的线性史观的基础；它使帝权在罗马帝国终结后可以转移到不同的君主那里而延续帝谱，也使后世兴盛起来的王国如英格兰和西班牙等可以自称帝国。[3]

这就是卫匡国对确立“中华帝国”话语的贡献：对历代诸帝王逐一加以介绍，以历史材料填充那些帝王前后相续的时间空点和断点，为欧洲知

---

1 Philppi Couplet, *Tabula Chronologica Monarchiae Sinicae*, Paris: (s.n.),1686, pp. 44, 46.

2 Martino Martini, *Sinicae historiae decas prima*, Monachii: Typis L. Strubii, impensis J. Wagneri, 1658.

3 James Muldoon, *Empire and Order*, New York : St. Martin’s Press, 1999, pp. 50-52, 72, 103, 105-106, 120, 123-124, 143.

识分子想象“中华帝国”夯实基础。传西栾那以来，“中华帝国”的历史链条从未清晰过。现在，帝王名单在时间上无缺环，逻辑连贯，完整而全面，填补了想象的空白。

后人的工作就是把帝王谱系表继续填下去。28年后，柏应理即撰成《中华君主年表》，从第一甲子元年即前2697年开始，下至康熙二十二年即第七十三甲子的60年，1683年，时间跨度总计4380年。表格一开头就根据太史公《史记》质疑伏羲为中华帝国的创始人，而依从门多萨以黄帝为第一帝，此前的神农氏则置而不论。年表第一部分止于孝平帝末，即公元元年。第二部分续算，经孺子婴、王莽、淮阳王而接光武帝，以下至献帝，为汉家帝朝；复经后汉帝朝昭烈王刘备、阿斗两帝44年，进入晋帝朝，以下历朝相沿直至清。[1]

尽管卫匡国将《鞑靼战纪》看作利玛窦札记的续篇，隐含着延续中华帝国之意，但只有在柏应理这里，才真正将大清纳入中华帝国的谱系之中：他在年表中收入“二十二帝家、皇帝数及延续年代表”，从夏帝家直至第二十二的清帝家，清帝家当时仅两帝，已历40年。[2]

卫、柏二氏为欧洲学界提供的年表是当时最为齐备的，有了它，欧洲读者对“中华帝国”的想象和建构就最终坚实起来，“中华王国”话语逐渐式微，但概念混用依旧。

从卫、柏二氏的学术传统来说，鞑靼建立的大清之所以成为帝国，是因为它承接中华帝王谱系。换言之，不是鞑靼使中国成为帝国，而是他们把大清放在中华帝国的谱系上，使之接续中华帝朝史。牛合夫（Johan Nieuhof）认为鞑靼君主的国王称号是大明封赐的，入关前他们只使用这一

1 Philppi Couplet, *Tabula chronologica Monarchiae Sinicae*, Paris: (s.n.), 1686, pp. iii, 20, 37-43.

2 同上，第36页。张国刚评述中华帝国年表之意义，侧重点与本文不同（张国刚：《明清传教士的当代中国史》，载于《社会科学战线》2004年第2期）。

称号，入关以后才用帝号。[1] 这跟欧洲的某国王被选为神圣罗马帝国的帝王有相似之处。

关键是为何欧洲人把经过鞑靼入主这一革命[2]而后建立的国度依旧称为"China"。根本的理由可能在于大清在汉文和满文中自称"中国"。[3] 1676年闵明我（Domingo Fernández Navarrete，1610—1689）根据利玛窦的"帝权转移"观，认为帝国的名字自伏羲以后即不变，但因统治家族不同而常有其他称呼，好比德意志帝国这个称呼永远不变，而奥地利家族统治时则可以称奥地利帝国。[4] 因此，"China"概念和帝国概念在短短的一百二十余年间已本质化、静止化并逐渐单一族化：这使得它在四千多年间都是帝国，都叫"China"，没有任何本质变动。

五、欧洲帝国观套解中国体系的内在困难与跨文明差异

欧洲知识界确定中国为帝国仅仅是其世界性帝国识别工程的一部分。16世纪欧洲作者们在世界其他地方认定的帝国大多同时也称王国或省，如埃塞俄比亚、日本、挪威，莫斯科公园既是帝国也是省，鞑靼是伟大的帝

1 Johannes Nieuhof, *An Embassy from the East-India Company of the United Provinces*, London: Johannes Nieuhof, 1673, pp. 264, 269, 293, 324.

2 Jesuits, *Relation des missions des pères de la compagnie de Jésus, dans les Indes Orientales*, Paris: Chez Iean Henavlt, etc., 1659, p. 156; Juan de Palafox y Mendoza, *The History of the Conquest of China by the Tartars,* London: W. Godbid, 1671, p. 1.

3 安文思：《中国新史》，何高济译，郑州：大象出版社，2004年，第3页。Gabriel de Magalhães, *A New History of China*, London: Thomas Newborough, 1688, p. 4.

4 Domingo Fernández Navarrete, *Tratados historicos, politicos, ethicos, y religiosos de la monarchia de China*, Madrid: la Imprenta Real, 1676, pp. 2-4

国，其君主称大汗，意即“国王”。[1] 1708年的《四海征旅新集》和1721年的《征旅新集》分别称摩洛哥、波斯为王国和帝国。[2] 这些混用说明世界各地的政体只能符合欧洲“王国”或“帝国”之一的特征，但是不能有自己的政体概念。

欧洲的海外殖民体系使其两级政体发生变动，出现三级体系：16世纪末，受到门多萨中国著述影响的雷利（Walter Raleigh）提到西班牙王国使南美洲的秘鲁帝国臣服。[3] 17世纪时又有作者确定美洲的阿兹特克和印加为帝国，认定它们是以暴力统治其他民族；西班牙由此就可以以正义之名征服两个帝国以“保护”臣服于他们的民族。[4] 这便是三级政治体系的开端，或许可以与越南南部的帝王臣服于中国的国王这一三级政治体系相比，但二者有本质的不同。殖民体系均依赖于“帝国—王国”等级框架，三级格局的出现并没有使之出现结构性变化，结果仍然是概念混用的，如大不列颠及爱尔兰联合王国的维多利亚女王居于其在印度的代表之上，后者又居于印度各部地方首领之上，1876年女王升格为印度女皇。[5]

这让我们看到，以欧洲政体概念套解天下观和朝贡体系的内在困难，首先便是欧洲缺乏中国的政治经验，以有限的欧洲政治概念来理解内容比

---

1 关于埃塞俄比亚，参见Michele Tramezzino, *Nuovi avisi dell'Indie di Portogallo*, Venice: (s.n.), 1562, Vol. 3, pp. 118-119, 33; Escalante, *A Discourse of the Nauigation*, London: Thomas Dawson, 1579, pp. 7-8; André de Thevet, *La Cosmographie Universelle*, Vol. 1, A Paris: Chez P. L'Huilier, 1575, pp. 57-58; John Eliot, *Ortho-epia Gallica Eliots Fruits for the French*, London: Iohn Wolfe, 1593, p. 22。关于日本、挪威、莫斯科公国、鞑靼等其他国家和地区，参见Pietro Martire Anghiera, *The History of Travayle in the West and East Indies*, London: Richard Jugge, 1577, pp. 255, 257, 284, 265, 274, 269, 288, 303, 289, 308。

2 John Stevens, *A New Collection of Voyages and Travels*, London: J. Knapton, etc. 1708, pp. 813, 897, 902, 914; Anonym, *A New Collection of Voyages and Travels*, Vol. 2, London: printed for J. Smith, 1721, pp. 2, 8.

3 Walter Raleigh, *The Discouerie of the Large, Rich and Bevvtiful Empire of Guiana,* London: Robert Robinson, 1596, pp. 4, 109.

4 James Muldoon, *Empire and Order*, New York : St. Martin's Press, 1999, p. 126.

5 霍布斯鲍姆：《传统的发明》，顾杭、杨冠群译，北京：译林出版社，第239-240、243-244页。

其丰富、庞大的中国政治体系时，削足适履、概念混用便不可避免。曾德昭以后如卫匡国在《鞑靼战纪》中说该著止于1651年，因为这一年他奉上司之命，“从中华王国前往欧罗巴”。这跟他的中华帝国话语相悖。他在书中更是频繁地把“中华王国”与鞑靼、奴儿干和吐蕃王国等[1]置于同一层级。其《中国初期史记》中，“王国”和“帝国”并立的趋势有增无减。[2]帕莱福（J. de P. y Mendoza，1600—1659）、鲁日满（F. de Rougemont，1624—1676）、闵明我、柏应理、安文思（Gabriel de Magalhães，1609—1677）等都无一例外地、不同程度地混用两个话语。[3]

第二个困难是以追求超越性为目标的政体等级原则与军事暴力原则相冲突，而后者复与中国经验相左。军事暴力跟政体紧密相连，是欧洲政治学的核心。“帝国”的拉丁词根指“命令”，而“王国”的拉丁词根指统治、治理。它们都处在一个历史性等级结构的两端：一边是命令者、统治者，另一边是被命令者、被统治者。它们都意味着上级依赖暴力、权力和威势使下级在一定地理范围内服从和臣服。因此，二者没有根本的区别，在一定意义上，两个词的所指可以互换。[4]统治、宰制、权力和暴力是欧洲历史上想象世界的根本特征。其原生的所有权和领属关系宇宙观在基督教

---

1 Martino Martini, *De bello tartarico historia*, Amstelodami: (s.n.), 1655, p. 156; Martino Martini, *Bellum Tartaricum*, London: John Crook, 1655, pp. 7, 10, 51, 30; 20, 28, 203.

2 Martino Martini, *Sinicae historiae decas prima*, Monachii: Typis L. Strubii, impensis J. Wagneri, 1658, pp. 11, 13, 26, 32, 40.

3 Juan González de Mendoza, *The Historie of the Great and Mightie Kingdome of China*, London: (s.n.), 1588, pp. 37, 59; Rougemont, *Historia Tartaro-Sinica nova*, Lovanii: (s.n.), 1673, pp. 135-136; Domingo Fernández Navarrete, *Tratados historicos, politicos, ethicos, y religiosos de la monarchia de China*, Madrid: la Imprenta Real, 1676, pp. 1-2; Couplet, Philppi Couplet, *Tabula chronologica Monarchiae Sinicae*, Paris: (s.n.),1686, pp. 69, 72; Gabriel de Magalhães, *A New History of China*, London: Thomas Newborough, 1688, pp. 73, 181, 185; 计翔翔：《十七世纪中期汉学著作研究：以曾德昭〈大中国志〉和安文思〈中国新志〉为中心》，上海：上海古籍出版社，2002年。

4 Thomas Elyot,*The dictionary of syr Thomas Eliot knyght*, Londini: Thomæ Bertheleti, 1538, p. I ante M, R ante E; John Veron, *A dictionary in Latine and English*, London: Henry Middelton, 1575, p. IM; Edward Phillips, *The new world of words, or, Universal English dictionary*, London: J. Phillips, 1706, pp. EM, KI.

之后被依附上“基督教徒—异教徒”的二元因素。

古希腊帝王体制从一开始便跟军事暴力密不可分，军队拥立“在特定时间和特定地方赢得重要胜利的成功将军”为帝王，由此及于拥护帝国。[1]帝王“这个词的意思不过是军队的将军，只对军队有着绝对的权威和统领；尽管此后它成为臣服于帝国的诸省及罗马之主权君主的称号”[2]。中世纪时，欧洲王国的军事暴力成绩跟称帝直接相关，如653年，不列颠的盎格鲁-撒克逊国王奥斯瓦尔德（Oswald）带领诸国王取得战争胜利，就获得“所有不列颠的帝王”这一称号。[3]西班牙的一部编年史将拉米罗三世（Ramiro Ⅲ，961—985）称为“伟大的帝王”（Magnus Basileus），让人想起最后的西哥特诸国王和拜占庭诸帝王。尽管这仅在内部使用，但其正义性在于西班牙的基督教国王对伊斯兰的军事胜利。[4]

因此，欧洲帝国宣称的“普世性”实际上是“有限普世性”。查理曼（742—814）以后，神圣罗马帝国帝王代出，然而其东边的拜占庭帝国不承认其帝号者甚多；其西则有西班牙王国和英格兰王国，皆独树一帜，亦曾统帅多国，或为树立内部权威，或为抗拒神圣罗马帝国之号召，自予帝号。诸处帝王皆知他方帝王之存在，因帝号与军事征服有内在关联，军事暴力不及之地，即为帝国的边疆。神圣罗马帝国跟欧洲的诸多王国都无关系，正说明帝国的“普世治理”就是“有限普世性”。从其起源开始，欧洲帝国就仅是比王国高一级的政体而已。

不能否定欧洲的帝国以“普遍性的‘文明’建构自己的世界图景和合

1 Robert Folz, *The Concept of Empire in Western Europe from the Fifth to the Fourteenth Century*, London: Edward Arnold, 1969, pp. 5-6; James Muldoon, *Empire and Order*, New York : St. Martin's Press, 1999, p. 18.

2 Anonym, *The History of the German Empire from Charlemagne*, Vol. 1, London: Lawton Gilliver, 1731, p. 4; Vol. 2, p. 147.

3 James Muldoon, *Empire and Order*, New York: St. Martin's Press, 1999, p. 14.

4 同上；Robert Folz, *The Concept of Empire in Western Europe from the Fifth to the Fourteenth Century*, London: Edward Arnold, 1969, pp. 41, 48, 55.

法性”[1]，而中国历代王朝也不缺乏武力征服的历史记录，但这两个事实都不否定“中国”的“普世性”不以军事暴力为定义性特征，而欧洲反是。历史上中国的天下观和朝贡体系以文化而非暴力、以王道而非霸道为主导。相对于西方帝国的暴力，叶法定（Vadime Elisseeff）一言道破中国文明的核心价值在于“文”。[2] 传西栾那以后欧洲学者渐次识别出中华帝国，却发现它跟欧洲的帝国观愈发疏远。博特罗（Giovanni Botero）在1606年说，以战争获取版图，非中国法律所许；君主只能防御，故而永享太平。除了和平，还有什么值得期待或渴望的呢？[3] 利玛窦也发现尽管军队每天都在操演，但全国都在安享太平，民殷国富，知足而不对邻邦咄咄相向，“这显然跟我们民族非常不同”；在长达四千多年的历史中，从未有中国征服邻国的记载，“也没听说过他们扩张国界”。[4] 博克舍甚至说中国人具有天生的和平性格，跟好战的日本人相反。[5] 近来曼可（Mark Mancall）亦指出，东亚以朝贡为特征的国际体系中，皇帝即是政治力量的源泉，而这一点跟军事力量相对不重要有关。换句话说，“文”或王道更为重要，在历史上中国总体尚文，尽管有少数时期尚武精神占据主导地位。[6] 这是欧洲作者在识别中华帝国过程中忽视暴力原则的原因。

汪晖梳理出中国历史上的两种帝国观，其一是指以德治为特征的五帝之治。如《中说·问易篇》载：

1 汪晖：《现代中国思想的兴起·理与物》，北京：生活·读书·新知三联书店，2008年，第26页。

2 Vadime Elisseeff, “The Middle Empire, a Distant Empire, an Empire without Neighbors”, *Diogenes*, Vol. 42, 1963, p. 62.

3 Giovanni Botero, *A Treatise*, London: T.P., 1606, p. 78.

4 Matteo Ricci, *I commentari della Cina*, Macerata: F. Giorgetti, 1911, p. 44; 利玛窦：《利玛窦中国札记》，何高济译，北京：中华书局，1983年，第57，59-60页。

5 博克舍：《十六世纪中国南部行纪》，何高济译，北京：中华书局，1990年，第50页。

6 Mark Mancall, *China at the Center*, New York: The Free Press, 1984, pp. 38, 191, 313-336.

文中子曰：强国战兵（惟恃力尔），霸国战智（不战而屈人之兵，在智），王国战义（禁民为非，不独任智），帝国战德（仁者无敌于天下，德可知矣），皇国战无为。天子而战兵，则王霸之道不抗矣，又焉取帝名乎？故帝制没而名实散矣。[1]

中国历史上的帝国概念以德为特征，区别于强国、霸国、王国、皇国及其价值取向的政治关系，是对推行武力的政治体的否定，明显区别于欧洲的帝国观念。[2] 按照中国标准，欧洲帝国不过是最低等级的强国而已，尽管它们有霸国和王国的可能，但绝非帝国和皇国。这一思路也破除了汪晖试图在"欧洲—西方"框架中找到中国的出路这一取径的困境。

第三，中国皇帝和欧洲帝王存在本质上的差异。1904年，严复译《社会通诠》时说："西国之王者，其事专于作君而已；而中国帝王，作君而外，兼以作师，……下至守宰，皆以其身兼天、地、君、亲、师之众责。"[3] 欧洲体系内有天主教教皇，而君主没有君以外的职责，帝王也主要是带兵打仗的将军；将其等同于皇帝这一做法，若放在中国文明之中，即是将一个武将跟远在其上的皇帝比附。

基于这种差异，两种政治体系在运转方面有本质不同。神圣罗马帝国的帝王在需要经费支持时，只能跟帝国内的王公贵族们商量甚至讨价还价。比如1592年鲁多夫二世（Rudolf Ⅱ，1552—1612）因对土耳其帝国的战争等花费颇巨，在拉提司本（Ratisbon）召开会议，与选帝侯、王公和各国商量，要求他们援助，各国答应给他一些补助，但对兵员补充、供给和进军等提出条件。[4] 中国体系内天子/皇帝即是一切，朝贡者之于天子/皇帝

1 张沛：《中说校注》，北京：中华书局，2013年，第146页。

2 汪晖：《现代中国思想的兴起·理与物》，北京：生活·读书·新知三联书店，2008年，第23-26页。

3 严复：《社会通诠》，北京：商务印书馆，1981年，第133-134页。

4 Anonym, *The History of the German Empire from Charlemagne*, Vol. 1, p. 384; Vol. 2, pp. 138-139, 148-149.

不可能如此；在极端的情况下如安史之乱中，朝廷才会跟受册封并助唐平叛的回鹘谈条件。因此，欧洲的帝国体系跟中国的天下体系在运作方面是相反的。

因上述差异，两者在继嗣原则和方法上便有不同。神圣罗马帝国的帝王是从众多选帝侯中选举产生的。这个传统早在古罗马帝国时期就存在。自1356年起，神圣罗马帝国的七名选帝侯若意见不一，就会出现多个帝王并存的现象，如14世纪末15世纪初，一度出现三王共存的局面。帝王候选人不一定非得是德意志血统，如1519年获选的查理五世。[1] 同期，中国历史上的皇帝继位采取父系继嗣而非选举，不会出现其他血统出生的人称帝的情况。皇帝的血统若更改，则意味着天翻地覆，改朝换代。

第四，两者对世界的想象差异悬殊。欧洲以帝国和王国想象世界，而中国则是以天下五服之制。秦以前，天下由朝廷直辖部分、各诸侯国及远人组成；秦以后，除分裂时期，朝廷直辖部分基本上为没有独立法律、司法和行政权的州或省构成，此外便是朝贡诸国和远人，无所不包。因此，"帝国—王国/省"二元等级无法理解包容性的朝贡体系。[2] 杜尔德（Jean-Baptiste du Halde，1674—1743）曾惊讶地意识到这种包容性。[3] 德庇时（John Francis Davis，1795—1890）则认识到"中国人把所有曾经派使节的国度都看作贡税国"，分为定期和不定期朝贡两类。[4] 滨下武志区分朝贡体系为六圈。[5] 但其时欧洲学者一直不理解天下五服或九服、多层向心、诸层

1 Anonym, *The History of the German Empire from Charlemagne*, Vol. 1, p. 4, 376; Vol. 2, p. 36. Comenius认为自他以后帝国君主名曰选举，实则世袭。Cf. Johann Amos Comenius, *A General Table of Europe*, London: Benjamin Billingsley, 1670, p. 47.

2 这个体系当然不是静止的。相关的观点参见王铭铭：《西方作为他者》，北京：世界图书出版公司，2007年；陈寅恪：《唐代政治史述论稿》，上海：上海古籍出版社，1997年。

3 Jean-Baptiste Du Halde, *Description géographique, historique, chronologique, politiqueet physique de l'Empire de la Chine et de la Tartarie Chinoise*, Vol. 1, Paris: P.G. Lemercier, 1735, p. 80.

4 John Francis Davis, *The Chinese,* New York: Harper & Bros, 1836, pp. 150-158.

5 滨下武志：《近代中国的国际契机：朝贡贸易体系与近代亚洲经济圈》，朱荫贵、欧阳菲译，北京：中国社会科学出版社，2004年，第36-37页。

各异、由近及远逐层拓展、亲疏有致的非霸道体系。

由此，他们把中国的省等同于欧洲的“province”或王国，认定居于省之上的总体为帝国，割裂其对天下的想象，便是根本的认识论误解。此外，现代早期的欧洲，各省近乎独立于帝王或国王，如法兰西，各省归附王国时，极大地保留了原来的行政机构；17世纪君主专制时，国王设立的总督亦称为“省里的国王”；法国大革命爆发后，法国的行政和司法还远未实现统一。[1]这跟中国体系中朝廷的直辖部分截然不同，欧洲传教士们据此用欧洲的帝国概念来理解中国就不成立。换句话说，欧洲的王国或省并非中国诸省，欧洲的帝国亦非天下。

六、结语

欧洲学者从时—空两个角度建构中华帝国话语，逐渐以丰富的历史材料填充缺失的逻辑链条。经过杜尔德[2]和德庇时等，中华帝国话语最终成型。1836年，德庇时第一次确定出一个跟其他民族都相同的神话学时代，从盘古开始历经数千年。他认为，只有当秦王成功迫使六国承认他的至高无上时，其政府才开始具有帝国的性质，第一个帝王即“始皇帝”。前221年秦始皇登基即为帝国的开端[3]，意涵“中华王国”绝对先于“中华帝国”，解决门多萨等人的困惑。1912年清帝逊位后，“中华帝国”最终成为时间上不再流动的对象，“中华晚期帝国”这样的次生性概念也才会在后世西方学界大行其道。

在空间上，他们在诸省之外，逐渐纳入台湾、满洲鞑靼（三省）、西

1 让·马蒂耶：《法国史》，郑德弟译，上海：上海译文出版社，2002年，第84页。

2 Jean-Baptiste Du Halde, *Description géographique, historique, chronologique, politiqueet physique de l'Empire de la Chine et de la Tartarie Chinoise*, Vol. 1, Paris: P.G. Lemercier, 1735, pp. 270, 555; Joseph-Anne-Marie de Moyriac de Mailla, *Histoire générale de la Chine*, Paris: (s.n.), Vol. 1, 1777, pp. 2-4; Vol. 11, 1780, p. 610.

3 John Francis Davis, *The Chinese,* New York: Harper & Bros, 1836, pp.161-164, 166, 190.

鞑靼或蒙古鞑靼、哈密、西番（包括今西藏）和罗罗（今四川西昌及大凉山地区）等作为中华帝国的组成部分。[1]此外，欧洲的中华帝国话语依赖于对族性即中国人（Chinese）的认定：中国（China）是中国人所居之地，有明确的疆界，是固定不变的；中华帝国话语所指的地域即中国人生活的地域，也由此凝固起来。这是话语的逆反：中华名为帝国，但实质上却趋向同质化的王国。这使得帝国和王国话语长期模棱两可；他们甚至改造中文概念，说明二者之间的紧张关系始终存在，其根本的原因在于欧洲缺乏可以理解中华体系的政治经验。

我们没有发现欧立德所说欧洲学者在17世纪时以是否统治多民族来认定中华是否为帝国的证据。这不是当时帝国的定义性特征，而是最近的发明，如布班克（Jane Burbank）等人提出帝国是“适当合并新的民族时保持区隔和等级的政体”，“帝国观假定政体内的不同民族将会差异地治理”，跟治理单一民族、以同质化为诉求的“民族—国家”相对。[2]汪晖认为这是对现代民族—国家体制不满或反思而重新挖掘欧洲所谓帝国的遗产那一脉，期望超越当前在历史研究领域占主导地位的“民族—国家”叙事。[3]尽管这一诉求在当下具有一定的意义，但对还原各地被认定为帝国的学术史来说并无益处，且把现代重新设定的帝国概念加诸历史上的帝国认定过程，本身即具有现代中心主义和西方中心主义的双重色彩。人们不但没有从中国视角出发进行历史研究，反而继续忽视中国的天下观和朝贡体系等，包括近来所谓的“中国中心观”路径都不能例外。

以中国视角来看他处，或可有别样的新意。正如曼可所说，中国史是

---

1 Jean-Baptiste Du Halde, *Description géographique, historique, chronologique, politiqueet physique de l'Empire de la Chine et de la Tartarie Chinoise*, Vol. 1, Paris: P. G. Lemercier, 1735, pp. 79-80; Joseph-Anne-Marie de Moyriac de Mailla, *Histoire générale de la Chine*, Paris: (s.n.), Vol. 11, 1780, pp. 189-196; Vol. 13, 1785, pp. 177-259.

2 Jane Burbank et al., *Empires in World History,* Princeton, N. J.: Princeton University Press, 2010, p. 8.

3 汪晖：《现代中国思想的兴起·理与物》，北京：生活·读书·新知三联书店，2008年，第12页。

由天子/皇帝统一之下的单一中心阶段和多中心的多邦体系阶段交杂构成的。[1] 如果按照这个划分，欧洲的“帝国—王国”概念体系及欧洲史仅比较接近于后者，绝大多数时期缺乏一个统于某个帝王的单一中心。换句话说，在一统性上，中国史包容欧洲史模式，反之则不成立。

遗憾的是，欧洲的涉华学术史反其道而行。在这种情况下，中国史被欧洲化不言而喻。由上可知，以西方的帝国话语来理解中华体系存在难以克服的认识论困难，我们应回到中国自身的文明多元性传统，挖掘其天下观和朝贡体系的成就，以为世界文明的丰富性和多样性做出贡献。近来王铭铭、罗志田、赵汀阳等学者试图从人类学、历史学和哲学的维度阐发中国体系在现时代的意义，值得关注。[2]

1 Mark Mancall, *China at the Center*, New York: The Free Press, 1984, pp. 6-7.

2 王铭铭：《中间圈》，北京：社会科学文献出版社，2008年；Mingming Wang, *The West as the Other: A Genealogy of Chinese Occidentalism*, Hong Kong: The Chinese University Press, 2014；罗志田：《夷夏之辨的开放与封闭》，载于《中国文化》1996年第14期；罗志田：《夷夏之辨与治道之分》，载于《民族主义与近代中国思想》，台北：东大图书公司，1998年；赵汀阳：《天下体系》，南京：江苏教育出版社，2005年；Tingyang Zhao, “Rethinking Empire from a Chinese Concept ‘All-under-Heaven’ (Tian-xia，天下)”, *Social Identities*, Vol. 12, No. 1, 2006, pp. 29-41；赵汀阳：《世界观是美学观点》，载于《文明》2007年第5期；Tingyang Zhao, “A Political World Philosophy in Terms of All-under-heaven (Tian-xia)”, *Diogenes*, Vol. 221, 2009, pp. 5-18.

反启蒙运动的两种研究范式

——反启蒙思想与反哲学运动

石　芳*

启蒙运动，作为世界历史的一项重要宏大叙事，在一百年来的现代学术研究中占据绝对重要的地位。时至今日，对这个主题的研究浩如烟海，在内容、地域、深度、广度和方法方面极度扩张，完全超越了任何单个研究人员的掌握能力。在如此繁多、具体，甚至呈现“碎片化”状态的启蒙运动研究中，一个重要趋势是对启蒙运动的批评者和反对者的重新认知和阐释。这既是对长期以来启蒙运动研究一边倒地集中于启蒙思想家的状况的纠正，也是对启蒙运动在西方思想史中的生成、发展与地位的深入认识所造成的，也是由对现代性的反思而引起的。在这个过程中，基于研究方法和研究内容的不同，产生了两个相关但内涵不尽一致的概念：“反

* 石芳，四川大学历史文化学院副研究员，主要研究方向为法国史、启蒙运动史。

启蒙思想”（Counter-Enlightenment / Anti-Lumières）[1]和“反哲学运动”（Antiphilosophie）。

“反启蒙思想”是对启蒙思想的对立面的思辨研究，专注于启蒙思想家的对手的文本，在抽象的层面上对这些文本进行解读，这种研究范式的代表人物是以赛亚·伯林。“反哲学运动”则是以社会史的方式进行思想史研究，将反对启蒙思想家的人及其作品置于18世纪复杂的社会现实之中，了解他们的人生经历、教育背景、人际关系、社交网络和生计来源，在特定的经济、政治、宗教氛围中分析他们的作品的构思、印刷、出版、流通以及它们受到的支持、遭遇的阻碍，以及引起的社会反响，以尽可能地重构历史原貌，理解思想变迁的动力学。这种研究范式继承了达尼埃尔·莫尔内对启蒙运动的研究方法。过去半个世纪中，两种研究范式都涌现出了大量研究成果，推动了对启蒙运动及其批判、敌对现象的深入理解。但另一方面，这个概念引发的争议和忧虑也越来越多，反启蒙运动的研究面临着破除简单化、标签化、二元对立的思维方式，革新研究方法和思路的压力。

一、反启蒙思想

1. 概念演变与研究范式

以赛亚·伯林为《思想史辞典》[2]（1973年）撰写的词条“The Counter-

1 英语中还存在“the Anti-Enlightenment”一说，但通常出现在法语译作英语的情况下。关于“(the) Counter-Enlightenment”这个概念的翻译，鉴于“启蒙运动”是“(the) Enlightenment”约定俗成的中译名，“(the) Counter-Enlightenment”也会相应译作“反启蒙运动”，泛指对启蒙运动的抵制、批判等现象及相关研究，本文正是在这个意义上使用“反启蒙运动”这一术语的。但由于大部分使用“(the) Counter-Enlightenment”这一术语的研究都采用以赛亚·伯林所代表的研究范式，为了更清晰地解读反启蒙运动的两种不同研究范式，在指代伯林所代表的这种研究范式的意义上，本文译之为“反启蒙思想”。

2 Philip P. Wiener, *Dictionary of the History of Ideas*, 5 Vols., New York: Charles Scribner's Sons, 1973.

Enlightenment”[1]，直接促使这个术语流行起来，因此伯林常常被当成它的发明人。实际上，在英、法、德语学界，“Counter-Enlightenment”“Anti-Lumières”[2]以及“Gegenaufklärung”这三个词语都具备其各自语言中的起源和运用语境，不是相互翻译而来的[3]。并且它们最初的含义以及它们所指称的对象与伯林的阐释大相径庭，令人感到吃惊、别扭，这主要是由于目前学界深受以赛亚·伯林的阐释的影响。他不仅促进了“反启蒙思想”研究的勃兴，也塑造了一种反启蒙运动研究的学术范式。

在《反启蒙运动》这篇文章中，伯林强调，尽管诸启蒙思想家在很多问题上分歧深刻，但他们“在某些重要的问题上却存在着广泛的一致：自然法……一组普遍而不变的原则支配着世界……这些规律支配着无生命的自然，也支配着有生命的自然，支配着事实和事件、手段和目的、私生活和公共生活，支配着所有的社会、时代和文明；……思想家们对这些规律是什么、如何发现它们或谁有资格阐述它们也许会有分歧；但是，这些规律是真实的，是可以获知的（或者是十分确定，或者只是极有可能）——这仍然是整个启蒙运动的基本信条”。而对这些基本信条的攻击，即“反启蒙思想”，是“对这种主导信仰体系最可怕的反对”[4]。

随后，伯林总结了这场反对运动中发挥过重要作用的思想家的观点。维科、哈曼、赫尔德、默泽尔、迈斯特、博纳尔等人“否认了永恒的自然

1 此文后来收入以赛亚·伯林的《反潮流：观念史论文集》，冯克利译，南京：译林出版社，2002年，第1–28页。

2 法语中还存在着“les Contre-Lumières”的说法，但大多数出现于英语译作法语的情况下，如伯林的“The Counter-Enlightenment”一文，即被译作“Les Contre-Lumières”。

3 James Schmidt, “Inventing a Counter-Enlightenment: Liberalism, Nihilism, and Totalitarianism”, presentation at the meetings of the American Historical Association, Boston, MA, January 6, 2011, p. 1. https://www.researchgate.net/publication/267535375[2018-2-16]; James Schmidt, “Fabricating the ‘Counter-Enlightenment’ - Part II: German Uses 1875-1925”. https://persistentenlightenment.com/2013/11/17/gegenaufklarung/[2018-2-2].

4 以赛亚·伯林：《反潮流：观念史论文集》，冯克利译，南京：译林出版社，2002年，第4页。

法学说”，“对永恒真理和不断进步的观念给予了沉重的一击”，“谴责理性主义和唯科学主义用分析歪曲了实在”，他们都构成了“对打着普遍的道德和知识理想的旗号、以理性主义方式改造社会的努力的抵抗”，“启蒙运动的关键信条由此也从实践和理论上被否定了”。总而言之，伯林将对启蒙运动的抵制，可以总结为“各种浪漫主义的、非理性的信条和运动——政治的、美学的、暴力的、和平的、个人主义的和集体主义的，无政府主义的和极权主义的”。[1]

同样是在1973年，法国学者让·戴普亨为《哲学史》[2]撰写了一篇题为“Les Anti Lumières”的文章，揭示了法语学界对反启蒙思想的理解。同伯林的思路一样，戴普亨将“反启蒙思想”定义为“另一方的思想”：“是抵制这场转型（启蒙运动）的人所运用的全部抵抗体系的总体”[3]。对于这些抵抗体系的内容，戴普亨的界定却与伯林大不相同。主要包括与正统天主教护教论相关的马勒伯朗士主义的作品，以及更加偏向唯灵论或天启论的基督教护教论思潮，比如费内隆的作品。戴普亨的“反启蒙者”名单终结于1803年去世的圣马丹。[4] 这种见解根植于法国学术界19世纪以来的护教论研究，影响力远不及伯林。

伯林之后，在众多以“（the）Counter-Enlightenment”或“Anti-Lumières”为主题的研究中，其具体研究内容不尽相同。因为对不同的学者来说，反启蒙思想的具体内容不同，所指人物也并不一致，斯泰奈尔甚至将伯林也视作反启蒙思想的一分子；而且涉及的时间范围也非常漫长，从16世纪的怀疑主义到20世纪的后现代思潮，学者们都发掘出其中的反启蒙思想。但是，无论是总体性的研究，还是单独针对某个反启蒙人物所进行

1 以赛亚·伯林：《反潮流：观念史论文集》，冯克利译，南京：译林出版社，2002年，第6，16，20，22-24，28页。

2 Yvon Belaval dir., *Histoire de la philosophie*, Vol. 2, Paris: Gallimard, 1973.

3 Jean Deprun,“Les Anti Lumières”, Yvon Belaval dir. *Histoire de la philosophie*, Vol. 2, Paris: Gallimard, 1973, p. 717.

4 Jean Zaganiaris, “Qu’est-ce que les ‘Contre-Lumières’?”, *Raisons politiques*, 2009, p. 178.

的研究，无论对伯林的观点持何种态度，他们基本都沿用了伯林的思路，即首先设定“启蒙思想”，而后找出那些批评“启蒙思想”的或与之相悖的内容，并分析这些思想的来源和流变过程。这些都是针对思想而开展的哲学思辨研究，试图利用历史解决理论问题。

2. 研究现状

以赛亚·伯林不仅著有《反启蒙运动》一文深入阐释了这个概念，而且著有一系列文章，对他所定义的几个重要的反启蒙运动的代表人物进行分析，比如赫尔德、哈曼、维科，相关论文后来收录在《启蒙运动的三个批判者》[1]中。在伯林所阐释的反启蒙思想的带动下，同时也由于后现代主义思潮对启蒙思想的批判的刺激，从反启蒙思想的层面上对卢梭、迈斯特、维特根斯坦等思想家的研究不断涌现。[2]一些学者还对特定的反启蒙观念进行研究，如非理性、反个人主义等。[3]还有一些学者关注到18世纪兴起的一些具有反启蒙性质的团体，比如玫瑰十字会。[4]另有少量研究，如克里

1 Isaiah Berlin, *Three Critics of the Enlightenment: Vico, Hamann, Herder*, Princeton: Princeton University Press, 2003.

2 Graeme Garrard, *Rousseau's counter-Enlightenment: a republican critique of the philosophes*, Albany, N.Y.: State University of New York Press, 2003; Arthur M. Melzer, “The Origin of the Counter-Enlightenment: Rousseau and the New Religion of Sincerity”, *American Political Science Review*, Vol. 90, No. 2, 1996, pp. 344-360; Richard A. Lebrun, *Joseph de Maistre's life, thought, and influence: selected studies*, Montreal: McGill-Queen's University Press, 2001; Jean-Yves Pranchère, *L'Autorité contre les Lumières: la philosophie de Joseph de Maistre*, Genève: Droz, 2004; Carolina Armenteros, Richard A. Lebrun, *Joseph de Maistre and the Legacy of Enlightenment*, Oxford: Voltaire Foundation, 2011; Luigi Perissinotto, Vincente Sanfélix, *Doubt, ethics and religion: Wittgenstein and the coutner-enlightenment*, Frankfurt: New Brunswick, NJ: Ontos, 2011.

3 Richard Wolin, *The Seduction of Unreason: the Intellectual Romance with Fascism from Nietzsche to Postmodernism*, Pirnceton: Princeton University Press, 2004; Charly Coleman, *The virtues of abandon: an anti-individualist history of the French Enlightenment*, Stanford, California: Stanford University Press, 2014.

4 Christopher Mclntosh, *The Rose cross and the age of reason: eighteenth-century Rosicrucianism in Central Europe and its relationship to the Enlightenment*, Leiden: Brill, 1992.

斯蒂安·索恩所著的《反启蒙思想辩证法》[1]，研究17、18世纪的怀疑主义思想，涉及反启蒙思想的根源问题。

2006年出现了两本综合性的研究著作，对反启蒙思想进行了谱系式的梳理。泽夫·斯特奈尔的《18世纪至冷战时期的反启蒙思想》[2]从反理性、反自然权利、反平等和反民主等方面论述了反启蒙思想的四个发展时期。斯特奈尔对反启蒙思想的理解是以反平等为核心的，因此在他的研究中，反启蒙的代表人物是一批以自由主义闻名的人，如埃德蒙·柏克、克罗齐以及以赛亚·伯林本人。格雷姆·加勒德的《18世纪至今的各种反启蒙思想》[3]使用"Counter-Enlightenment"的复数形式，强调反启蒙思想的多样性。该书梳理了18至20世纪英、法、德、美各国各类反启蒙思潮和思想家，既包括埃德蒙·柏克、巴絮埃尔等反革命者，也包括夏多布里昂、柯勒律治等浪漫主义者，还包括霍克海默、阿多诺、塔尔蒙、福柯等对工具理性、极权主义、现代性的批判。

由于伯林与"（the）Counter-Enlightenment"的密切关系，伯林本人对这个概念的理解以及他使用这个概念的意图，也成为学者们的关注点。除去不时涌现的相关论文，最具代表性的是两部论文集——《以赛亚·伯林的"反启蒙运动"》[4]和《以赛亚·伯林与启蒙运动》[5]，分别收录了11篇和16篇文章，探讨伯林关于启蒙运动与反启蒙运动的思想观念。2015年，针对"Counter-Enlightenment"这个日渐引起争议的概念，《18世纪研究》杂

1 Christian Thorne, *The Dialectic of Counter-Enlightenment*, Cambridge, Mass.: Harvard Univesity Press, 2010.

2 Zeev Sternhell, *Les anti-Lumières du XVIIIe siècle à la guerre froide*, Paris: Fayard, 2006.

3 Graeme Garrard, *Counter-Enlightenments: From the Eighteenth Century to the Present*, New York: Routledge, 2006.

4 Joseph Mali, Robert Wokler, *Isaiah Berlin's Counter-Enlightenment*, Philadelphia, PA: American Philosophical Society, 2003.

5 Laurence Brockliss, Ritchie Robertson, *Isaish Berlin and the Enlightenment*, Oxford: Oxford University Press, 2016.

志还专门组织了一次圆桌会议，收录了4篇观点各异的文章。[1]然而如同思想史上几乎所有的概念面临的境况一样，争议依然存在。

在对反启蒙思想的研究中，尽管以赛亚·伯林的影响最大，但并不代表全部。让·戴普亨所阐释的反启蒙思想尽管没有像伯林所阐释的那样产生广泛的影响，但他的概念根植于法国学术背景中。18世纪对宗教构成威胁的并不全都是启蒙哲人，但是部分源于将启蒙运动视作反宗教运动的成见，有关18世纪护教论的研究占据了相当分量。这方面的研究起步很早，从19世纪开始，就出现了一些对具体的反哲人如弗雷隆[2]、帕里索[3]、彭比尼昂[4]的传记式作品。这些作品的作者很多本身就是教会人士，他们往往站在护教论的立场上为这些反哲人进行辩护，甚至美化，如今尚具有一定的资料参考价值。至20世纪初，已经出现两部总体性的研究著作，分别是阿贝尔·莫诺的《从帕斯卡到夏多布里昂——法国的基督教辩护士们（1670—1802）》[5]和罗伯特·帕尔默的《18世纪法国的天主教徒和不信教的人》[6]，至今依然具有重要的参考价值。第二次世界大战之后，有关护教论的研究不温不火地继续开展，研究更加深入、细致。如让·德吕莫所著的《路德与伏尔泰之间的天主教》[7]、威廉·埃弗德尔所著的《法国的基督教护教论

---

1 Jeremy L. Caradonna, "There Was No Counter-Enlightenment", Eva Piirimäe, "Berlin, Herder and the Counter-Enlightenment", Graeme Garrard, "Tilting at Counter-Enlightenment Windmills", James Schimidt, "The Counter-Enlightenment: Historical Notes on a Concept Historians Should Avoid", *Eighteenth-Century Studies*, Vol. 49, No. 1, 2015, pp. 51-69, 71-76, 77-81, 83-86.

2 François Cornou, *Trente années de luttes contre Voltaire et les philosophes du XVIIIe siècle. Elie Fréron (1718-1776)*, Vannes: Lafolye frères et Cie; Quimper: Le Goaziou; Paris: Champion, 1922.

3 Daniel Delafarge, *La vie et l'œuvre de Palissot (1730-1814)*, Paris: Librairie Hachette, 1912.

4 François-Albert Duffo, *J.-J. Lefranc, marquis de Pompignan, poète et magistrat 1709-1784, étude sur sa vie et sur ses œuvres*, Paris: Picard et fils, 1913.

5 Albert Monod, *De Pascal à Chateaubriand: Les défenseurs français du Christianisme de 1670 à 1802*, Paris: Librairie Félix Alcan, 1916.

6 Robert R. Palmer, *Catholics and Unbelievers in Eighteenth Century France*, Princeton: Princeton University Press, 1939.

7 Jean Delumeau, *Le Catholicisme entre Luther et Voltaire*, Paris: Presses Universitaires de France, 1971.

（1730—1790）》[1]、西尔维亚纳·阿尔贝当–科波拉所著的《辩护士贝尔吉耶（1718—1790）》[2]等，都是这类著作的代表。

最近十几年来，由于以赛亚·伯林在中国思想界的影响，中国学界也开始对反启蒙运动产生兴趣。中国学者基本上沿袭了伯林的反启蒙思想研究范式，对一些重点反启蒙思想家进行思辨分析。对迈斯特、维柯等人的研究是这方面的典范，如张智、施展和丁纾寒等人的研究成果。[3] 其他一些反启蒙思想家，如萨德、费希特、德里达、施特劳斯等，都得到了一些研究。[4] 中国学者也关注到一些反启蒙观念，比如历史主义。[5] 另外，同西方学界一样，伯林的"反启蒙"概念，也是一个研究主题。[6] 总体而言，中国学者对思想的反启蒙性质做判断时非常谨慎，大多数研究往往例证该思想家本质上并非反对启蒙，而是反思、批判启蒙以达到"真正的启蒙"。

1 William R. Everdell, *Christian Apologetics in France, 1730-1790*, Lewiston/Queenston: The Edwin Mellen Press, 1987.

2 Sylviane Albertan-Coppola, *L'abbé Nicolas-Sylvestre Bergier (1718-1790), des Monts-Jura à Versailles, le parcours d'un apologiste du XVIIIe siècle*, Paris: Honoré Champion, 2010.

3 张智：《约瑟夫·德·梅斯特反启蒙思想中的野蛮与文明》，上海：华东师范大学博士学位论文，2006年；施展：《神秘与凡俗之张力下的政治——约瑟夫·德·迈斯特政治思想研究》，北京：北京大学博士学位论文，2008年；丁纾寒：《从"新科学"到"新启蒙"——论维柯的历史诗学》，杭州：浙江大学博士学位论文，2013年。

4 高宣扬：《萨德侯爵的反启蒙自然观》，载于《云南大学学报（社会科学版）》2014年第6期，第3–11页；王歌：《德国早期浪漫主义的反启蒙与启蒙——以"自我"概念为契机》，载于《现代哲学》2013年第2期，第1–8页；杨子飞：《反启蒙运动的启蒙——施特劳斯政治哲学研究》，杭州：浙江大学博士学位论文，2012年。

5 宋友文：《"反启蒙"之滥觞——历史主义兴起的哲学反思》，载于《南京社会科学》2012年第1期，第55–61页。

6 段国重：《"有的放矢"还是"为矢设的"？——以赛亚·伯林的反启蒙运动研究及其批评综述》，载于《国外社会科学》2016年第6期，第124–132页；蒋柳萍：《多元论与自由：伯林反启蒙的自由主义思想研究》，载于《江西社会科学》2006年第1期，第50–57页。

二、反哲学运动

1. 概念来源与研究内容

以赛亚·伯林所代表的思辨式反启蒙运动研究，对于定位启蒙思想在西方思想史中的位置，探究其渊源、发展脉络都极具价值。另一方面，鉴于启蒙运动被视为现代性的源头，具有轴心时代的地位，关于反启蒙运动的思辨研究对于反思现代文明的困境和前景也极具启发价值。但是，这种研究范式的不足也很明显。他们所研究的“反启蒙思想”往往始于18世纪末，与启蒙运动并不位于同一个时空范围之内，很多人对启蒙运动的批评还源自法国革命的不快经历和感受。他们对启蒙思想的批评类似于“秦琼战关公”，隔空叫阵，对于分析启蒙运动及其抵制现象本身的发展演变历史并没有太大作用。因此，许多学者采用思想的社会史的研究范式，在18世纪的时代背景和历史事件中，研究反启蒙运动的发生、发展与演变历程，研究其与启蒙运动的互动关系。本文借用“反哲学运动”（l’antiphilosophie）这个术语总结这种研究范式。

与“（the）Counter-Enlightenment”和“Anti-Lumières”这些后世回顾性建构的概念不同，“l’antiphilosophie”这个词的来源和所指都与18世纪的那场思想运动本身直接相关。伏尔泰、狄德罗、达朗贝尔等启蒙思想家并不知道“启蒙运动”，他们自称“哲人”（philosophe），沾沾自喜地谈论“哲学”（philosphie）、“哲学精神”（l’esprit philosophique），相信“哲学”的进步会给人类带来幸福。伏尔泰的启蒙经典《哲学辞典》正是按这个意义命名的。相应地，那些反对哲人及其观念的人，往往自称为“反哲人”（antiphilosophe），用“反哲学的”（antiphilosophique）来形容、命名自己的观念和作品。1788年底，已经卸任的图书总监马勒泽尔布撰写其《关于出版自由的呈文》时，在一条注释中解释说：“我避免使用‘哲学’这个词，因为四十年来的尖刻争吵已经使这个词不具有明确的含义。根据某些人的观点，所有伟大的思想、所有新的真理都被认为属于‘哲学'。根据另一些人的观点，'哲学'已经成了'不信教'的同义词。"[1]在围绕"哲学"发生的尖锐争吵中，反对、抨击"哲学"的现象即为"反哲学运动"。

更具体地说，按照迪迪耶·马索的定义，"反哲学运动"指的是"18和19世纪反对哲人的活动、小集团、派别、机制、各种宗教和世俗权力。它也见证了在18世纪的法国，在正在形成中的公共领域中，不同阵营为了征服知识权力而展开的斗争，而且这种公共领域的存在还受到一些反哲人的质疑"[2]。这个定义非常宽泛，既不否认也不忽视反启蒙运动的复杂性和多样性，同时也大致概括出了这场运动的主要形式和内容。英语中尽管通用"（the）Counter-Enlightenment"这一个术语，但在某些语境中，其含义与"l'antiphilosophie"更加一致。比如，达林·麦克马洪承认他从伯林那里借用了这个术语，但他明确指出，"我使用的'counter-Enlightenment'含义更加宽泛，指将自己定位在启蒙运动的主要哲人的对立面的一切"[3]。对启蒙运动重新进行宏大叙事式阐释的乔纳森·伊兹瑞尔也明确区分了"Counter-Enlightenment"和"l'antiphilosophie"："虽然'anti-philosophie'是宗教启蒙运动的真正部分，但它无疑在知识上和心理上都为1789年之后出现的'Counter-Enlightenment'铺设了道路……另一条将'anti-philosophie'和'Counter-Enlightenment'联系在一起的线索是……"[4]

与"反启蒙思想"相比，"反哲学运动"所指涉的时间范围更短，但

1 Lamoignon de Malesherbes, *Mémoires sur la librairie et sur la liberté de la presse*, présentation par Roger Chartier, Paris: Imprimerie nationale, 1994, p. 291 note.

2 Didier Masseau, "Qu'est-ce que les Anti-Lumières?", *Dix-huitième Siècle*, 2014, pp. 112-113.

3 Darrin M. McMahon, "The Counter-Enlightenment and the Low-Life of Literature in Pre-Revolutionary France", *Past & Present*, No. 159, 1998, p. 79 note 7.

4 Jonathan I. Israel, *Democratic Enlightenment: Philosophy, Revolution, and Human Rights, 1750-1790*, Oxford, New York: Oxford University Press, 2011, p. 148.

其所涵盖的内容却广泛得多。首先，“反启蒙思想”强调的是对启蒙运动的基本信条的攻击，而“反哲学运动”在思想观念层面上强调的是反对哲人的“凶猛、激烈，而且韧劲十足”的论战。诸如伏尔泰的《哲学辞典》、狄德罗的《哲学思想录》、爱尔维修的《论精神》等作品，“每件作品都会招来5种或10种接连不断的反驳，这还不包括一些较为泛化的作品中的驳斥。每一份哲人或同情哲人的报刊会面对至少三份明显与之敌对的报刊”[1]。据阿尔贝·莫诺的统计，1715年至1789年的基督教辩护著作共有大约900种[2]，远远超过这段时期之前和之后的数量。

这些反对哲人的作品还获得了重大而持久的成功，拥有稳定而庞大的读者群。许多反启蒙作品获得出版特许状题献给权贵，这也表明他们获得了来自政治权力的强有力保护。更加危险的是，有时这些论战并非“论辩”，而是嘲弄、羞辱和人身攻击，著名的“卡库雅克人”系列小册子和帕里索大受欢迎的喜剧《哲人》[3]就是这类作品的代表。论战使用的文本形式也同样广泛，既有针对受过良好教育的精英人士的护教论作品，也有期刊、布道辞等普及作品；既有严肃的论文，也有小说、戏剧、讽刺诗歌等通俗作品，还有专门针对儿童和青少年的读物。

其次，“反哲学运动”还包括压制、阻碍哲人及其思想传播的各种权力、机制和活动。比如官方的审查（不仅政府的出版监管部门要审查他们的作品，索邦神学院和高等法院也常常试图攫取这种权力）、警察的监视（巴士底狱的档案中留下了诸多监视记录）、巴士底和万塞纳等监狱（启蒙思想家与这两座监狱紧密联系在一起）、严厉的刑罚（1757年达米安刺杀路易十五事件之后，法国政府重申写作、销售违禁书籍处以死刑的命

1 达尼埃尔·莫尔内：《法国革命的思想起源（1715—1787）》，黄艳红译，上海：上海三联书店，2011年，第187页。

2 Albert Monod, *De Pascal à Chateaubriand: Les défenseurs français du Christianisme de 1670 à 1802*, Paris: Librairie Félix Alcan, pp. 542-582.

3 Charles Palissot de Montenoy, *Les Philosophes, comédie en trois actes en vers représentée pour la première fois par les comédiens français ordinaires du roi le 2 mai 1760*, Paris: Duchesne, 1760.

令），还有教会的制裁（教士大会或主教的谴责、牧灵指示、布道、《禁书大全》甚至革除教籍的威胁）。尽管这些规章制度看起来常常得不到认真执行，但它们的威胁是真实存在的。否则，伏尔泰不至于避居法瑞边境二十多年，编造了近两百个各式假名出版作品，《百科全书》也不至于转入地下秘密撰写出版。

第三，反哲人对启蒙运动的反对，并不仅仅停留在思想层面。一些反哲人对哲人们所倡导或代表的文化实践感到不满，反对他们在沙龙等公共领域对传统权威文本或观念进行公开讨论和批评，反对他们所代表和推广的写作、阅读活动。伏尔泰的讽刺小册子《论阅读的极端危险》[1]（1765）嘲笑的就是这群人。18世纪读者与文本之间的关系发生了明显变化，大量阅读各类文本、为消遣而阅读开始流行，不再将书籍当成权威，而是学着思考、批判印刷文本。[2] 这种对待书籍的创作和阅读态度，造成传统的神圣文本不再享有特权，不再是知识权力的唯一来源。启蒙思想家在这种新型的阅读方式的形成中发挥了很大的作用，并吸引了一批大众读者。这种状况引起了最激进的护教士的愤怒，他们从这些阅读活动中感觉到了一种不可接受的煽动和危险。[3]

2. 研究现状

"反哲学运动"的研究，虽然没有像反启蒙思想研究那样形成热潮，学者们往往直到最近十几年才开始使用"反启蒙运动"或"反哲学运动"这些概念，但这类研究一直在进行，也出现了一些重要成果。首先，有关18世纪护教论和护教士的研究，有些明显偏向于思想的社会史，可以归入反哲学运动研究。比如杰弗里·伯森所著《神学启蒙运动的兴起与衰

1 Voltaire, *De l'horrible danger de la lecture*, *Œuvre complète de Voltaire*, 52 Vols., éd. par Louis Moland, Paris: Garnier frères, 1877-1885, Vol. 25, pp. 335-337.

2 Roger Chartier, "Urban Reading Practices, 1660-1780", *The Cultural Uses of Print in Early Modern France*, Lydia G. Cochrane (trs.), Princeton: Princeton University Press, 1988, pp. 183-239.

3 Didier Masseau, *Les ennemis des philosophes: L'antiphilosophie au temps des Lumières*, Paris: Albin Michel, 2000, p. 20.

落》[1]，从普拉德事件入手，在耶稣会与冉森派的斗争背景中，阐述了教派纷争对启蒙运动与反启蒙运动的认同分化所造成的影响。

可以被归入反哲学运动研究的还有对某些反哲人及其作品的研究，如弗雷隆、彭比尼昂、莫罗、拉波迈尔等等。[2]随着这个领域研究的深入，几乎所有出版过著作的反哲人都得到了些许研究。很多反哲人都是报刊人，他们所主编的报刊，如《文学年代》《特雷武报》《教士新闻》等都做了一些研究[3]，但这个领域中仍有大片空白。反哲人著作仍然缺乏系统研究，这些作品的出版、销售网络和读者群研究更是空白。与对启蒙运动的公共领域研究相对应，反启蒙势力的社交活动也得到了一些研究，如佩卡兹对保守派沙龙的研究[4]。阿涅斯·拉威尔对凡尔赛的宫廷虔诚派进行了全面细致的研究，这个派别向来被认为是反启蒙势力的总后台。[5]但总体上，我们对反启蒙文人的支持势力和社交活动仍然知之甚少。女性的历史日益得到重视，这在反启蒙运动的研究中也体现出来，会议论文集《反启蒙运动的

1 Jeffrey D. Burson, *The Rise and Fall of Theological Enlightenment: Jean-Martin de Prades and Ideologica Polarization in Eighteenth-Century France*, Notre Dame, Indiana: University of Notre Dame Press, 2010.

2 Jean Balcou, *Fréron contre les philosophes*, Genève: Librairie Droz, 1975; Jacqueline Biard-Millérioux, *L'Esthétique d'Elie Catherien Fréron, 1739-1776, Littérature et critique au XVIIIe siècle*, Paris: Presses Universitaires de France, 1985; Theodore E. D. Braun, *Un ennemi de Voltaire, Le Franc de Pompignan, sa vie, ses œuvres, ses rapports avec Voltaire*, Paris: Minard, 1972; Guillaume Robichez, *J.-J. Lefranc de Pompignan, un humaniste chrétien au siècle des Lumières*, Paris: Sedes, 1987; Dieter Gembicki, *Histoire et politique à la fin de l'Ancien Régime, Jacob-Nicolas Moreau (1717-1803)*, Paris: Librairie A.-G. Nizet, 1979; Claude Lauriol, *La Beaumelle, un protestant cévenol entre Montesquieu et Voltaire*, Genève: Droz, 1978.

3 Paul Van Tieghem, *L'Année littéraire (1754-1790) comme intermédiaire en France des littératures étrangères*, Paris: [s.n.], 1917; John N. Pappas, *The Journal de Trévoux and the philosophes*, Genève: Institut et Musée Voltaire, 1957; Isabelle Flandrois, Françoise De Noirfontaine, Madeleine Foisil, "Un journal de polémique et de propagande, Les *Nouvelles Ecclésiastiques*", *Histoire, économie et société*, Vol. 10, No. 10-3, 1991, pp. 399-420.

4 Jolanta T. Pekacz, *Conservative tradition in pre-revolutionary France: Parisian salon women*, New York: Peter Lang, 1999.

5 Agnès Ravel, *Le parti dévot à la cour de France sous Louis XIV, Louis XV et Louis XVI*, thèse de doctorat dir. par Guy Chaussinand-Nogaret, EHESS, 2010.

女性，女性护教士》代表了这种趋势。[1]

通常而言，启蒙运动与反启蒙运动似乎被分别研究，双方相互在对方的领域中作为必不可少的对立面而存在。但也有一些学者，更加关注哲人与反哲人双方论战、辩驳、斗争乃至战斗的过程、手段、策略和效果。比如1760年帕里索在法兰西喜剧院上演喜剧《哲人》引发的争吵，是哲人与反哲人之间的一次关键较量，相关研究不少。其中尤以希尔德·弗洛伊德所著《帕里索与〈哲人〉》[2]和罗根·科诺斯所著《18世纪法国的戏剧战斗》[3]对这次著名纷争的研究最为翔实全面。其他一些比较著名的纷争，如普拉德事件[4]、《贝利塞留》事件[5]等都得到了些许研究。奥利维耶·费雷所著的《狂怒的损害——哲人与反哲人的小册子交火（1750—1770）》[6]则系统研究启蒙运动中小册子的创作、出版策略以及在斗争中的运用和效果。

随着反启蒙运动的社会史研究的开展和深入，2000年和2001年先后出现了两部整体性的研究著作。迪迪耶·马索所著的《哲人的敌人们——启蒙时代的反哲学运动》[7]全面分析了1750年至1789年反启蒙势力的构成、与哲人的斗争过程、护教话语及其演变、双方在公共领域的活动等，指出这场斗争的实质是争夺文化权力，且反启蒙势力在革命后仍然具有强大的影响力。达林·麦克马洪所著的《启蒙运动的敌人们——法国反启蒙运动与现代性的制

1 Fabrice Preyat, *Femmes des anti-Lumières, femmes apologistes*, Bruxelles: Éditions de l'Université de Bruxelles, 2016.

2 Hilde H. Freud, "Palissot and Les Philosophes", *Diderot Studies*, Vol. 9, 1967.

3 Logan J. Connors, *Dramatic battles in eighteenth-century France: philosophes, anti-philosophes and polemical theatre*, Oxford: Voltaire Foundation, 2012.

4 J. S. Spink, "Un abbé philosophe: l'affaire de J.-M. De Prades", *Dix-huitième Siècle*, No. 3, 1971, pp. 145-180. Jean-Claude Davis, "L'Affaire de Prades en 1751-1752 d'après deux rapports de police", *SVEC* 245, Oxford: Voltaire Foundation, 1986, pp. 359-371.

5 John Renwick, *Marmontel, Voltaire and the Bélisaire affair*, *SVEC* 121, Oxford: Voltaire Foundation, Thorpe Mandeville House, 1974.

6 Olivier Ferret, *La Fuerur de nuire: échanges pamphlétaires entre philosophes et antiphilosophes (1750-1770)*, Oxford: Voltaire Foundation, 2007.

7 Didier Masseau, *Les ennemis des philosophes: L'antiphilosophie au temps des Lumières*, Paris: Albin Michel, 2000.

造》[1]的侧重点有所不同。该书按时间顺序分析了反启蒙运动从18世纪70年代至19世纪30年代的发展演变，根据反哲人对哲人的指控总结出“反启蒙话语”，这种话语将法国革命的灾难性后果归罪于启蒙哲人。麦克马洪认为，反哲人们建构的启蒙运动深刻影响了后世对启蒙运动的认知，启蒙运动被视为现代性罪恶的幽灵和源泉。2017年，马索主编的《反启蒙思想与反哲学运动辞典》[2]面世，此书对18世纪的反启蒙思想和反哲学运动进行了全面的梳理，并为后续研究提供指南，是反启蒙运动研究的一个标志性成果。

在中国学术界，与“反启蒙思想”方兴未艾的研究形势相比，“反哲学运动”的关注度非常低。尽管最近十几年来，达尼埃尔·莫尔内、罗伯特·达恩顿等历史学家的著作相继译为中文，思想观念的社会史的研究范式也随之被引介到中国，但将这种研究方法运用到研究实践中的并不多。就反启蒙运动的研究而言，仅有张智的两篇论文[3]，分别研究法国革命前夕和革命期间反启蒙势力对启蒙运动的反动，踏入了思想的社会史领域。考虑到18世纪反启蒙势力抵制启蒙运动的广泛和激烈程度，对启蒙思想的塑造作用和对启蒙思想的传播的阻碍作用，反启蒙运动的社会史研究对于深入理解思想革新与演变具有重要意义，也是中国学者大有可为的领域。

三、概念的陷阱与滥用

“反启蒙运动”这个概念，概括了一些被忽视甚至被遗忘的历史现象和思想观念，为研究者提供了很大便利。然而，正如詹姆斯·施密特所指出的，这种便利“是有代价的”，因为“创造‘反启蒙运动’预先假定

---

1 Darrin M. McMahon, *Enemies of the Enlightenment: The French Counter-Enlightenment and the Making of Modernity*, New York: Oxford University Press, 2001.

2 Didier Masseau dir., *Dictionnaire des anti-Lumières et des antiphilosophes (France 1715-1815)*, Paris: Champion, 2017.

3 张智：《略论法国旧制度末期的反启蒙运动》，载于《世界历史》2008年第6期，第81–91页；张智：《大革命时期的法国反启蒙运动》，载于《浙江学刊》2008年第6期，第35–41页。

‘启蒙运动’是一个独一的、和谐的整体”[1]，而“反启蒙运动”就成了其对立面的一种协调的历史现象或一致的立场观念。这就意味着，抹去历史的复杂性和丰富色彩，将思想家们武断地归入这个或那个阵营，建构出一个二元对立的幻象世界。但是，这种人为的、极端简单化的二元划分无法得到复杂的历史情形的支持与证实。“因为即便‘启蒙运动’这个概念也一直是一个成问题的术语。如果认识的进步的思想，哲学乐观主义，对历史、政教分离，甚至理性的普遍性的信念既非启蒙思想的特征，也非其全部内容，那么该如何定义反启蒙思想呢？这并非想要否认它（反启蒙运动）的存在，而是要指出，它是如何由偏颇的、不连贯的突兀部分构成的，从来都没有与后人回顾性赋予历史中的行动者的定义和总结完全相符。”[2] 对反启蒙运动越来越深入的研究，尤其是反哲学运动研究揭示出，并不存在界限分明的启蒙运动与反启蒙运动。

首先，哲人与反哲人的复杂多样性，使得他们并非如字面上这样明确、直接对立。在某些问题上，一些反哲人与哲人之间存在巨大的妥协、和解空间，有时甚至相当一致。比如反启蒙运动的舆论喉舌之一《特雷武报》的主编贝尔蒂耶在对待科学与技艺的态度上，比之卢梭，显然与伏尔泰和百科全书派更为接近，甚至可以说是相当一致的。可以说，仅仅是由于共同的敌人，反哲人才具有表面上的共性，能够时不时站在同一战线上。随着时间的推移，一些人的立场会发生改变，比如福尔迈，他接受了现代科学的征服，试图调和基督教与启蒙运动（如今常被称作基督教启蒙运动），他们与顽固派（如《教士新闻》）之间的分歧越来越严重；而拉阿普，经历了法国革命的血腥暴力之后，从伏尔泰的门徒变成了启蒙运动的激烈批评者。一些人则由于局势的演变，身不由己地被拖入一边或另一

1 James Schmidt, “Inventing a Counter-Enlightenment: Liberalism, Nihilism, and Totalitarianism”, presentation at the meetings of the American Historical Association, Boston, MA, January 6, 2011, p. 1. https://www.researchgate.net/publication/267535375[2018-2-16].

2 Didier Masseau, *Les ennemis des philosophes: L’antiphilosophie au temps des Lumières*, Paris: Albin Michel, 2000, p. 8.

边。比如特吕布莱，作为审查官他努力缓和对《百科全书》的攻击，然而为形势和权力所迫，他主编的《基督教徒报》参与了对《论精神》的攻击，从此成为哲人的敌人，尽管并非他所愿。

其次，并不存在一个具有统一的教义或者策略的针对启蒙思想家的运动。从思想内容上来看，启蒙思想涉及、搅动了对手们几乎所有的内部纷争：高等法院的地位、对王权的限制等问题是王权与高等法院长期争吵的主题，司法管辖权、书报审查权、税收特权则是教会与世俗权力反复争斗的目标，在宗教宽容问题上世俗权力与教会也日益分道扬镳，冉森派与耶稣会、高卢主义与教皇绝对权力主义的长期纷争则撕裂了反哲人的最大据点——教会。虽然形形色色的反哲人们都对“哲学”的胜利感到痛苦和愤怒，却由于观念和利益上的分歧，往往将哲人视为次级的对手。比如，面临启蒙运动的蓬勃发展，冉森派却认定“在与哲人开展决定性的真正战斗之前，耶稣会是一股需要先予清除的力量”[1]。事实上，神学和政治上的分裂，以及事业竞争、个人恩怨、社交关系等都阻碍了反对哲人的统一战线的建立。反启蒙势力的钩心斗角，解释了为何形势凶险，爱尔维修却未因《论精神》而受到实质性惩罚，《百科全书》也在官方的默许之下继续编纂出版。

第三，“不同的哲学运动与反哲学运动的某些趋势之间的干涉现象，更增加了难度。表面上对立的两个阵营之间的边界，实际上更加疏松、更加游移不定。”[2] 露西亚娜·比杨科通过法语语料库对反启蒙作品的关键词进行了分析，其结果令人吃惊，出现频率最高的十个词语依次是心灵、理性、幸福、真理、德行、自由、宗教、知识、权威和不幸。这表明“反启蒙运动并没有关键词，因为他们的词汇与启蒙运动的词汇是一样的”[3]。这些关键词足

1 Dale Van Kley, *The Jansenists and the Expulsion of the Jesuits from France, 1757-1765*, New Haven, London: Yale University Press, 1975, p. 210.

2 Didier Masseau, *Les ennemis des philosophes: L'antiphilosophie au temps des Lumières*, Paris: Albin Michel, 2000, p. 21.

3 Luciana Alocco Bianco,"Les mots-clés de l'anti-philosophie", *Transactions of the Eighth International Congress on the Enlightenment*, Vol. I, *SVEC* 303, Oxford: Voltaire Foundation at The Taylor Institution, 1992, pp. 193-196.

以击碎将启蒙运动与反启蒙运动分别视作光明与黑暗、进步与倒退等对立面的幻觉。举例来说，卢梭及其作品的多样性和矛盾性，就使得启蒙运动与反启蒙运动的界限模糊不定。即便抛开卢梭这个特殊例子不谈，启蒙运动内部在基本问题，比如启示宗教上的分歧，也会模糊哲人与其对手之间的界限。而随着政治形势的演变和启蒙思想从原则走向实践，18世纪70年代，高等法院改革和谷物自由贸易等问题也撕裂了哲人表面的统一，启蒙运动与其对手都走向自我瓦解和分流、融合状态，很难再找出一个辨别阵营的试金石。

第四，一些客观上阻碍启蒙运动的机制并非专门针对哲人而设立和运作的，反哲人也同样处于其压力之下，比如出版审查制度。反哲人的作品也同样要接受当局的审查。而具体到文稿审查的执行，“审查官们赖以做出决定的理论基础并不必然与跟法国启蒙运动相关的标准不一致”，甚至“那些处理文学、法学和政治学领域的作品的审查官，也许常常符合乔纳森·伊兹瑞尔所描述的温和启蒙者”[1]。《文学年代》的主编弗雷隆大量的恳求审查官放行稿件的信，表明反启蒙势力并没有得到当局的特别关照。相反，在启蒙盛期前后两任图书总监马勒泽尔布和萨蒂纳这样倾向启蒙思想的官员的管理下，这些机制有时候对反哲人设置的障碍并不比对哲人设置的障碍更少。举例来说，1757年针对《百科全书》的全面攻击出现之前，批评它的文章就很难通过审查。伊兹瑞尔以《百科全书》为例，声称“在马勒泽尔布手中，法国王家审查制度本身就成为启蒙运动的一部分”[2]，这个结论尽管有些偏颇，却并非毫无依据。

正如麦克马洪所言，反启蒙运动本身也是现代性的一部分，反哲人们“必然要从过去借用一些东西”，但“他们以新的定位和新的形式排列了原来的论点”，他们对启蒙运动的回应“和启蒙运动本身一样，总体上对

1 Raymond Birn, *Royal Censorship of Books in Eighteenth-Century France*, Stanford: Stanford University Press, 2012, pp. 20, 117.

2 Jonathan Israel, “French Royal Censorship and the Battle to Suppress the *Encyclopédie* of Diderot and d’Alembert, 1751-1759”, in Mogens Lærke (ed.), *The Use of Censorship in the Enlightenment*, Leiden, Boston: Brill, 2009, p. 66.

这个时代而言，仍然是全新的”。[1]然而，由于“反启蒙运动”这个概念所蕴含的与“启蒙运动”二元对立的意义，还造成了它被滥用的风险。由于启蒙运动被视作现代社会的基础，是自由、民主、平等、理性、进步等价值观念的源头，因此启蒙运动与反启蒙运动之间的二元划分“倾向于赞同启蒙运动，将它当作一种进步的运动，倾向于诋毁反启蒙运动，将它当作对共和主义、世俗主义、理性、自由主义、平等及一切被当代史学家视为正面因素的理念的倒行逆施的、下意识的反动”[2]。

换言之，由于启蒙运动被赋予了我们当下的世界的基本价值意义，启蒙运动与反启蒙运动的二元划分反映的就是我们当下的政治和文化区分。因此，“反启蒙运动”这个术语就极易被滥用，用以阐释现代社会遇到的困境和问题。比如，威廉·沃克将这个概念用于探讨核武器政策。[3]更令人忧虑的是，这种滥用趋势还明显体现在这个词语被应用于大众传媒中对时事的讨论，泛化成为一切反对、不顺从所谓的“普世价值观”的观念、活动的称呼，甚至将之与恐怖主义联系在一起，从而导致学术研究的误导和混乱。比如，《纽约时报书评》上发表的一篇书评，非常随意地为海德格尔与本·拉登建立起精神上的密切联系，将他们归并到“反启蒙运动”中[4]，这令罗伯特·诺顿大为恼火[5]。

四、研究前景展望

“反启蒙运动”引发的误导及滥用风险逐渐显现出来，最近十几年这

1 Darrin M. McMahon, *Enemies of the Enlightenment: The French Counter-Enlightenment and the Making of Modernity*, New York: Oxford University Press, 2001, p. 198.

2 Jeremy L. Caradonna, “There was no Counter-Enlightenment”, *Eighteenth-Century Studies*, Vol. 49, No. 1, 2015, p. 54.

3 William Walker, “Nuclear enlightenment and counter-enlightenment”, *International Affairs*, Vol. 83, No. 3, 2007, pp. 431-453.

4 Philip Bobbitt, “Our Approval Ratings Are Way Down”, *The New York Times Book Review*, April 4, 2004.

5 Robert E. Norton, “The Myth of the Counter-Enlightenment”, *Journal of the History of Ideas*, Vol. 68, No. 4, 2007, pp. 635-636.

个概念遭到了越来越多的反对。比如波考克、罗伯特·诺顿、詹姆斯·施密特、杰瑞米·卡拉多纳等学者，从不同的角度提出对它的质疑和异议。[1]也有一些学者依然坚持使用这个概念，但更加谨慎地限定它的含义和使用范围，比如马克·里拉、格雷姆·加勒德、达林·麦克马洪等。[2]从一定程度上来说，双方的争议也是两种研究范式的争议，采用"反哲学运动"研究范式的学者，比之"反启蒙思想"范式的学者，对反启蒙运动的复杂性、矛盾性和多样性往往更加敏感，对这个概念持更加怀疑、担忧和反对的态度。

无论这场争议的走向如何，从目前学术研究的现状来看，"反启蒙运动"这个概念恐怕很难让学者们放弃使用，甚至它还开始渗入"反哲学运动"研究范式之中，毕竟概念化是某个研究领域走向成熟的必然过程，而且它所带来的便利是不可否认的。因此，更加现实的选择或许是在学术研究中对其风险有所警惕并加以规避。除了要避免对这个概念的滥用外，对抵制启蒙运动的现象的研究，更要从多方面加以深化和丰富，避免对这个概念的简单化和标签化运用。

首先，正如启蒙运动的多样性已经得到广泛认可，对反启蒙运动的研究，也要意识到其极端复杂性、多样性以及随着时间而发生的演变。"丰富的知识、多元化、多样性以及内部矛盾构成了启蒙运动的本质特征，反启蒙

1 J. G. A. Pocock, "Enlightenment and Counter-Enlightenment, Revolution and Counter-Revolution: A Eurosceptical Enquiry", *History of Political Thought*, Vol. 20, No. 1, 1991, pp. 125-139; Robert E. Norton, "The Myth of the Counter-Enlightenment", *Journal of the History of Ideas*, Vol. 68, No. 4, 2007, pp. 635-636; James Schmidt, "The Counter-Enlightenment: Historical Notes on a Concept Historians Should Avoid", *Eighteenth-Century Studies*, Vol. 49, No. 1, 2015, pp. 83-86; Jeremy L. Caradonna, "There was no Counter-Enlightenment", *Eighteenth-Century Studies*, Vol. 49, No. 1, 2015, p. 54.

2 Mark Lilla, "What is Counter-Enlightenment", *Isaiah Berlin's Counter-Enlightenment*, pp. 1-11; Graeme Garrard, "Tilting at Counter-Enlightenment Windmills", *Eighteenth-Century Studies*, Vol. 49, No. 1, 2015, pp. 7-81; Darrin M. McMahon, "What is Counter-Enlightenment?", *International Journal for History, Culture and Modernity*, Vol. 5, No. 1, 2017, pp. 33-46.

运动也同样如此。低估了这种多样性是个严重的错误。”[1]曾经，学者们认为启蒙思想家持有同样的观念，采取同样的策略，向着同一方向行动。20世纪70年代以来，学者们已经抛弃了对启蒙运动的这种观念。“启蒙运动”已经由一个由定冠词加以限定的单数概念转变为一个复数概念，学者们承认了各种内容、形式的“启蒙运动”。比如法国、苏格兰、意大利等各民族的启蒙运动，比如宗教启蒙运动、神学启蒙运动等，比如温和启蒙运动、激进启蒙运动等。同样，阐释和运用“反启蒙运动”这个概念之前，应该对历史上抵制启蒙运动的现象进行更加细致的研究，充实、丰富和修正这个概念。

其次，即便运用“启蒙运动”和“反启蒙运动”这样一对看起来截然对立的概念，也要对其复杂性保持清醒的意识并加以研究。比如，历史学家对哲人与反哲人之间的论战、争夺话语权的斗争的研究，为人们理解反启蒙运动的复杂性做出了贡献。更进一步，一些学者对这种互动提出了理论总结。达林·麦克马洪在其《启蒙运动的敌人们》一书中，提出“启蒙运动”与“反启蒙运动”的辩证法[2]，指出“启蒙运动”的形象与内涵在很大程度是由其反对者塑造而成的，因此可以说“反启蒙运动发明了启蒙运动”[3]。无独有偶，杰弗里·伯森在对18世纪的宗教与启蒙运动的关系的研究中，指出18世纪法国天主教的内部纷争以及诸种偶然性因素建构了启蒙运动与反启蒙运动的身份认同，认为二者实际上是“具有共同起源的孪生运动”[4]。他提出，对反启蒙运动的研究，应该采用“纠缠史学”的理论方

1 Zeev Sternhell, *Les anti-Lumières du XVIIIe siècle à la guerre froide*, Paris: Fayard, 2006. p. 11.

2 Darrin M. McMahon, *Enemies of the Enlightenment: The French Counter-Enlightenment and the Making of Modernity*, New York: Oxford University Press, 2001, p. 200.

3 同上，第32页。

4 Jeffrey D. Burson, “The Crystallization of Counter-Enlightenment and Philosophe Identities: Theological Controversy and Catholic Enlightenment in Pre-Revolutionary France”, *Church History*, Vol. 77, No. 4, 2008, pp. 955-1002; Jeffrey D. Burson, *The Rise and Fall of Theological Enlightenment, Jean-Martin de Prades and Ideological Polarization in Eighteenth-Century France*, Notre Dame (Indiana): University of Notre Dame Press, 2010.

法，注意在启蒙运动的发展过程中多种因素的多元文化纠缠、跨话语纠缠和历时性纠缠相互塑造了彼此。[1] 这种理论和研究方法对于我们理解启蒙运动与反启蒙运动的互生、互动关系颇有启发性。

最后，要对“反启蒙运动”这个概念本身的诞生、演变和使用情况进行研究。因为，无论是“启蒙运动”还是“反启蒙运动”，都是后世回顾性的研究过往而建构的概念，总是要受到建构它的现实形势与语境的深刻影响。比如，伯林的“反启蒙运动”概念影响最大，因而被学者们分析得最多，被揭示出与其个人的自由主义道德和政治哲学、与其所承袭的德国精神史的历史叙事、与其现实关怀都有密切的关联。[2] 因此这些概念“既是我们当下的话语网络的产物，也是它们试图总结其特征的过去的产物”，从本质上来说，它们都是“对过去的主观投射”。[3] 既然如此，每个时代在塑造、运用“启蒙运动”或“反启蒙运动”这样的概念时，就是基于当时当地与我们切身相关的哲学、政治和现实考量，对“何为启蒙”这个问题的重新思考。从这个意义上来说，在任何时代想要绝对地确定这个概念的“终极意义”就是不可能的。因此，对这个概念本身开展解构式的分析，才能够帮助我们在运用这个概念时确定其在语义网络之中的位置，避免被概念的肤浅表面所误导。

1 Jeffrey D. Burson, “Entangled History and the Scholarly Concept of Enlightenment”, *Contributions to the History of Concepts*, Vol. 8, No. 2, 2013, p. 3.

2 Eva Piirimäe, “Berlin, Herder, and the Counter-Enlightenment”, *Eighteenth-Century Studies*, Vol. 49, No. 1, 2015, pp. 71-76; Duncan Kelly, “The Political Thought of Isaiah Berlin”, *British Journal of Politics and International Relations*, Vol. 4, No. 2, 2002, pp. 27-31; Robert Wokler, “Isaiah Berlin’s Enlightenment and Counter-Enlilghtenment”, *Isaiah Berlin’s Counter-Enlightenment*, pp. 13-31; Robert E. Norton, “The Myth of the Counter-Enlightenment”, *Journal of the History of Ideas*, Vol. 68, No. 4, 2007, pp. 635-636.

3 Jeffrey D. Burson, “Entangled History and the Scholarly Concept of Enlightenment”, *Contributions to the History of Concepts*, Vol. 8, No. 2, 2013, p. 6.

“大佬”拉福莱特与美国“进步主义运动”的悖论

王　禹*

如果说20世纪初的美国的确发生过一场旨在变革社会的“进步主义运动”（Progressive Movement）[1]，那么罗伯特·M. 拉福莱特（Robert M. La Follette）无疑是这场运动的核心人物之一。20世纪初，拉福莱特在威斯康星州与“机器”和“大佬”们的殊死斗争，不仅被同时代人所称道，在后世更是被演绎成传奇。他的改革模式被总结为“威斯康星理念”（Wisconsin Idea），传遍全美，乃至名扬海外。1906年后，拉福莱特又将他在威斯康星州的改革经验带到国会，很快成为参议院中反托拉斯、劳工、反战等问题上的意见领袖。他丰沛的政治热情和雄辩的演说风格，为他赢得了“斗士鲍勃”（Fighting Bob）的称号。1957年，参议院由约翰·F. 肯尼迪（John F. Kennedy）领衔的一个委员会更是将拉福莱特尊为美

* 王禹，四川大学历史文化学院讲师，主要研究方向为美国史和美国政治文化。

1 Cf. Peter G. Filene, “An Obituary for ‘The Progressive Movement’”, *American Quarterly*, Vol. 22, No. 1, 1970, pp. 20-34; Daniel T. Rodgers, “In Search of Progressivism”, *Reviews in American History*, Vol. 10, No. 4, 1982, pp. 113-132; Michael E. McGerr, *A Fierce Discontent: the Rise and Fall of the Progressive Movement in America, 1870-1920*, New York: Free Press, 2003.

国建国以来最杰出的五名参议员之一。[1]

作为改革者，拉福莱特的事迹闪亮耀眼，但这却并非故事的全部。实际上，从拉福莱特在威斯康星州发动改革之日始，一直到他在参议院的长期任职，质疑、谴责乃至咒骂的声音从未断绝。在对他的诸多质疑中，最具代表性，同时也最富于吊诡意味的是：拉福莱特虽以一名“改革派”闻名于世，但他同时竟是一个把控着“政治机器”（Political Machine）的不折不扣的“大佬”（Boss）！初看之下，这样的指控不免被理解为政敌的恶语中伤，然而事实却并非如此简单。重新审视史实，一窥拉福莱特作为“大佬”的形象，探究是否存在所谓的“拉福莱特机器”（La Follette Machine），可以一觑美国“进步主义运动”中某种令人费解的面向。

一、“大佬”拉福莱特?

简言之，“大佬”是对19世纪美国政党组织中的核心领导者的称谓。“大佬”常与“机器”一词同时出现，而“机器”则是对19世纪下半叶美国业已腐化的政党组织的一种带有贬抑色彩的比喻说法。[2] 自马丁·范·布伦（Martin Van Buren）于19世纪30年代对民主党的组织系统进行改革后，“分赃制”（spoils system）、“轮换制”（rotation）、“惠利体制”（patronage system）等原则便作为民主党的活动准则被确立下来，使得该党在社会动员、选举组织方面的能力大幅提升，成为当时世界上几乎最具现代色彩的政党。民主党的经验很快为辉格党（Whig Party）和后来成立的共和党所吸收，于是美国两大党的政治组织能力进入了一个空前发达的时期。范·布伦体系的一个核心内容，就是在全国政党下建立起一个等级化

1 Cf. Holmes Moss Alexander, *The Famous Five*, New York: The Bookmailer, 1958, p. xi. 其他四位参议员是亨利·克莱、丹尼尔·韦伯斯特、约翰·C. 卡尔霍恩和罗伯特·A. 塔夫脱。

2 “机器”一词并非一开始便是贬义的。18世纪的人们用“机器”一词来指称政府机构或国家运行机制时，这个词的感情色彩一般是中性的。对“机器”一词的贬义用法，直到19世纪70年代才开始流行。Cf. James J. Connolly, *An Elusive Unity: Urban Democracy and Machine Politics in Industrializing America*, Ithaca, London: Cornell University Press, 2010, p. 54.

的地方“党组织”（party organization）体系。这个体系为大量地方政客创造了政治机遇，他们在地方上积累政治资本，再与上级党组织进行利益交换，使自己成了全国党组织在地方上独当一面的代理人。内战后，该体系中的地方党组织开始发展成为一种私人化的“政治机器”，而把控当地党组织的政客则被称为“大佬”。[1]

“机器”和“大佬”在全国的分布大体和政党组织的全国体系相吻合，小到选区（district）、城市选区（ward），大到城市和州，都可能是“机器”盘踞之处。比如，19世纪70年代初，纽约市的民主党党组织在政客威廉·M. 特维德（William M. Tweed）的把持下，形成了全国最大的一个“政党机器”——“坦慕尼协会”（Tammany Hall）。与此同时，在整个纽约州政坛占据上风的共和党，则拥有一个州“机器”，其“大佬”是国会参议员罗斯科·康克林（Roscoe Conkling）。到了19世纪90年代，除纽约以外，费城、匹兹堡等城市也都有了“集中化的党组织”。而纽约、宾夕法

1 “机器”或“大佬”很少被当成规范的政治学概念加以论述，但在19、20世纪之交，美国几乎所有重要的政治学著作都谈到了“机器”和“大佬”。M. 奥斯托洛戈尔斯基在他《民主与政党组织》下卷中，提供了关于美国“政治机器”的最为详尽的研究，参见Moisej J. Ostrogorski, *Democracy and the Organization of Political Parties*, Vol. II, Frederick Clarke (trs.), New York: The Macmillan Company, 1908, pp. 367-440。此外参见弗兰克·古德诺：《政治与行政——政府之研究》，丰俊功译，北京：北京大学出版社，2012年；Albert Stickney, *Organized Democracy*, Boston: Houghton, Mifflin and Company, 1906; James Bryce, *The American Commonwealth*, New York: The Macmillan Company, 1913; Samuel Peter Orth, *The Boss and the Machine: A Chronicle of Party Organization*, New Haven: Yale University Press, 1919.

尼亚、俄亥俄、威斯康星、明尼苏达等州则存在州级“机器”。[1]“机器”的繁盛很早就被一些社会改革家视为美国政治腐败的一个渊源。19世纪七八十年代，以埃德温·劳伦斯·戈德金（Edwin Lawrence Godkin）、乔治·威廉·柯蒂斯（George William Curtis）、卡尔·舒尔茨（Carl Schurz）为代表的一批“中立派”（mugwumps）改革家，便对“机器”现象进行了揭露和批判。[2]但直到20世纪初“进步主义运动”期间，“大佬统治”（boss rule）的现象才从制度上得到纠正。

拉福莱特向来被认为是向“机器”的统治发起挑战的重要改革者之一。最早让拉福莱特的这一名声传遍全国的是著名“揭黑记者”（muckraker）林肯·斯蒂芬斯（Lincoln Steffens）。在1904年第10期《麦克卢尔杂志》（*McClure's Magazine*）的一篇文章中，斯蒂芬斯把拉福莱特描绘成一名致力于肃清州中腐败的“改革者”，称拉福莱特秉持这样一种民主观念：“由人民选出的代表，应当代表人民，而非腐败的特殊利益。”在斯蒂芬斯看来，拉福莱特改革后的威斯康星州，已成为“一个由人民恢

1 Cf. Charles W. van Devander, *The Big Bosses*, New York: Howell, Soskin, Publishers, 1944; Seymour Mandelbaum, “Boss Tweed's New York”, in Bruce M. Stave, Sondra Astor Stave (eds.), *Urban Bosses, Machines, and Progressive Reformers*, Malabar Florida: Robert E. Krieger Publishing Company, 1984, pp. 55-62; Edwards Rebecca, *Angels in the Machinery: Gender in American Party Politics from the Civil War to the Progressive Era*, New York: Oxford University Press, 1997; Dowdy, G. Wayne, *Mayor Crump Don't Like It: Machine Politics in Memphis*, Jackson: University Press of Mississippi, 2006; James J. Connolly, *An Elusive Unity: Urban Democracy and Machine Politics in Industrializing America*, Ithaca, London: Cornell University Press, 2010, p. 65; 王旭：《美国城市史》，北京：中国社会科学出版社，2000年，第115-119页。

2 关于“中立派”，参见John G. Sproat, *“The Best Men”, Liberal Reformers in the Gilded Age*, Chicago and London: The University of Chicago Press, 1968; Gerald W. McFarland, *Mugwumps, Morals, & Politics, 1884-1920*, Amherst: The University of Massachusetts Press,1975; David M. Tucker, *Mugwumps: Public Moralists of the Gilded Age*, Columbia and London: University of Missouri Press, 1998。

复了代表制政府（representative government）的州”。[1]拉福莱特本人在他1913年出版的自传中称，他一直以领导人民“推翻‘大佬’对政府的把控”[2]为目标。最早一批传记的作者们，也把他描述为“改革者”或“进步派”（progressive）。他不论是在威斯康星州还是在国会，都孜孜不倦地推动着铁路监管、打击垄断企业、开征所得税等当时重要的改革。[3]拉福莱特在威斯康星州的改革，尤其被认为是一场为了人民的利益而针对“大佬”和“机器”所做的斗争。[4]

自拉福莱特1925年去世以来，历史研究者们对他的正面评价具有相当的连贯性。著名历史学家小阿瑟·M. 施莱辛格（Arthur M. Schlesinger Jr.）甚至认为，与西奥多·罗斯福（Theodore Roosevelt）、伍德罗·威尔逊（Woodrow Wilson）、威廉·J. 布赖恩（William J. Bryan）这些公认的进步主义领袖比起来，拉福莱特才是更坚定的改革者。[5]拉福莱特在1924年总统竞选中的政治纲领，被认为最好地衔接了“进步主义运动”和“新政”，其中大部分都在富兰克林·D. 罗斯福（Franklin D. Roosevelt）时期通过立法得到了实现。拉福莱特不仅被视为一位最激进的“进步派”，也被看作一位“新政”的先驱。[6]拉福莱特还留下了丰富的政治遗产。在他死后，他的两个儿子继续在威斯康星州政坛发挥关键作用。他们是罗斯福“新政”最坚定的支持者，他们领导下的威斯康星州“进步党”直到20世纪40年代

1 Lincoln Steffens, “Wisconsin A State Where People have Restored Representative Government—the Story of Governor La Follette”, *McClure's Magazine*, October 1904, pp. 564-579.

2 Robert M. La Follette, *La Follette's Autobiography: A Personal Narrative of Political Experiences*, Madison: The University of Wisconsin Press, 1968, p. 96.

3 Albert O.Barton, *La Follette's Winning of Wisconsin*, Des Moines: The Homestead Company, 1922, p. 17; Belle Case La Follette, Fola La Follette, *Robert M. La Follette, June 14, 1855-June 18, 1925*, New York: Macmillan, 1953, pp. 129-131.

4 La Follette and La Follette, Belle Case La Follette, Fola La Follette, *Robert M. La Follette, June 14, 1855-June 18, 1925*, New York: Macmillan, 1953, pp. vii-viii.

5 Arthur M. Schilesinger, “The Crisis of the Old Order”, in Robert S.Maxwell (ed.), *La Follette*, Englewood Cliffs: Prentice-Hall Inc., 1969, pp. 148-150.

6 Kenneth C. MacKay, “The Progressive Movement of 1924”, in Robert S. Maxwell (ed.), *La Follette*, Englewood Cliffs: Prentice-Hall Inc., 1969, p. 151.

仍是执政党。[1]拉福莱特最具创造性，也最广为人知的遗产，无疑是“威斯康星理念”。该理念的精髓是将大学和政府联系起来，或者说把“土地、商店和研讨班”结合在一起，调动全州的力量为全州人民服务。这一理念不仅让威斯康星州在当时成了“民主的实验室”，也对后世在政治和知识领域之间搭建联系提供了极富启发性的思路。[2]尽管20世纪七八十年代受修正史学的影响，学者们对拉福莱特作为改革者的形象有过反思甚至质疑，但那并未成为主流。90年代以后，随着对“进步主义”民主特性的再发现，拉福莱特继续被作为一位和“人民”站在一起的改革者加以推崇和赞颂。[3]

拉福莱特作为“改革者”的形象看似无可非议，但也有人对这一“高大全”的形象提出质疑，并试图揭示一些鲜为人知的细节。实际上，历

1 Cf. John E. Miller, *Governor Philip F. La Follette, the Wisconsin Progressives, and the New Deal*, Columbia: University of Missouri Press, 1982, pp. 1-2; Jonathan Kasparek, *Fighting Son: A Biography of Philip F. La Follette*, Madison, WI: Wisconsin Historical Society Press, 2006; Patrick J. Maney, *Young Bob: A Biography of Robert M. La Follette, Jr.*, Madison: Wisconsin Historical Society Press, c2003.

2 Robert S. Maxwell, “The Legacy of La Follette”, in Robert S. Maxwell (ed.), *La Follette*, Englewood Cliffs: Prentice-Hall Inc., 1969, pp. 174-176; Charles McCarthy,*The Wisconsin Idea*, New York: The Macmillan Company, 1912; Frederic C. Howe, *Wisconsin: An Experiment in Democracy*, New York: Charles Scribner’s Sons, 1912; Jack Stark, *The Wisconsin Idea: The University's Service to the State*, reprinted from the 1995-1996 *Wisconsin Blue Book* compiled by the Legislative Reference Bureau; John D. Buenker, *The Progressive Era, 1893-1914*, in William Fletcher Thompson (ed.), *History of Wisconsin*, Vol. 4, Madison, Wis.: State Historical Society of Wisconsin, 1998, p. 8; Vernon Carstensen, “The Origin and Early Development of the Wisconsin Idea”, *Wisconsin Magazine of History*, Vol. 39, No. 3, 1956, pp. 181-188.

3 John D. Buenker, “Bob La Follette at 150 Years”, *Wisconsin Magazine of History*, Vol. 88, No. 4, 2005, pp. 52-53; Carl R. Burgchardt, *Robert M. La Follette, Sr.: the Voice of Conscience*, New York: Greenwood Press, 1992; Bernard A. Weisberger, *The La Follettes of Wisconsin Love and Politics in Progressive America*, Madison, Wis.: University of Wisconsin Press, 1994; Nancy C. Unger, *Fighting Bob La Follette: the Righteous Reformer*, Chapel Hill: University of North Carolina Press, 2000; Robert D. Johnston, “Re-Democratizing the Progressive Era: The Politics of Progressive Era Political Historiography”, *The Journal of the Gilded Age and Progressive Era*, Vol. 1, No. 1, 2002, pp. 68-92.

史上一些对拉福莱特的评价一直未被重视，这些评价要么揭露拉福莱特其实并非一个诚心的改革者，要么直接暗示拉福莱特本人其实就是一个“大佬”。林肯·斯蒂芬斯对拉福莱特的改革事迹大加褒扬，但他也承认拉福莱特的确“在事实上成了一个‘大佬’，并且比他所取代的那些‘大佬’还要更加强硬和高效，但他使用这个‘机器’是为了公益，是为了让威斯康星州人实现自我统治”[1]。历史学家罗伯特·S. 马克斯维尔则认为拉福莱特在担任州长期间，建立了一种“进步主义机器”（progressive machine），他本人自然是这“机器”中当之无愧“大佬”。“机器”之前着一“进步主义”的定语，自然已明示此“机器”非彼“机器”，这是一个正义的、为人民谋福祉的“机器”。然而，既选择用“机器”一词，必定也说明拉福莱特建立的那个“组织”或“联盟”，是和“机器”至少有某种外在的相似性的。[2]

如果说以上为作者的本意，并非指拉福莱特就是他本人宣称反对的那种“大佬”，而是在高度评价此人在政治组织方面的天赋，那么在另一些研究者或评论家的描述下，拉福莱特则简直就是他严厉批评的那一类“大佬”。政治学者哈罗德·R. 布鲁斯（Harold R. Bruce）在其著作《美国政党与政治》（*American Parties and Politics*）中，将拉福莱特的威斯康星州共和党“机器”与马修·S. 夸伊（Matthew S. Quay）、博伊斯·彭罗斯（Boies Penrose）的宾西法尼亚州共和党“机器”和乔治·E. 布伦南（George E. Brennan）的伊利诺伊州民主党“机器”等一视同仁，称为三大著名的州级“机器”。布鲁斯明言他对“机器”的定义袭自M. 奥斯托洛戈尔斯基（M. Ostrogorski），因而此处拉福莱特的“机器”绝不是“进步

---

1 Lincoln Steffens, “Wisconsin A State Where People have Restored Representative Government—the Story of Governor La Follette”, *McClure's Magazine*, October 1904, pp. 564-579.

2 Robert S. Maxwell, *La Follette and the Rise of the Progressives in Wisconsin*, Madison: State Historical Society of Wisconsin, 1956, p. 57; Robert S. Maxwell, “La Follette and the Progressive Machine in Wisconsin”, *Indiana Magazine of History*, Vol. 48, No. 1, 1952, pp. 55-70.

主义的”。[1] 历史学家戴维·P. 西伦（David P. Thelen）虽不曾明言拉福莱特是“大佬”，但他的确称“拉福莱特派系”是“新旧政治风格的一种不稳定的结合”。他认为拉福莱特取得威斯康星州“进步主义运动”的领导权并不是一件好事，因为民间的“进步派”们推动改革是为了解决“地方性问题”，而拉福莱特则“想要通过州改革来加强州政府和他旗下的党组织（organization）的权力”。[2] 此外，还有研究者对拉福莱特“作为政客”的形象加以发掘，发现他在当选州长以前，已经建立了一个覆盖全州的政治组织，该组织“在每个县都有一到两名工作者”，其中不少人直接从拉福莱特处“领取薪资”，这种描述和奥斯托洛戈尔斯基笔下的典型“州机器”极为相似。[3]

以上对拉福莱特形象的描述，与人们所熟悉的主流版本形成了惊人的对照。而如果去翻阅拉福莱特同时代的报纸媒体，会看到更多更惊人的表述。拉福莱特担任州长期间，威斯康星州影响力最大的三个报纸——《密尔沃基日报前哨报》（*Milwaukee Sentinel*）、《威斯康星州报》（*Wisconsin State Journal*）和《密尔沃基日报》（*Milwaukee Journal*），对拉福莱特的评价几乎都是负面的，“拉福莱特机器”“大佬拉福莱特”“当局机器”（administration machine）这样的字眼充斥着州中各报纸的版面。那么真相是什么？拉福莱特果有“大佬”的一面，还是这一形象不过是政敌和媒体的恶意歪曲？那些认为拉福莱特真是“大佬”的研究者们，是走向了谬误，还是的确揭示了拉福莱特历史形象中不为人知的一面？更重要的是，如果这阴暗的一面的确存在，他又为何能成为一名受世人敬仰的“改革者”，同时也是一个“大佬”？这种双重形象对于“进步主义运动”又意味着什么？

1 Harold Rozelle Bruce, *American Parties and Politics, History and Role of Political Parties in the United States*, New York: H. Holt and Company, 1936, p. 519.

2 David P. Thelen, *The New Citizenship: Origins of Progressivism in Wisconsin, 1885-1900*, Columbia: University of Missouri Press, 1972, pp. 304-306.

3 Robert C. Twombly, *The Reformer as Politician: Robert M. La Follette in the Election of 1900*, Madison: University of Wisconsin-Madison, 1964, pp. 128, 137.

二、改革者的“组织天才”

1913年，拉福莱特已是美国国会参议院中一名资深议员，他的传记作者阿尔伯特·O. 巴顿（Albert O. Barton）曾对其评述道：“一直以来，共和党开展的‘进步主义运动’是不成体系的、断断续续的和无足轻重的，直到拉福莱特出现，发挥他的组织天才（organizing genius）以后，局面才有改观。”[1] 这话当然有夸张的成分，然而回溯到19世纪90年代，拉福莱特从一个被迫赋闲在家的党内“反叛者”（insurgent），最终以绝对优势赢得州选举，如果没有非凡的组织才能，的确是难以想象的。实际上，早在拉福莱特走上州长职位着手改革运动之前，其政治组织才能已经在三个方面——人员建设、政治议题设计和竞选演讲术——充分地表现出来了。

19世纪90年代初，拉福莱特开始缔结他的“改革联盟”（reform coalition），伺机对“体制”发起挑战。他的策略是联合党内遭受打压、排挤的边缘人物，形成与大佬们分庭抗礼的一股政治力量。“联盟”的早期成员包括拉福莱特最亲密的朋友兼谋士萨缪尔·A. 哈珀（Samuel A. Harper），拉福莱特尊为“政治教父”的内战退役将领乔治·E. 布莱恩特（George E. Bryant），他的大学同学、威斯康星州立大学地质学系主任查尔斯·R. 范·海斯（Charles R. Van Hise），来自邓恩县的州众议员阿尔伯特·R. 霍尔（Albert R. Hall）等。很快三位重要盟友也加入进来，挪威裔国会众议员尼尔斯·P. 霍根（Nils P. Haugen），前州长、州乳农协会主席威廉·D. 霍尔德（William D. Hoard），以及州中财力最雄厚的商人之一、木

1 Albert O. Barton, *La Follette's Winning of Wisconsin*, Des Moines: The Homestead Company, 1922, p. 29.

材商艾萨克·斯蒂芬森（Isaac Stephenson）。[1]“联盟”成员中，有的善于出谋划策或提供咨询，有的可凭借深广的人脉打通社交关节，有的身居立法要职，可以对“机器”形成制约，有的则凭借特殊的族群和行业背景，掌握着可观的票仓。在拉福莱特的统合下，这个“改革联盟”尽管经历了三届州长竞选的失败，却对现有“机器”的“大佬”们构成越来越大的威胁，终于在1900年赢得了州长选举的胜利，让“改革者”统治了威斯康星州。[2]

拉福莱特的第二项才能表现在确立政治议题（issues）进而制定纲领方面。内战以来，在威斯康星州州选举中，两党的政治议题和纲领通常是与全国党组织同步的，较少出现以本州为中心的议题或纲领。[3]拉福莱特渐渐意识到，要打破“机器”对州中政治局面的把控，唯有找到与全国议题不同的、有威斯康星州特色的独立议题，直接向威斯康星州民众求取选票。其时，威斯康星州处在1893年经济萧条后的低谷中，失业人口众多，税收制度却无大的改动，民众苦不堪言。[4]因而拉福莱特首先想到的是一项

---

1 Cf. Kenneth Acrea, “The Wisconsin Reform Coalition, 1892 to 1900: La Follette’s Rise to Power”, *Wisconsin Magazine of History*, Vol. 52, No. 2, 1968-1969, pp. 132-157; Maurice M. Vance, *Charles Richard Van Hise: Scientist Progressive*, Madison: State Historical Society of Wisconsin, 1960; Nils P. Haugen, *Pioneer and Political Reminiscences*, Evansville, Wis.: Antes Press, 1930; Isaac Stephenson, *Recollections of a Long Life, 1829-1915*, Chicago: Priv. print. by R. R. Donnelley & Sons Company, 1915; Loren H. Osman, *W. D. Hoard: A Man for His Time*, Fort Atkinson, Wis.: W. D. Hoard, 1985. 范·海斯1903年当选威斯康星大学校长，为拉福莱特管理他的一个重要选民群体——大学生。拉福莱特在大学生中的另一个代表是大学共和党俱乐部前书记约翰·M. 纳尔逊（John M. Nelson）。

2 John D. Buenker, “Robert M. La Follette’s Progressive Odyssey”, *Wisconsin Magazine of History*, Vol. 82, No. 1, 1998, pp. 2-31.

3 由于州选举议题长期和全国议题同步，威斯康星州共和党在19世纪的州选举中得以长期占据绝对优势。在1857年至1900年间，民主党取胜共两次，两次都出现了激烈的州议题争论。Cf. William F. Whyte, “The Bennett Law Campaign in Wisconsin”, *Wisconsin Magazine of History*, Vol. 10, No. 4, 1927, pp. 363-390.

4 David P. Thelen, *The New Citizenship: Origins of Progressivism in Wisconsin, 1885-1900*, Columbia: University of Missouri Press, 1972, pp. 57-65.

“税收改革”的议题。此外，受自身政治经历的启发，加之吸收了一些政治学理论，拉福莱特又提出了一项以“反对机器统治”“还政于民”为基调的议题，去配合“税收改革”对“经济公平”的追求。他将现有的政治格局描述为“机器政治”（machine politics），揭露其腐败及与不公平税收的关系，甚至警告威斯康星州人“机器政治”将带来一场“代表制政府的危机”。针对“机器”的威胁，拉福莱特提出了具体的立法主张：一是将目前全国大选中使用的“澳式投票法”[1]（Australian ballot system）应用于政党提名环节，对所有政党内部的候选人提名实行“直接初选”（direct primary）；二是设立“税收委员会”（Tax Commission），对税收制度进行改革，矛头对准州中以铁路为首的垄断企业，通过对它们课以重税来减轻普通人的税负。这两个议题，构成了“改革联盟”竞选纲领的支柱。[2]

拉福莱特提出这两大议题的直接结果是威斯康星州共和党的分裂。当时党内的“大佬”，除头号“大佬”菲利特斯·索耶（Philetus Sawyer）外还有两位：国会参议员约翰·C. 斯普纳（John C. Spooner）和密尔沃基大财阀亨利·克莱·佩恩（Henry Clay Payne）。[3] 1894年以来的威斯康星州的历任州长皆听从这三人的指示。三人渐渐感受到拉福莱特这支羽翼渐丰的力量后，自然不能容忍其异军突起，于是一种曾风行于70年代共和党全国党组织的派系分野，又在威斯康星州复活了。拉福莱特和他的支持者被蔑称为“非纯种派”（Half-breeds），“大佬”们和正统共和党人则自称

1 “澳式投票法”（Australian ballot system）：为了保证投票不受贿赂和胁迫的影响，而进行的一种秘密的、无记名的投票方式。在美国，该投票又称“马萨诸塞投票法”（Massachusetts ballot），因该州系首个采用这种投票法的州，美国普遍采用这一投票方式是在19世纪90年代。

2 将1898年（党内候选人为爱德华·斯科菲尔德）和1900年（拉福莱特当选党内候选人）威斯康星州共和党的政纲加以比较，会发现一个有趣的现象，1898年政纲全是对总统对外政策的附和，而1900年政纲则集中于州议题：“直接初选”、设立“税收委员会”等。Cf. *Wisconsin Blue Book of 1899*, pp. 711-712; *Wisconsin Blue Book of 1901*, pp. 690-691.

3 佩恩于1902年至1904年间曾官居罗斯福政府的邮政部长。Cf. William Ward Wight, *Henry Clay Payne: A Life,* Milwaukee: Burdick and Allen, Printers, 1907; Dorothy Ganfield Fowler, *John Coit Spooner: Defender of Presidents*, New York: University Publishers, 1961.

"中坚派"（Stalwarts）。这两个称谓本指19世纪七八十年代美国共和党内两个派别，其中"非纯种派"主张实行"文官制度改革"（civil service reform），建立"考绩制"（merit system），代表人物是缅因州国会参议员詹姆斯·G. 布莱恩（James G. Blaine）。"中坚派"则相对保守，其政治主张包括支持尤利乌斯·格兰特连任总统，维护"分赃制"，反对"文官制度改革"等，代表人物是纽约州参议员康克林。[1] 这对称谓的复活，似乎意味着威斯康星州人看到了拉福莱特推动的"直接初选"改革与"文官制度改革"的相通性，其目的都在于取消"赃利"（spoils），削弱"机器"。

拉福莱特的第三项才华为其高超的演讲术。1897年至1898年间，拉福莱特在州中进行了一系列演讲，其中包含"政治机器的危害"（Menace of the Political Machine）一篇。在这些演讲中，拉福莱特不但宣扬了自己的政治主张，也一步步地使自己作为反抗"机器"统治的"改革派"的形象清晰起来。他如此描述"机器"：

> 机器的治理就是机器的专制。它通过它的代理人行驶法律，并自行解释法律。它独立于人民之外，不用担心秋后算账。当其面临传讯（arraignment）时，它拥有的传媒足以让其避开风头，或者将大事化了。它没有需要为之服务的选民，只为它自己服务。机器就是他自己的主子，它没有任何义务，也没有责任的意识。
>
> 州议会按照机器的日程表制定法律。议会的委员会由机器任命。在委员会会议室紧闭的门后，机器将于它自己不利的法律压制下来。……它以改革的名义从法律法规中获利，千方百

1 关于"非纯种派"和"中坚派"，参见Ari Hoogenboom, *Outlawing the Spoils, A History of the Civil Service Reform Movement*, Westport: Greenwood Press, Publishers, 1961。需要指出的是，1901年拉福莱特就任州长后，州中一般改用"改革派"（reformers）来称呼"非纯种派"，约1905年以后，当全国性的"进步主义运动"已成势头，威斯康星州的"改革派"开始被称为"进步派"（progressives）。

计维持机器的控制。它关照特殊利益集团，并从心甘情愿臣服于它的私有企业那里收纳贡品。……完美的政治机器很快取代了游说集团，企业如今已直接与机器做起了交易……[1]

在拉福莱特看来，通过对“党会体制”[2]（caucus and conventions system）的操控，威斯康星州“党机器”已完全控制了州政府。而在“机器统治”的背后，是以铁路、公用事业企业为代表的特殊利益集团为其提供财力支持。“政党”与“企业”结合起来，形成一个板结化的“体制”，使得两者共同利益实现了最大化和永久化。从1897年开始到1900年，拉福莱特就类似主题发表了数量惊人的公众演讲，正是对民意的这种“坚持不懈的鼓动赋予了他政治权力和影响力，也让他成了对顽固不化的‘政治机器’的一个替代选项”[3]。

但“机器”和“大佬”的话语并不为拉福莱特所专有。早在1897年拉福莱特第一次公开批判“机器的危害”时，州中一些媒体便针锋相对地提出，拉福莱特本人五年来就掌握着“戴恩县机器”，而这是州中“最唯利是图、最贪求官职的组织”[4]。“中坚派”们认为“拉福莱特指责政敌所做

1 Robert M. LaFollette, “The Menace of the Political Machine”, Address at University of Chicago, Chicago, Ill., Feb. 22 1897.

2 “党会体制”（caucus and convention system）：19世纪逐渐形成的美国政党内部提名制度，其中“caucus”指“党小组会”，“convention”为“党代表大会”，两种制度都用于党内选举官职候选人，“机器”正是通过这一制度控制党内提名。后文简称为“党会体制”。“caucus”除党内提名的功能外，在立法机关的作用是党内关于特定政策的预备讨论。20世纪50年代后，“caucus”的形式也为利益群体所采用。Cf. Jody Baumgartner, “Caucus”, in Larry J. Sabato, Howard R. Ernst (eds.), *Encyclopedia of American Political Parties and Elections*, New York: Facts On File, Inc., 2007, pp. 64-66.

3 Carl R. Burgchard, *The Will, the People, and the Law: A Rhetorical Biography of Robert M. La Follette, Sr.*, Madison: University of Wisconsin-Madison, 1982, p. 130.

4 “La Follette vs. The Machine”, *The Old Dane*, March 5, 1897.

的肮脏事，他自己也都做了”[1]。在1898年“改革派”与州长爱德华·斯科菲尔德（Edward Scofield）竞选党内提名的舆论战当中，双方都将对方斥为“机器”。[2]即便是在1900年党内提名的“和谐竞选”中，拉福莱特的一些反对者也称拉福莱特正在“组织一个机器”。[3]1901年州议会伊始，威斯康星州共和党中央委员会前主席、《怀特沃特记录报》（*Whitewater Register*）主编埃德温·柯伊（Edwin Coe）在州议会召开之前发表了一封公开信，称1900年共和党州党代会是受了“拉福莱特机器”操纵的，因而1901年州议会不必认真对待“初选法”这一议题。民主党媒体《密尔沃基日报》刊载了这封信，也将1900年“共和党政纲”中关于“初选”的条款称为“威斯康星州政治史上最恶劣的机器的派生物”[4]。在1901年州议会初期，《密尔沃基日报》甚至引领了州中一小部分媒体，始终站在“当局”或“改革派”的对立面对某个“政治机器”进行批评。[5]然而没有人预料到，这场关于谁是“机器”的大争端才刚刚开始。

三、州长的“机器”

1901年1月，拉福莱特正式就任威斯康星州州长，很快他将主攻的法案——《史蒂文斯法案》（Stevens Primary Bill）提交州众议院，该法案在众议院内“改革派”的精心安排下迅速通过。《史蒂文斯法案》是1890年

1 *Janesville Gazette*, February 25, 1897. Cf. Allen Fraser Lovejoy, *La Follette and the Establishment of the Direct Primary in Wisconsin, 1890-1904*, New Haven: Yale University Press, 1941, p. 37.

2 “More Machine Politics”, “The Political Machine: Its Operation in Wisconsin”, *The State*, April 29, 1898.

3 *Appleton Crescent*, July 8, 1900; *Milwaukee Journal*, July 9, 1900; *Madison State Journal*, July 29, 1900; *Milwaukee Journal*, July 30, 1900.

4 “Rankest Exhibition of Machine Work Known in History of Wisconsin Politics”, *Milwaukee Journal*, January 7, 1901.

5 其他对共和党“改革派”持批判态度的媒体还包括《尼纳时报》（*Neenah Times*）、《奇尔顿时报》（*Chilton Times*）、《博罗伊特自由报》（*Beloit Free Press*）、《怀特沃特记录报》、《普雷里德欣信使报》（*Prairie du Chien Courier*）等等，参见*Milwaukee Journal*, January 12, February 20, 1901。

以来威斯康星州最为激进的一份“初选法案”，它主张全面废除“党会体制”，对全州除“司法、学区和村镇级别官员之外”的所有官员实行初选提名制。换句话说，在该“法案”下，政党提名将完全从“机器”的掌控下解放出来。由于州官职不再具有“政治惠利”的功能，“大佬”们也将逐渐丧失对州政治的控制。[1]通过这一法案，拉福莱特和“改革派”充分展示了他们废除“机器统治”的决心。

看到拉福莱特已在实际推动“直接初选”的立法，共和党内的“中坚派”也就不再顾及“和谐”了。3月22日，“中坚派”最重要的喉舌《前哨报》在两篇社论中将《法案》的支持者称为“政治机器”。其中一篇强烈谴责了“改革派”在众议院的种种恶劣行径，包括暗箱操作、压制言论以及辱骂反对者，结论是威斯康星州已经存在着一个腐败的“坦穆尼协会”。另一篇则重申了“中坚派”对《史蒂文斯法案》的看法，称其“观念上是自私而野心勃勃的，撰写上充满了拙劣的激进主义，而其在州众议院的强行通过则是不计后果、不顾政治荣誉的”[2]。除了《前哨报》，州中很多共和党媒体也纷纷表达了他们对《史蒂文斯法案》草草通过的不满，其中不乏一些激进者，称州众议院正受着州中那个“改革派机器”（reform machine）的操纵。[3]

此时“中坚派”早已怀疑州长在操纵州下院。似乎为了挑动敌对政党的内乱，民主党的《密尔沃基日报》发表社论称：“（初选法案）的付印如此急躁，且付印的命令是由州长与委员会主席发出，而非由州众议院发

1 *Milwaukee Sentinel*, January 29, 1901; *Wisconsin State Journal*, January 29, 1901. Cf. Emanuel L. Philipp, Edgar T. Wheelock, *Political Reform in Wisconsin: A Historical Review of the Subjects of Primary Election, Taxation, and Railway Regulation*, Milwaukee: E. L. Philipp, 1910, pp. 21-22.

2 这两篇社论分别为《这就是他们的行径》（“These Are Their Methods”）和《必须承认的问题》（“What Must be Admitted”），载于*Milwaukee Sentinel*，1901年3月22日。

3 *Watertown Republican, Racine Journal*, March 22, 1901; *Milwaukee Sentinel*, March 23, 1901; *Green Bay Gazette, La Cross Republican and Leader*, March 23, 1901; *Milwaukee Sentinel*, March 24, 1901; *Milwaukee Sentinel*, March 23, 1901.

出。……如果说这不是‘机器’，那它是什么？”[1]但“中坚派”此时早已无须这种挑唆，从4月起，以《前哨报》为代表的共和党媒体便与民主党媒体形成一股舆论合流，共同反对现任州长拉福莱特及其领导的共和党“改革派”。“中坚派”称“改革派”居心叵测、缺乏政治诚信，认为其谎称进行“初选”改革的目的是消灭“机器的危害”，但那不过是他们的一个“幌子”（guise）；一边高喊政治改革的口号，他们却一边构建起了“威斯康星州迄今为止唯一一个共和党机器”[2]。

除了攻击行政部门是“改革派机器”，“中坚派”也在拉福莱特与“政治大佬”之间画上了等号。1900年拉福莱特宣布竞争党内提名时，“中坚派”中就有人揣测，州长职位只是拉福莱特的一个跳板，他的终极目的是夺取旧式“惠利体系”下的最高政治奖品——“国会参议员”之职。[3]一位署名威廉·E. 卡特（William E. Carter）的格兰特县居民给《前哨报》来信，称拉福莱特“组织机器”的行为早在其担任威斯康星州“第三国会选区”议员时就已经开始了。[4]卡特称，格兰特县的“大佬或主子”（master）非拉福莱特莫属，他这种人就是需要“缺乏制衡的权力”来激发“安全感”。[5]《前哨报》也追溯了“拉福莱特机器”的发展史，结论是拉福莱特不仅组织了一个“私人机器”（private machine），且自1894年起就已在党内暗中组建一个小派系，意图通过一场“宗派斗争”实现其“机器”对州党组织的控制。[6]1897年以来，“改革派”在公共演讲中大声疾呼，要求对“机器”“大佬”“腐败”等现象加以治理，这被“中坚派”称作是“贼喊捉贼”（false cry）；而拉福莱特本人则被加以更多的“头

1 “The Battle for Politicians”, *Milwaukee Journal*, March 20, 1901.
2 “Political Hypocrisy”, *Milwaukee Sentinel*, April 9, 1901; “Each Side is Sincere”, *Milwaukee Sentinel*, April 11, 1901.
3 “Who Shall Be Governor?”, *Milwaukee Sentinel*, May 30, 1900.
4 指1885年至1890年，其间拉福莱特担任这一选区的国会众议员。
5 Cf. *Milwaukee Sentinel*, April 13, 1901. 卡特此处的“由缺乏制衡的权力激发起来的安全感”这句话是拉福莱特5月10日否决州参议院提出替代《史蒂文斯法案》的《哈格迈斯特法案》的州长《否决咨文》中的原话。
6 “As It Appears”, *Milwaukee Sentinel*, April 13, 1901.

衔”：捣蛋分子、党组织破坏者、宗派主义者，等等。[1]

“中坚派”们继而致力于证明州长拉福莱特正企图建立一个“私人政治机器”。他们发现，“拉福莱特机器”的关键在于州长任命的两个重要官员：州巡猎总长（State Game Warden）亨利·J. 欧文贝克（Henry J. Overbeck）和州燃油巡视总长[2]（State Oil Inspector）爱德华·E. 米尔斯（Edward E. Mills）。此二人下属的一百多名“驻地巡猎官”（deputy game warden）和“驻地燃油巡视员”（deputy oil inspector），在全州形成一个无所不至的覆盖网络。拉福莱特只需在州长办公室向欧文贝克和米尔斯二人传达旨意，这些行政部门的地方派驻官员“在很短时间内”便能将州长的精神传遍全州。[3]“中坚派”斥责拉福莱特让州中的“驻地”官员充当“政治佣工”（political worker），在全州建立起了一个“竞选机器”，并指斥其“用人民的钱为个人的政治机器付账”[4]。1902年4月“中坚派”的一份报纸揣测，前一年拉福莱特之所以否决了一份关于给州铁路委员会主任格雷厄姆·L. 赖斯（Graham L. Rice）配备一名专家的法案，就是“想将这笔经费省下来，用以招募一支为其拉取选票的巡猎官队伍”[5]。《前哨报》记者查出，在前州长斯科菲尔德执政时期，驻地巡猎官进入冬季后通常就解聘离职了，但现任巡猎总长欧文贝克却不仅没解聘任何一个地方巡猎官，反而还在增扩人手。而据前州巡猎总长奥古斯特·津恩（August Zinn）观察，增加人手“丝毫没有让巡猎管理变得高效”，他深信本州的“狩猎执

1 “Factionists vs. Republicans”, *Milwaukee Sentinel*, June 20, 1901.

2 燃油监测员（oil inspector），此官职的全称是“州燃油检测总监察长”（State Supervisor of Inspectors of Illuminating Oils）。

3 “Means An Era of Machine Power”, *Milwaukee Sentinel*, January 29, 1902. “Means What It Says”, *Milwaukee Sentinel*, January 31, 1902.

4 “Machine Paid for by People”, *Milwaukee Sentinel*, January 31, 1902. 关于拉福莱特将下属的行政驻地官员用作“政治用工”一事，其下属约翰·纳尔逊及一些研究者都是承认的，参见Allen Fraser Lovejoy, *La Follette and the Establishment of the Direct Primary in Wisconsin, 1890-1904*, New Haven: Yale University Press, 1941, p. 69; Robert S. Maxwell, *La Follette and the Rise of the Progressives in Wisconsin*, Madison: State Historical Society of Wisconsin, 1956, p. 65。

5 “Port Washington Star”, April 20, 1902, *Milwaukee Sentinel*, April 21, 1902.

照基金”完全被现任州长当成其“组织政治机器”的一种“惠利”。[1]

如果说上述发现只是停留在一种猜疑，那么1902年7月中旬共和党州党代会召开以后，“中坚派”则找到了一个足以证明拉福莱特建立“政治机器”的“铁证”。事情起因于1902年共和党竞选提名名单中“公共教育总监”（Superintendent of Public Instruction）这一职位上的竞争。谋求连任的当任教育总监L. D. 哈维（L. D. Harvey）是个“中坚派”；哈维的竞争者C. P. 卡里（C. P. Cary）则是一名学院派教育家，“改革派”的支持者。最终，由于得到了州长拉福莱特和州中央委员会的鼎力支持，卡里获得了教育总监职位提名。然而，来自奥什科什的党代表、前州众议院议长乔治·A. 巴克斯塔夫（George A. Buckstaff）向州中媒体公布了一个信息，称一些私立图书公司曾向共和党州中央委员会预先注入2000美元作为政治资金，以确保哈维不被提名为教育总监，事成之后还将提供5000 ~ 10000美元。[2] 此事披露后，社会舆论一片哗然。“哈维事件”是1902年“中坚派”对拉福莱特正在缔造“机器”的最严重的指控，“中坚派”认为他们已经成功地暴露了“拉福莱特机器的绝对主义”[3]。

对于“中坚派”的指控，拉福莱特和他的“改革派”阵营很长时间内没能做出正面回应。但1901年8月在“改革派”旗下的《密尔沃基自由报》（*Milwaukee Free Press*）的一篇社论中，“改革派”对上述“无聊构陷”做了澄清，称“当拉福莱特得到党内提名时，手中并无任何官职可以用来分

1 “Political Gossip”, *Milwaukee Sentinel*, April 8, 1902; “Game Law Feeds Campaign Fund”, *Milwaukee Sentinel*, April 26, 1902.

2 “Kronshage Will Tell Committee”, *Milwaukee Sentinel*, July 21, 1902; “Deal Sanctioned by La Follette”, *Milwaukee Sentinel*, September 14, 1902; Albert O. Barton, *La Follette's Winning of Wisconsin*, Des Moines: The Homestead Company, 1922, pp. 203-204; Carroll Pollock Lahman, *Robert Marion La Follette as Public Speaker and Political Leader, 1855-1905*, Madison: University of Wisconsin-Madison, 1939, pp. 643-644. 9月中旬，巴克斯塔夫公开了他的证据，其中包括州党主席布莱恩特写给他的一封关于希望他在“哈维事件”上息事宁人的信函，以及密尔沃基共和党人西奥多·克龙夏格陈述其曾汇“书款”给州长拉福莱特的证词。这件热炒了三个月的“哈维事件”在州中传遍，导致拉福莱特丢掉了相当一部分选票。

3 “Verify Charge of Buckstaff”, *Milwaukee Sentinel*, July 19, 1902.

配”，因此拉福莱特之当选州长，是“人民崛起”的表现，与任何形式的“机器运作”无关。[1]但接下来，这篇社论却提出一种奇特的观点，看上去简直是在坐实“拉福莱特机器”的真实性。这位《自由报》的编辑提出，“民众运动通常都会将一个政党内的大众引向某个领袖”，也会围绕该领袖产生一个领导组织。这个组织可能会具有“机器”的形式，但没有必要为之大惊小怪，其原因在于：

> 不占有官职的人是不能控制任何官员的，也不可能控制任何“惠利”（patronage）。他不具有政治权力，更别说拥有“机器”。……只有与民众运动相联系的人，比如过去几年内的拉福莱特，才会被认为真正拥有“机器”。[2]

“改革派”给出这种说法，令人匪夷所思。这无异于表示，组织一个“政治机器”是执政所必需的，或者至少是说“机器”在某种意义上是和“执政能力”相关的。这不禁令人疑惑，那么以前被拉福莱特不遗余力批判的“政治机器”，岂非也具有某种存在的合理性？

1902年7月，拉福莱特再度获得州长提名后，新任州共和党中央委员会秘书赫伯特·W. 查诺韦思（Herbert W. Chynoweth）在为拉福莱特做介绍演说时，针对州中流传甚广的关于“拉福莱特机器”的言论回应道：

> 有人说他（拉福莱特）是一个“机器分子”（machine man），建造起了一个具有相当规模的“机器”。或许是这样。但即便有这么一个“机器”，它也绝非那种为政治骗子或“大佬”所操控的，用于扩大其私有利益，满足其自私目的的机器。欺骗与诡诈，贿赂和腐败，与这个“机器”是无关的。它不会拿公职做买卖，它不会巧设阴谋诡计欺骗人民，违背人

1 “The Principle That Lives”, *Milwaukee Free Press*, August 17, 1901.
2 同上。

民的意志，或是辜负人民的信任。……它是全体人民的造物，也只听命于全体人民。它被建立起来，是为了在威斯康星州的沃土里种下政治纯洁和政府法律公平的种子。它被建立起来，是为了将公民和选民从腐朽的政治帮会、政治“大佬”们的恶劣影响下永远地解放出来。[1]

可见，“改革派”似乎在通过建构某种“好机器”来为自己辩护。这看似在提供新的理据，实则有理屈词穷之嫌，让人联想到拉福莱特对自己被指责为“机器”的另一个著名回应：“我头上长了角，就不能戴帽子吗？”[2]这样的言论并未回应“中坚派”关于对拉福莱特“公器私用”的指控，只是在勉强地申言这样一种逻辑：只要有政治活动存在，就必然有政治组织，继而出现类似于“机器”的表象。当然，《自由报》也不忘阐明拉福莱特的“机器”更关注人民管理、控制本州事务的权利，是与旧式“机器”不一样的“机器”，即“人民的机器”。可是，怎样保证“人民的机器”不会像以往的“机器”那样异化，骑在人民头上作威作福呢？拉福莱特和他的助手们无暇去完善这样一种理论，而“中坚派”对他们的指控则愈演愈烈。

四、给“大佬”定罪

1904年6月，威斯康星州共和党“中坚派”们见识了“拉福莱特机器”最为大胆的举动。又值州选举年，共和党州党代会定于当年5月18日在威斯康星州立大学（State University of Wisconsin）的“红体育馆”（Red Gym）召开。但开会这天，拉福莱特却使出这样一个奇招：阻止一些“反对拉福莱特主义”（Anti-La Follettism）的党代表进入会场，安排一批并不具备党代表资格的人员以党代表的身份参会。其间，拉福莱特还借助麦迪逊警

1 “Speech of H. W. Chynoweth, Madison, Nominating Gov. La Follette”, *Milwaukee Free Press*, July 18, 1902.

2 “Talks to 2500 in Racine Rink”, *Milwaukee Sentinel*, October 16, 1902.

察局和戴恩县治安官的权力，动用大批警力和社会力量去阻拦部分“中坚派”党代表进入会场。[1]“中坚派”认为此事是拉福莱特组织个人“机器”的又一桩明证，他们因而对这次党代会产生的全国党代会代表团不予承认，因为那些非法的党代表“是由‘当局机器’选出来的”，只能代表“‘机器’控制的少数人”。《前哨报》的编辑甚至引用华盛顿“告别演说词”，称威斯康星州正面临一种“真正的专制”，那就是“在拉福莱特的独裁统治下，由一个政治机器维持着的专制”。[2]“中坚派”最后决定在威斯康星州大道（State Street）的富勒剧院（Fuller Opera House）召开他们自己的党代会，选出了他们自己的中央委员会和州长候选人，并在6月的共和党全国代表大会上得到了全国委员会的认可。

一时，威斯康星州共和党内两个中央委员会同时存在。进入秋天，“改革派”和“中坚派”谁具有合法性的问题，最终要由威斯康星州高等法院（Wisconsin Supreme Court）来定夺。高等法院于10月5日宣布了判决结果：依据《威斯康星法典》（Wisconsin Statutes）第35条第2款，州法院认定只有1902年“州共和党大会”上选举组成的“州中央委员会”有权裁决两份候选人名单中何者为有效，至于“全国共和党委员会”的决定，“不具有任何指导意义”。[3]鉴于重新召集起来的“1902年州中央委员会”已于9月13日判决“红体育馆大会”为正规，则“改革派”胜诉。州高等法院的判决当然不能让“中坚派”心悦诚服，他们认为法院的判决是荒谬的，因为它仅仅“依据法律条文，而未考虑争论的理据”。“中坚派”自恃有全国委员会的支持，他们决定斗争到底，称既然“法院无力将本州共和党人从一个专断的、无授权的，可以无限期自我册封（self-perpetuating）

1 Emanuel L. Philipp, Edgar T. Wheelock, *Political Reform in Wisconsin: A Historical Review of the Subjects of Primary Election, Taxation, and Railway Regulation*, Milwaukee: E. L. Philipp, 1910, pp. 66-69.

2 “The Principles He Represents”, *Milwaukee Sentinel*, May 18, 1904.

3 *State ex rel. Cook vs. Houser*, *Reports of Supreme Court of Wisconsin*, Vol. 122, Chicago: Callaghan and Company, pp. 534-619.

的委员会下解放出来，那么共和党人就不得不诉诸投票箱以求自救”。[1]

于是“中坚派”坚持支持他们的候选人萨缪尔·库克（Samuel Cook）参选。临近选举之际，“中坚派”的首领之一、国会参议员查尔斯·V. 夸尔斯（Charles V. Quarles）做了最后的努力。他在《前哨报》上痛陈现任州长拉福莱特的“二十宗罪”，把这位“大佬”几年来的恶行做了一次总结。这些罪状包括一些具体的指控，如称拉福莱特曾“向某图书公司售卖选票上的一个职位，交易金额为2000美元，其中500美元给了他在密尔沃基的一个手下，其余悉入其私人腰包”。也有一些笼统的指责，其核心内容是称拉福莱特“利用州财政建立自己的私人‘政治机器’”，以为他自己的“不断连任”服务，在此过程中不仅破坏了“选举的公正性”，也严重影响了州政府履行自己的职能。尤其是州中的巡猎官员，他们“从州政府领取工资，却被派往四处为主子搜罗选民，混入党小组会和党代会中，极尽兴风作浪之能事”。此外还有一些指控，如“恶意教唆大学生在政治上不诚实”，“篡夺州立法机关的功能”，“试图收买高等法院”等，意在指责“拉福莱特机器”败坏了州中的政治风气。[2] 夸尔斯列举的拉福莱特的罪状，在共和党“中坚派”中得到了广泛认同，有人甚至追加若干罪行。回顾拉福莱特在1904年的所作所为，“中坚派”们得出结论：拉福莱特是一个“狭隘的、自私的大佬”，他“并非真心憎恶‘机器’或‘机器’的行为方式，因为他已建立起了州中最无情、最独裁的‘机器’，他想要的不过是他自己的‘机器’”。[3]

反抗“拉福莱特机器”的斗争走向了最高潮，可是“中坚派”大势已去。一方面，由于在党组织的法理正规性问题上败给了“改革派”，“中

1 “Merits of Case Are Untouched”, “No Jurisdiction”, *Milwaukee Sentinel*, October 6, 1904.

2 “Lists the Sins of La Follette”, *Milwaukee Sentinel*, November 5, 1904; “A Last Appeal”, *Milwaukee Sentinel*, November 8, 1904; “La Follette Re-elected”, *Milwaukee Sentinel*, November 10, 1904

3 “More Indictments Against Governor”, *Milwaukee Sentinel*, November 8, 1904; “Cause of Factionalism”, *Milwaukee Sentinel*, November 6, 1904.

坚派”在组织上元气大伤，甚至他们的候选人也选择了悄然隐退。[1]部分“中坚派”选民为了忠于共和党，投票给了拉福莱特，更多的则干脆投票给了民主党。[2]另一方面，“中坚派”在舆论上大力渲染“拉福莱特机器”的罪恶，却并未让他们自己变得清白。1900年以前拉福莱特在公共演讲中对他们建立“机器”的指控，他们也从未做出过回应。最终拉福莱特胜出，得到了他的第三个州长任期。同时，按照1903年州议会的决议，本次州选举还对“直接初选法案”进行了全民投票，最终法案也通过了。拉福莱特称其推动“直接初选制”的目的就是从制度上根除“大佬统治”。按此推论，他本人必定不是“大佬”，他的权力也不依赖于“机器”——他没有理由力主一项针对自己的立法。然而“中坚派”仍持怀疑态度，他们怀疑的不仅仅是拉福莱特的动机，更多是认为“初选”这个议题并未得到充分的讨论，他们对已经成为法律，即将发挥效用的初选制度深感忧虑。[3]

1905年初，拉福莱特得到了所有“大佬”毕生追逐的“最高荣耀”[4]——担任国会参议员。州中代表劳工和社会党人声音的《密尔沃基每日新闻》（*Milwaukee Daily News*）评论称：拉福莱特当选参议员是威斯康星州“改革”运动的高潮；但又讽刺说这场运动虽以反对“大佬主义”开始，其高潮却表现为“政治阴谋”和“独夫统治”（one-man domination）；并称拉福莱特的独裁统治，只有宾夕法尼亚州的“大佬”夸伊对该州共和党的掌控可以与之媲美。[5]“中坚派”希望拉福莱特当选参议员能够让威斯康星州政治摆脱“宗派主义”（factionalism），复归于“和

1 候选人萨缪尔·库克在选举前夕突然退出，其后“中坚派”推举前州长爱德华·斯科菲尔德继续参选。

2 Emanuel L. Philipp, Edgar T. Wheelock, *Political Reform in Wisconsin: A Historical Review of the Subjects of Primary Election, Taxation, and Railway Regulation*, Milwaukee: E. L. Philipp, 1910, p. 82.

3 同上，第73页。

4 Cf. Moisej J. Ostrogorski, *Democracy and the Organization of Political Parties*, Vol. II, Frederick Clarke (trs.), New York: The Macmillan Company, 1908, p. 393.

5 “La Follette’s Election”, *Milwaukee Daily News*, January 24, 1905.

平与政治清明”[1]，可惜事与愿违。离开威斯康星州后，拉福莱特并未放松对威斯康星州政局的掌控。1906年州长竞选，已作为副州长接替拉福莱特担任了一年州长的詹姆斯·O. 戴维森（James O. Davidson），本是众望所归的人选，但拉福莱特担心戴维森不能坚持改革，试图以州众议员欧文·伦鲁特（Irvine Lenroot）取而代之。拉福莱特的这种行为在威斯康星州遭到了激烈抵制，“中坚派”和温和的“进步派”称他是一个“私心报复的太上皇”[2]（overlord）。一年以后，拉福莱特又在艾萨克·斯蒂芬森当选参议员的问题上对州议会上下其手，以至于作为他曾经的盟友，连斯蒂芬森都暗示州中存在着一个“组织严密的政治机器”[3]。事实上，直到1925年拉福莱特去世，他从未放松对威斯康星州政治事态的掌控，每一任州长都难逃他的影响。[4]在他去世后的近二十年内，他的两个儿子小罗伯特（Robert M. La Follette Jr.）和菲利普·拉福莱特（Philip La Follette）继续在威斯康星州政坛扮演重要角色[5]，应该说也是与他在威斯康星州奠定的巨大政治影响力是有关的。

威斯康星州进步主义运动的“吊诡”（paradox）现象由是凸显了出来：在拉福莱特的带领下，这个全国“最进步的州”[6]通过以“直接初选”为代表的一系列立法，号称永远地废弃了“机器统治”，可是最终拉福莱特本人，却酷似其反对的那些“大佬”们，甚至他手中掌握的“政治机器”也毫不逊色于那些被他严厉批判的“机器”。如何理解这一现象？

1 “Principles and Methods”, *Milwaukee Sentinel*, January 25, 1905.

2 John D. Buenker, *The Progressive Era, 1893-1914*, in William Fletcher Thompson (ed.), *History of Wisconsin*, Vol. 4, Madison, Wis.: State Historical Society of Wisconsin, 1998, p. 497.

3 同上，第499页。

4 Herbert F. Margulies, “The Background of the La Follette - McGovern Schism”, *Wisconsin Magazine of History*, Vol. 40, No. 1, 1956, pp. 21-29.

5 其中小罗伯特于1925年至1947年担任威斯康星州的国会参议员，菲利普则在罗斯福新政期间担任威斯康星州的州长。

6 John D. Buenker, *The Progressive Era, 1893-1914*, in William Fletcher Thompson (ed.), *History of Wisconsin*, Vol. 4, Madison, Wis.: State Historical Society of Wisconsin, 1998, p. 515.

五、进步主义的悖论

“机器”和“大佬”是对19世纪下半叶私有化政党组织的一种比喻，这类党组织因执政而掌握了权力，并将公权力充作私用。因此，这个比喻天然地是一种对在野党更为有利的政治“话语”（discourse）。在当选州长之前，“机器”这一话语非常契合以拉福莱特为首的“改革派”的需要，甚至对他最终的当选功不可没。然而随着拉福莱特就任州长，“改革派”从党组织到州政府全面掌握权力，这一政治言辞对他们来说就失去了魔力。因此，对于“改革者”拉福莱特同时是一名“大佬”这一悖论，最容易想到的解释便是：“机器”和“大佬”不过是政敌泼在拉福莱特头上的脏水，是恶毒但不实的指控。然而这一解释也可能是最简单化的，甚至是不符合史实的。首先，不少将拉福莱特称为“大佬”、使用“拉福莱特机器”一语的作者，并非他的政敌。其次，政敌的恶语中伤虽可以忽略不计，但他们的指控中包含的事实则需要认真考察——究竟拉福莱特的哪些行为授人以柄?

细考“中坚派”对拉福莱特“大佬主义”（bossism）的指控，会发现它包含两方面内容：一是指一种专断的、强硬的执政作风，二是指某种政治组织和运作方式。“中坚派”在论战中当然没有将这两重含义截然分开。然而从效果上来讲，对拉福莱特行政作风的指责效力较弱，常常归于一种道德上的谴责，但对他政治组织方式的指责——指责他建立了一个私人的“政治机器”——则近于指控他违法犯罪，直逼其在政治上破产。拉福莱特所有的改革议题都指向一个根本目标——废除“政治机器”。他的主要成就“直接初选”制度的立法，也脱胎于这一目标。最终威斯康星州确实实现了“直接初选”，可是效果如何呢？“中坚派”伊曼纽尔·菲利普发现“初选制”带来了如下问题：第一，选举花费大增，密尔沃基市政选举在1898年的总花销为8 280.93美元，到1908年则激增到50 479.49美元；第二，以个人竞选为中心的政治俱乐部大行其道，“只为政党原则”而存在的“行业或职业政治俱乐部”则销声匿迹；第三，由于竞选资金不再由政党委员会管理，而是由候选人个人支配，则候选人的行为也不再受政党组织伦理的约束，而是完全奉捐款者的喜好为圭臬。[1] 一位对威斯康星州“直接初选”改革进行研究的学者也发现，这项新制度破坏了“政党责任（party responsibility）原则的正常和良性运行”，并且由于选民对政府官员信息的不知情，也破坏了“民意”的形成。[2]“直接初选”制度不仅未能解决政党组织私人化的问题，反而令其变本加厉，并衍生出新的问题来。

然而，“直接初选”制度被认为是“进步主义运动”中最重要的改革之一。该法案在威斯康星州通过后的十年内，全美除三个州（康涅狄格、新墨西哥和罗德艾兰）以外，都采用了这一制度。[3] 这一改革也被认为是最具“进步主义”精神的改革之一，它最直观地契合了“进步派”们“以更多的民主来疗救民主的病症”的思路，有学者认为它“第一次消除了人民和他们代表之间的中间人（middleman）”[4]。当然，“直接初选”只是“进步主义时期”旨在“扩大民主”的众多改革中的一项，还有“参议员直选”，以及公民“创制、复决、罢免”（Initiative，Referendum，Recall）等“直接民主”运动。这些改革或致力于防止政党“大佬”对政府官职候选人的掌控，或旨在削减“政治机器”所能控制的“惠利”，有的加强了对“机器政客”行为的监督，有的扩大了人民直接参与管理政府的权利。但所有这些改革具有一个共同点，都在结果上限制了政党权力的影响范围，尤其削弱了“政治机器”的势力。将视界继续放宽，可以发现为了限制政党和“机器”的权力，形形色色的“进步派”们采用的办法甚至不止

1 Emanuel L. Philipp, Edgar T. Wheelock, *Political Reform in Wisconsin: A Historical Review of the Subjects of Primary Election, Taxation, and Railway Regulation*, Milwaukee: E. L. Philipp, 1910, pp. 84-85.

2 Arnold Bennett Hall, “The Direct Primary and Party Responsibility in Wisconsin”, *Annals of the American Academy of Political and Social Science*, Vol. 106, 1923, pp. 40-54.

3 Alan Ware, *The American Direct Primary: Party Institutionalization and Transformation in the North*, Cambridge: Cambridge University Press, 2002, p. 227.

4 Allen Fraser Lovejoy, *La Follette and the Establishment of the Direct Primary in Wisconsin, 1890-1904*, New Haven: Yale University Press, 1941, p. 97.

扩大民主一端，还包括政府行政权的扩张，以及对政党腐败的揭发等等。

美国人对政党的反感由来已久。“建国之父”一代便有厌弃党派攻伐的传统。到了“镀金时代”（The Gilded Age），由于政党对政府的影响达到空前的程度，它更是经常成为改革者攻击的靶子。他们称政党为“残酷的暴君”[1]，认为它是一切腐败的渊薮。更有一批持极端看法的政党分析者认为，“政党”这一政治制度已经病入膏肓，唯有将其“废弃”（abolished），才能为美国民主找到新路径。[2]对政党的这种高度怀疑不仅在精英改革者中流行，1892年“平民党人”（populists）通过的《奥马哈纲领》（*Omaha Platform*）也控诉道：在“旧式政党”的统治下，“腐败已充斥着投票箱、州议会、国会，甚至向法庭蔓延”[3]。可以想见，在19世纪90年代完成政治启蒙，并且长期居住在平民主义传统深厚的中西部的拉福莱特，很可能也受到这股“反政党”思潮的熏染。他选择“直接初选”作为议题，便是要在最大程度上削弱“政党体制”的影响力，因为他这一代人普遍认为政党体制“在所有细节上都具有先天缺陷”，是与“代表制政府”根本冲突的。[4]

可是“政党”能够被“废弃”吗？政党最初是应产生官职候选人的需要而产生的。[5]在美国这样一个实行“代表制政府”制度的国家，人民需要从候选人中选出代表，由这些代表在政府中任职，以实现人民的自治；同时，人民也通过投票或不投票给某个官职候选人，来表达他们的意见。

1 George William Curtis, “Machine Politics and the Remedy”, in Charles Eliot Norton (ed.), *Orations and Addresses of George William Curtis*, Vol. II, New York: Harper & Brothers Publishers, 1894, pp. 149-150.

2 Richard L. McCormick, “Antiparty Thought in the Gilded Age”, *The Party Period and Public Policy: American Politics from the Age of Jackson to the Progressive Era*, New York: Oxford University Press, 1986, pp. 230-231.

3 Lawrence Goodwyn, *The Populist Moment: A Short History of the Agrarian Revolt in America*, New York: Oxford University Press, 1978, pp. 167-168.

4 Robert M. La Follette, *Inaugural Message to the Wisconsin Legislature*, 1901.

5 Cf. Moisej J. Ostrogorski, *Democracy and the Organization of Political Parties*, Vol. II, Frederick Clarke (trs.), New York: The Macmillan Company, 1908, pp. 13-16.

尤其在民众参政方式并不丰富的19世纪，政党体制实际上成了“人民参与政府的方式”[1]。如果说要“废弃”政党体制，又以什么制度来履行它原来的提名功能呢？新的“文官制度”，或是公民创制、复决等制度，压缩了政党的权力范围。但真正对政党的功能具有替代意义的，还是“直接初选制”。可是从历史上看，这一制度远未带来“政党体制”的衰微。“直接初选制”致力于让公共官职的竞选从以“政党”为中心转变成以“候选人”为中心，可是直到20世纪60年代以前，这种转变的彻底性是相当有限的，因为无论是在获取提名还是竞选的环节，候选人仍高度依赖于政党组织的帮助。20世纪60年代以后，个人风格鲜明的竞选才渐渐成为主流，但这与其说是实行“直接初选制”的结果，倒不如说是由于电视技术和信息技术的快速发展。到了20世纪末，由于政党的选民群体愈加同质化，议题更加成熟、稳定，筹集竞选资金的能力更强，选举运作的方式更丰富，政党实际上在各方面都因专业化而得到巩固，对于候选人也更加不可或缺了。[2]

政党的另一基本功能在于提供一个承担政治治理责任，并具备组织效率的主体，它应民间的政治诉求而形成议题，继而引导政府政策的制定。[3]尽管“政治机器”在20世纪40年代已经基本瓦解，但这并不影响美国人对于政党体制作为一种合适的政治组织方式的信任。从19世纪末到20世纪初，是美国第三党运动最为活跃的时期，各种利益群体都选择以成立政党的方式来积聚力量、形成议题，以期最终形成政府政策。琐碎的地方治理

1 Alan Ware, *The American Direct Primary: Party Institutionalization and Transformation in the North*, Cambridge: Cambridge University Press, 2002, p. 263; Cf. Jean H. Baker, *Affairs of Party: The Political Culture of Northern Democrats in the Mid-nineteenth Century*, Ithsca: Cornell University Press, 1983.

2 Cf. Alan Ware, *The American Direct Primary: Party Institutionalization and Transformation in the North*, Cambridge: Cambridge University Press, 2002, pp. 242-246.

3 本文关于政党两大基本功能的说法，系对政治学家理查德·冈瑟（Richard Gunther）、拉里·戴蒙德（Larry Diamond）关于“政党的七种功能”的参照和归纳，参见拉里·戴蒙德、理查德·冈瑟：《政党与民主》，徐琳译，上海：上海人民出版社，2012年，第8-10页。

问题，尤其需要发挥政党组织的利益整合功能，以至于“政治机器”这种政党的变异形式，在地方上直到20世纪70年代依然活跃。[1]伊曼纽尔·菲利普在1910年所说的话代表了他同时代很多人的想法，在今天看来依然是有价值的：

> 政党的解体正以惊人的速度进行着，急需采取措施，为当前政治混乱的局面带来秩序，并为全州人民恢复起“党治政府”（government by parties）——真正的代表制政府。党治政府和党员治党，是我国制度长期稳定的根本所在（Government by parties and government of parties by the members of parties themselves are essential to the perpetuity of our institutions）。人治政府（government by individuals）则必然意味着专制，不管这个人的能力多强。政党责任制（party responsibility），以及权力在政府各部门之间的合理分配，两者结合起来，才能为我们提供保护权利和自由的必要的制衡。[2]

政党制度有其存在的合理性，它一方面关系到社会的政治组织能力，是公共责任的有形代理人，是让民意通过选举流程而形成公共政策的必要渠道。另一方面，政党对于候选人的竞选成功提供了最重要的保障，甚至候选人当选后的政策推行也有赖于它。但不可忘记，政党制度是一种宪制外的（extra-constitutional）制度，《美国宪法》中找不到对于它的规定（实际上，麦迪逊等《美国宪法》制定者致力于防止政党的产生），它不是政治制度中最重要的内容，更不是政治生活本身。政治学家艾伦·韦尔

1 Raymond E. Wolfinger, “Why Political Machines Have Not Withered Away and Other Revisionist Thoughts”, *The Journal of Politics*, Vol. 34, No. 2, 1972, pp. 365-398.

2 Emanuel L. Philipp, Edgar T. Wheelock, *Political Reform in Wisconsin: A Historical Review of the Subjects of Primary Election, Taxation, and Railway Regulation*, Milwaukee: E. L. Philipp, 1910, pp. 83-84.

（Alan Ware）在21世纪初说道："一百年前，政党之所以饱受指摘，不是因为太多人仇视它，而是因为人们对它期待得太多了。"[1]拉福莱特这位"进步派"，由于看了太多"机器"和"大佬"为恶一方的事例，也受到了"粉碎机器"[2]这样的口号的濡染，或多或少地将"机器"看成了政党本身和全部。他以为对"机器"的斗争就要以政党的摧毁为结果，并且推论认为只要政党被削弱乃至消灭，人民就可以直接掌控政府。然而在政治行动中，无论是获得党内提名继而赢得选举，还是推动某个改革立法，拉福莱特都不得不采用"机器政客"们曾经使用过的手段和方法。于是，上述关于政党的政治学，伴随着进步主义思想中那种"以民主拯救民主"的崇高情操，使一个改革者敢于摆脱寻常政治伦理的束缚，自以为从目的的合理性中为手段找到了合法性，在世人眼中却成了又一个"大佬"。"进步主义运动"的悖论不能简单地表述为它一方面是激进的，另一方面又是保守的，因为倘若激进主义者和保守主义者并非同一批人，也就不成其为悖论。但在拉福莱特身上，可以看到"进步主义运动"的另一种更真实的吊诡之处：那个激进地想要在人民与政府之间消除障碍的改革者，竟同时也是一个保守"机器"中的"大佬"。即便是拉福莱特这样一个富于理想主义的"进步派"，最终也可能是美国根深蒂固的共治主义（corporate）传统的一个例证。[3]

---

1 Alan Ware, *The American Direct Primary: Party Institutionalization and Transformation in the North*, Cambridge: Cambridge University Press, 2002, p. 263.

2 Cf. Charles C. P. Clark, *The "Machine" Abolished; and the People Restored to Power, by the Organization of All the People on the Lines of Party Organization*, New York: G. P. Putnam, 1900.

3 历史学家詹姆斯·温斯坦如此评价拉福莱特："终其一生，拉福莱特都在他攻击大公司的那种激进姿态，和他意识形态中内在的保守主义之间进退失据。" Cf. James Weinstein, *The Corporate Ideal in the Liberal State, 1900-1918*, Boston: Beacon Press, 1968, p. 147.

陷入逻辑自洽困境的日本战后领土政策

李若愚*

由于第二次世界大战后国际秩序等历史因素的影响，日本目前实际与三个国家存在领土纠纷，即中日之间的钓鱼岛问题、日俄之间的北方四岛（俄罗斯称南千岛群岛）问题及日韩之间的竹岛（韩国称独岛）问题。但是日本在这三个问题上的态度却截然相反。与在北方四岛和竹岛问题上承认与俄、韩两国存在领土争议不同，日本在钓鱼岛问题上不但拒绝承认与中国存在领土争议，还否认两国之前在此问题上所达成的一切共识。同为领土纠纷，日本为何表现出如此迥异的态度？这不由得使人疑窦丛生。尤其是在北方四岛和钓鱼岛问题上，都出现了“搁置争议”的表述。然而日本一方面承认曾与苏联（俄罗斯）达成搁置争议的共识并积极寻求解决领土争端的方案，另一方面却在钓鱼岛问题上否认搁置争议共识的存在，这也就关上了中日两国通过外交谈判解决钓鱼岛问题的大门。面对如此大相径庭的情况，追根溯源，对搁置争议政策的由来进行研究就成了一个重要的课题。

* 李若愚，四川大学历史文化学院特聘副研究员，主要研究方向为日本史、中日关系、日本政治与外交。

一、钓鱼岛及北方领土问题上搁置争议的由来及异同

搁置争议这个提法本身蕴含着两层含义，一是承认争议的存在，二是将这种切实存在而又难以解决的争议封存起来。对于当事的双方而言，与其说是问题的解决之道，毋宁说是保留了解决问题的各种可能性。

就钓鱼岛问题来说，搁置争议是由中方的主张发展而来的。目前学界普遍认为，搁置争议的说法最早是由周恩来总理在1972年7月28日会见日本公明党委员长竹入义胜时提出的。由于在1971年12月30日，中华人民共和国外交部严正声明，钓鱼岛、黄尾屿、赤尾屿、南小岛、北小岛等岛屿是台湾的附属岛屿。它们和台湾一样，自古以来就是中国领土不可分割的一部分，所以竹入义胜率先提出了钓鱼岛的问题。针对竹入所谓“无论从历史还是文献记载上看，钓鱼岛都是日本的固有领土”的说辞，周恩来总理重申了钓鱼岛是中国固有领土的原则性立场后，极具政治智慧地指出：如果提出这个问题双方就会陷入无休止的争论，不会有任何结果。不如就此搁置，把问题留给后世贤能。[1]

竹入带回的信息最终使得田中角荣首相下定了对华建交的决心。1972年9月27日，在围绕中日建交举行的两国首脑会谈中，中国和日本的国家领导人首次谈到了双方要在钓鱼岛问题上搁置争议。在这次谈判中，搁置争议的提法仍然是由周总理代表中方首先提出的。

中日复交谈判的当事人，曾任中联部副部长的张香山晚年曾专门撰文还原了当时的情景。谈判进行过程中，田中角荣向周总理提出：我还想说一句话，我对贵方的宽大态度很感谢。借这个机会我想问一下贵方对钓鱼岛的态度如何？周总理回答说：这个问题我这次不想谈，现在谈没有好处。田中坚持说：既然我到了北京，不提一下，回去会遇到一些困难。现在我提了一下，就可以向他们交待了。周总理于是说：对！就因为那里海

1 参见乔林生：《论钓鱼岛“搁置争议”的共识》，载于《国际论坛》2013年第6期；刘江永：《钓鱼岛之争的历史脉络与中日关系》，载于《东北亚论坛》2014年第3期。

底发现了石油，台湾拿它大做文章，现在美国也要做这个文章，把这个问题搞得很大。看到中方没有深入追究这一问题，田中说：好！不需要再谈了，以后再说。周总理再次强调：以后再说，这次我们把能解决的基本问题，比如两国关系正常化问题先解决。这是最迫切的问题。有些问题要等到时间转移后来谈。于是，田中说：一旦邦交正常化，我相信其他问题是能够解决的。[1]

上述谈话内容是根据中方的谈判记录整理而成的。与之相比，日方对此问题的记录却大幅度缩水。依照时任中国课长的桥本恕的回忆，在结束了关于台湾问题的会谈后，周总理提出谈判就此结束。此时田中首相提出：不，还有一个悬案。于是借机抛出了关于钓鱼岛的问题。周总理说：涉及到此，双方都有很多话要说，首脑会谈就会无休无止，所以这次还是先不要涉及，就此搁置吧。田中则表示：既然这样，那就以后再说。会谈也就此结束。[2] 在外务省公开的档案中，谈话的内容又被进一步简化。外务省档案表述如下：

> 田中首相说：贵方对于钓鱼岛态度如何？有很多人都向我提及此事。周总理说：这个问题现在谈没有好处。因为那里海底发现了石油，才成了问题。没有石油的话，台湾、美国也都不会对此有什么说法。[3]

结合双方的谈判记录，不难发现在大致意思上两者是基本一致的。但与中方所保留的谈判记录相比，日方遗漏了“既然我到了北京，不提一下，回去会遇到一些困难。现在我提了一下，就可以向他们交待了”“一旦邦交正常化，我相信其他问题是能够解决的”等日本方面在此问题上的

1　张香山：《中日复交谈判回顾》，载于《日本学刊》1998年第1期。

2　清水幹夫：《橋本恕氏に聞く　日中國交正常化交涉》，東京：大平正芳紀念財团，2000年，第156頁。

3　アジア局中國課：《田中総理周恩來総理會談記録》，外務省外交史料館，整理番號01-42。

表态。这就人为地造成了一种错觉，即搁置争议是由中方提出的，日本并未对此做出表态。日本外务省在其发布的《关于钓鱼岛的问答》中，正是援引上述材料，并按此逻辑进行解读的。[1]针对日方的片面解释，作为事件亲历者的原驻日大使徐敦信先生就指出：1972年9月27日，田中首相向周总理提及钓鱼岛问题的会谈记录并不长，白纸黑字，应该是留给后人的重要历史依据。中日双方各自记录的开头部分基本一致，不可思议的是日本方记录的后半部分竟不翼而飞，断章取义不仅于事无补，而且毫无诚信可言。[2]在日本国内，也有学者注意到了日方对于当时谈判记录的篡改，横滨市立大学名誉教授矢吹晋先生在其《钓鱼岛问题的核心：日中关系何去何从》一书中更将矛头直指桥本恕，认为在回忆中有意忽略了相关部分的桥本正是篡改历史档案的黑手。

笔者认为，判断事实的依据并非只有历史档案一条路径，事情之后的走向也可以用来反证当时双方在此问题上的结论。既然日方承认中国确实提出了搁置争议的主张，且并未就此提出反对，而之后随着两国关系的发展，在相当长的时间里，双方在此问题上也确实相安无事，这实际上就表明了日本政府不仅默认了搁置争议的主张，并且也是按照这一原则来处理中日关系的。

近年解密的第三方档案也间接印证了笔者的推断。“英国国家档案馆（2014年）12月30日解密了1982年9月20日英日两国首脑会谈的谈话记录，这一谈话记录是根据时任英国首相撒切尔夫人秘书等人的笔录制成。根据会谈记录，时任日本首相铃木善幸在会见赴日访问的撒切尔夫人时称，日中双方就钓鱼岛归属问题达成谅解和共识，同意‘维持现状’。”[3]

1　日本外务省：《关于钓鱼岛的问答》，A14.2，2016年4月13日。http://www.mofa.go.jp/mofaj/area/senkaku/qa_1010.html#qa06[2019-10-14]。

2　徐敦信：《信守条约原则，推动两国关系克难前进》，冷战后日本的政治、经济、社会体系的变容及对中日关系影响国际研讨会论文，上海，2013年，第14页。

3　《中日曾在钓鱼岛问题上达成谅解和共识》，载于《人民日报》2015年1月1日，第3版。

与在钓鱼岛问题上由中国向日本提出搁置争议不同，在北方领土问题上，搁置争议的要求是由日本自己主动提出的。1951年日本通过旧金山和会重返国际外交舞台，然而由于苏联认为旧金山和会是“完全按照美英草案进行，参加国只享有签署权的会议”[1]，最终拒绝在《旧金山和约》上签字。之后，恢复日苏邦交就成了日本国家战略的主要课题，这不仅有外交方面的考量，还因为此时尚有数十万战俘滞留西伯利亚，日苏复交也与日本的内政密切相关。毕竟战俘再加上牵涉到的家属已经数以百万，这无论是对社会稳定还是在选举中都是一股不容忽视的力量。所以日本在复交问题上的态度也一直较苏方更为主动。然而当双方代表松本俊一和马立克在伦敦最初接触时，领土争端就成了横亘在日苏两国之间不可逾越的大山。尽管马立克在1955年8月5日的谈判中表示：“如果别的问题都顺利解决，苏方可以考虑日本提出的把齿舞群岛、色丹岛让渡给日本的要求。”[2]然而松本从外务省收到的指示却是：“尽力确保齿舞群岛、色丹岛、择捉岛、国后岛的无条件归还，至于千岛群岛北部及库页岛南部等其他领土问题应通过国际会议做出最终解决。”[3]双方底线的巨大鸿沟使得谈判裹足不前，只能寄望于更高级别的谈判来弥合这一分歧。1956年双方在莫斯科举行了部长级会谈，经过多轮艰苦的谈判苏联提出了争议领土的最终解决方案，该方案称：“苏联基于日本的要求及日本国家利益，可以让渡齿舞群岛、色丹岛给日本……苏日两国将以根室海峡和野付海峡的中间线作为国界线，具体如附属地图所示。”[4]苏方的提案实际上意味着以归还齿舞、色丹两岛来为双方的领土纠纷画上句号。由于这与日本预设的“四岛归还”的底线相去甚远，日方谈判代表重光葵外相不得不就此致电回国请示鸠山一郎首相。经过内阁的讨论，鸠山在复电中指示：“内阁对苏方的提议一致

1 木村汎：《新版日露國境交涉史》，東京：角川書店，2005年，第138頁。

2 松本俊一：《モスクワにかける虹——日ソ國交回復秘録》，大阪：朝日新聞社，1966年，第42-43頁。

3 同上，第49页。

4 鹿島平和研究所：《日本外交主要文書・年表》（第1卷），東京：原書房，1983年，第778頁。

反对，且可以预期，国内舆论对此也将强烈反弹。谨慎起见，暂时不宜同意苏方的提案，贵全权代表可立即赴伦敦待命。”[1]至此，双方围绕复交进行的谈判终于因领土问题走到了破裂的边缘。

时任日本首相的鸠山一郎一直把对苏复交作为自己的政治使命，面对来自各方面的重重压力，他甚至不惜为此牺牲自己的政治生命。为了达成复交的目标，鸠山提出希望借鉴苏德在战后的“阿登纳方式”来处理日苏问题，即在搁置争议的基础上先恢复邦交。也就是说，在日苏北方领土问题上，搁置争议的主张是由日本首相主动提出的。

1956年10月12日，鸠山一郎抵达莫斯科就日苏两国复交问题进行最后的谈判。由于此时的鸠山已经身体欠佳，实质上的交涉是由其心腹河野一郎出面进行的。谈判伊始，河野就开诚布公地表示：“实际上，阻碍邦交恢复的唯一问题就是领土问题。”而在15日的会谈中河野更清晰地向苏方谈判代表伊西科夫表明了自身所处的立场：“在东京也有敌视我们的势力存在，如果东京追究这边的问题时得到否定的答案，将使我们陷入困境。因此我希望能将领土问题中关于齿舞和色丹两岛的处置先以条约的形式规定下来，至于其他部分可以容后再议。”河野进一步保证：“只要美国尚未归还冲绳及小笠原群岛，我国就绝不提起国后和择捉两岛的问题。”[2]以在领土问题上搁置争议为前提，日苏双方最终于1956年10月19日发表了《日苏共同宣言》，宣告：自本宣言生效之日起日苏两国结束战争状态，恢复友好关系；日苏两国恢复邦交及领事关系。[3]其后，日本曾数次与苏联及后来的俄罗斯就领土问题举行谈判，但双方的分歧使得这一问题至今悬而未决。但是从之后的事态进程看，日苏（俄）两国对领土问题的态度大

1　松本俊一：《モスクワにかける虹——日ソ國交回復秘録》，大阪：朝日新聞社，1966年，第44頁。

2　参見名越健郎：《クレムリン秘密文書は語る　闇の日ソ關係史》，東京：中央公論社，1994年，第216-219頁。

3　《日本およびソソヴィエト社會主義共和國連邦との間の共通宣言》，載於北方領土問題対策協會、南方同胞援護會：《北方領土問題資料集》，東京：北方領土問題対策協會，1972年，第173頁。

致还是保持在当初搁置争议共识所构建的框架基础上。尤其就日方来说，日本也从未否认过与苏联（俄罗斯）之间存在领土纠纷和双方搁置争议共识的存在。

无论是中日间在钓鱼岛问题上达成搁置争议的共识，还是日苏两国在北方领土问题上选择搁置争议，其背景都有相似之处，即两国在当时还面临着建交这样一个更大的主题。正因领土问题意义重大，解决起来就要面临很多的因素。而为了尽早实现建交，双方不得不在领土问题上选择搁置争议以服从大局。尽管同样是搁置争议，但对日本来说二者又有所不同。

首先，在北方领土问题上搁置争议的提法是由日方提出的，日本在此问题上无从抵赖。并且作为搁置争议的提出方，维持这种提法本身也可以宣示日本在外交上的主动性。而在钓鱼岛问题上，搁置争议则是由中方提出的，某种意义上可以作为中方外交的一个成果。由中方提出的建议主导局势恐怕是日本政府所不愿接受的，因此日方不惜篡改外交档案也要将事情的进程引离当初由中方所设定的轨道。

其次，则是实际利益原则，这点对日本决策的影响恐怕更为重要。由于北方四岛的实际控制权掌握在苏联（俄罗斯）手中，而苏联的军事实力又是日本无法企及的，解决领土纠纷的途径就唯有外交谈判一途。搁置争议的提法是把北方四岛和日本维系在一起的唯一纽带，假设日本不承认领土纠纷的存在，无形中就等于斩断了这条纽带，宣告领土谈判的完结。因此日本愈是殷切希望解决北方领土问题就会愈加重视搁置争议的共识。在钓鱼岛问题上，由于日本利用冷战期间东西方阵营间的对立，和美国私相授受盗取了钓鱼岛的施政权，在1972年后钓鱼岛曾长期被日本非法控制。在日本非法控制钓鱼岛期间，搁置争议维持现状无疑对日方是相对有利的，因此日方在相当长的一段时间内也都没有否认搁置争议的原则。近年日本却在对此问题的态度上出现了180度的转变，笔者认为这与东亚格局的变化是分不开的。21世纪以来，中国国力的长足发展使得日本对钓鱼岛的所谓“实际控制”优势危如累卵。深知自身对钓鱼岛主权要求站不住脚的日本，开始担心被窃取失物的主人上门讨回原本属于自己的东西。因此，日本才选择通过抹杀搁置争议的共识来消灭问题解决的其他可能性。

正是基于上述理由，同样面对搁置争议的共识，日本却做出了截然相反的选择。这种迥异的态度也暴露出日本政府在处理外交事务上极端功利主义的秉性，即无论面对何种情况，总是选择对自身最有利的一种解释，即便这种解释有可能是与事实相违背的。这种极端的功利主义，使得日方在处理不同事务时很难坚守同一标准，这也令日本在不同问题上常常难以自圆其说。下面本文将结合日本外务省针对钓鱼岛和北方领土问题所公布的文件，来分析其话语中的自相矛盾之处。

二、日本外务省涉钓文件的纰缪及其与北方领土文件的内在逻辑矛盾

目前已知最早的关于钓鱼岛的文字记载来自15世纪中国的一部航海书《顺风相送》，书中写道："正南风梅花开洋，用乙辰取小琉球，用单乙取钓鱼屿南边，用卯针取赤坎屿……"[1]该书作为已知的世界上最早记载钓鱼岛的文献资料，足以据其断定钓鱼列岛最早由中国人发现并命名，从而构成了国际法上所谓的"原始权利"（inchoate title）。这目前已成为学界通识，并被广为引用。诚然，文献在编纂过程中有可能受到主观或客观等多方面因素影响，在历史学的考证过程中，为了避免单一材料的误导而应慎用"孤证"。因此在考证钓鱼岛主权的过程中，中国学者挖掘出明清两代出使琉球使者的文字记录，并且还利用当时所绘制的地图作为佐证。其中比较有代表性的有1534年明朝出使琉球的使节陈侃在其《使琉球录》中的记载："过平嘉山，过钓鱼屿，过黄毛屿，过赤屿，目不暇接，一昼夜兼三日之程。夷船帆小不能及，相失在后。十一日夕，见古米山，乃属琉球者。夷人鼓舞于舟，喜达于家。"上述记载清楚地表明了钓鱼岛虽然

1　巩珍：《西洋番国志》，向达校注，北京：中华书局，2000年，第95-96页。

处在中琉边界，却明白无误地属于中国领土。而琉球水手在驶过久米岛后才表现出还乡的喜悦，这清晰地说明钓鱼岛自古属于中国疆域是当时中琉两国人民的共识，自古米山所在的久米岛起才开始进入古代琉球王国的疆域。1562年郑若曾编撰的《筹海图编》更已将钓鱼列岛划入中国行政管制区域，根据国际法中海岸国家的主权是一种“管制”的定义，当时中国已对钓鱼列岛拥有主权。

上述的历史记载形成了完整的证据链，从中清晰地反映出钓鱼岛自古以来即是中国领土的事实。然而面对如此明晰的历史证据，日本外务省却罔顾历史而提出质疑。在其发布的《关于钓鱼岛的问答》中，日本外务省提出：“中国方面以胡宗宪《筹海图编》（1561年）中的《沿海山沙图》等地图为依据，主张钓鱼岛在明朝时已纳入中国海防范围。然而该书对于钓鱼岛如何纳入中国的海防却不甚了了，从地图的记载看也不能判明钓鱼岛属于中国。”[1]日本外务省从作为中方主张证据之一的《筹海图编》入手，大约是希望起到“以子之矛攻子之盾”的效果，却反而暴露了自身在历史方面的理论缺失。日方称《筹海图编》的作者为胡宗宪，本身就存在张冠李戴的谬误。关于《筹海图编》的作者，中国学术界已经有了非常完备的研究：“《筹海图编》在明代凡三刻，即嘉靖、隆庆和天启本……此书在康熙年间又重刻刊印了一次……嘉靖初刻本署郑若曾辑，至万历印本时改为胡宗宪辑议郑若曾编次，天启刻本更将郑若曾名字删除，康熙刻本又改回郑若曾著。《筹海图编》著者署名的数次更改，完全是胡宗宪后人作伪的缘故。”[2]所以，全盘否定胡宗宪在《筹海图编》编著过程中所做贡献的观点也有待商榷，也有学者提出：“在不否认郑若曾为《筹海图编》主要编撰者的前提下，胡宗宪的编撰功绩不应该被埋没。”[3]但是无可否

1 日本外务省：《关于钓鱼岛的问答》，A5.2.2，2016年4月13日。http://www.mofa.go.jp/mofaj/area/senkaku/qa_1010.html#qa06[2019-10-14]。

2 郑海麟：《钓鱼岛列屿之历史与法理研究》，北京：中华书局，2007年，第52页。

3 宋克夫、邵金金：《论胡宗宪在〈筹海图编〉编撰中的重要作用》，载于《中南大学学报》（社会科学版）2011年第6期。

认，学术界目前已经对《筹海图编》为郑若曾所作并无疑议。日本外务省将《筹海图编》作者记为胡宗宪，正是其对历史一知半解而片面使用史料情况的一个缩影。

面对包括《筹海图编》在内的大量历史地图的证据，日本外务省还自编了一个命题："到1800年为止，中国和包括日本在内的海外各国所绘制的地图中皆将钓鱼岛划入中国版图，中国政府以此提出领土主张，日本政府如何作答？"[1]外务省自问自答称："由于地图的作者和制作用途情况各异，因此仅以地图作为对领土主权的依据是不成立的。"[2]这一回答首先就有混淆视听的嫌疑。中国自古以来就拥有钓鱼岛主权是有丰富史料支持的，中方的主张并非仅以地图作为依据，陈侃、郭汝霖、萧崇业、夏子阳等明代出使琉球的使者都在各自留下的《使琉球录》中对钓鱼岛有所提及，入清之后又有汪楫的《使琉球杂录》、徐葆光的《中山传信录》、周煌的《琉球国志略》及至嘉庆年间李鼎元的《使琉球记》，钓鱼岛在中国史料中的记载一直连续不断。而这些文字记载与图像资料相互佐证，才最终形成了完整的证据链。中国政府历来都以文字记载及地图资料所形成的证据链为依据，日方所谓"仅以地图作为对领土主权的依据"的说法本身就是掩耳盗铃。

更重要的一点是，对于历史地图在研判领土主权问题上的说服力，日方在钓鱼岛问题上的态度是否为其一贯立场，恐怕也不尽然。至少日本在"北方领土"问题上就将历史地图作为本国拥有领土主权的证据之一。依照同样由日本外务省发布的《我们的北方领土》（2018年版）所说："我国比俄罗斯更早获知了北方四岛、库页岛和千岛群岛的存在。我国于1644年编纂了明确标有国后岛和择捉岛等岛屿地名的《正保御国图绘》，众多

1 日本外务省：《关于钓鱼岛的问答》，Q6.1，2016年4月13日。http://www.mofa.go.jp/mofaj/area/senkaku/qa_1010.html#qa06[2019-10-14]。

2 同上，A6.1。http://www.mofa.go.jp/mofaj/area/senkaku/qa_1010.html#qa06[2019-10-14]。

日本人开始向该地区航行。”[1]而早在1992年由日本外务省和俄罗斯联邦外交部共同编著的《关于日俄两国间领土问题历史而共同制作的资料集》中更将《正保御国图绘》收为全书第一条史料，并有如下说明：“《正保御国图绘》是德川幕府在松前藩所提供的领地地图基础上所制作的正式地图。是记载国后岛、择捉岛、齿舞群岛和色丹岛的世界上最古老的地图。”[2]日方对于《正保御国图绘》这份历史地图的重视程度可见一斑。尽管日方还在后面补充了“众多日本人开始向该地区航行”一句，申明其自彼时起即在该地区活动，以作为形成主权的证据。但无论是航海记录还是历史地图的绘制也同样可以证明中国自古以来就在钓鱼岛及周边海域航行，按照日方在北方四岛问题上的逻辑，已经可以得出“钓鱼岛属于中国的领土”的结论。

况且单就历史地图而言，证明钓鱼岛自古属于中国领土的不仅有中国的历史地图，很多中国学者都指出了初版于1785年由日本学者林子平所绘制的《三国通览图说》中的《琉球三省并三十六岛之图》已明确将钓鱼岛标注为中国领土。受时代条件所限，当时人们绘制的地图的精确度当然不可能和今天借助高科技手段绘制的地图同日而语，但是对于国界的划分却是一个定性的指标而与精确度无关。面对历史的铁证，日本外务省却吹毛求疵地强调：“《三国通览图说》中台湾的面积被绘制为冲绳的三分之一，而实际上台湾面积却是冲绳的30倍，因此《三国通览图说》是没有一个正确的知识为依据的。”[3]然而笔者却注意到，在北方领土问题上被日本外务省奉为圭臬的《正保御国图绘》中，虾夷（今北海道）的面积仅为实际面积的三分之一左右，桦太（库页岛）面积也不足实际面积的一半。既

1　外務省：《われらの北方領土》（2018年版），2019年，第6頁，2019年8月14日。https://www.mofa.go.jp/mofaj/files/000035437.pdf [2019-10-14]。

2　日本國外務省、ロシア連邦外務省：《日露間領土問題の歴史に關する共同作成資料集》，1992年，2001年3月1日。https://www.mofa.go.jp/mofaj/area/hoppo/1992.pdf [2019-10-14]。

3　日本外务省：《关于钓鱼岛的问答》，Q6.2，2016年4月13日。http://www.mofa.go.jp/mofaj/area/senkaku/qa_1010.html#qa06[2019-10-14]。

然《正保御国图绘》在精确度上存在着不容忽视的谬误，依照《关于钓鱼岛的问答》的逻辑，日本基于该图而对北方四岛提出的领土主张也是完全站不住脚的。

三、结语

日本是一个岛国，因而其民族性中潜藏着一种强烈的危机意识。趋利避害本为人类的自然属性，日本不算得天独厚的自然条件造成了其对利益的追求尤为执着，以至于显现出极端功利主义的倾向。为了现实的利益，有时日本甚至可以罔顾历史事实，为达目的不择手段。比如在历史上，日本曾长期受惠于中国，然而当中国在近代屡败于西方列强之手时，日本竟可以毅然决然地将已融入自身血液中的中国文化弃之如敝屣，转而学习西方，甚至在自身强大以后加入列强瓜分中国的狂潮之中。

扭曲的功利主义历史观，又进一步影响了现实中的日本领土政策。正是基于这种情况，面对同样的搁置争议的共识，日本政府也可以依据与本方的利害关系，展露出两种完全不同的嘴脸，甚至不惜篡改历史档案，故意误用历史文献。通过本文的研究，可以发现只要是对本国有利，日方在外交中就可以奉行两套，甚至多套标准。在钓鱼岛问题上，由于日方一度窃取了对岛屿的实际控制权，于是就罔顾历史，臆造实际控制权在领土问题中的优位作用。而对于目前尚处于俄方手中的北方四岛，日本政府就转而搬出1644年绘制的历史地图，强调解决领土问题需要以历史为依据。

笔者认为，日本政府的思维方式是极端功利主义和工具理性的集合体。对于日本政府来说，历史比起传承民族记忆的载体，更像“任人打扮的小姑娘”，最终沦为服务现实的道具。所以无论日方是强调还是否认历史，其口中所说本身就并非真正的历史。也正因如此，在外务省发布的关于钓鱼岛和北方四岛的两套不同文件中，就存在着两种截然相反的逻辑体系。而我们正可以抓住这一点对日方的种种不实之词加以揭穿和批驳。

打破“双重边缘化”的困境

——论当代苏格兰妇女的平等代表权运动

王　磊*

在英国历史上，苏格兰的妇女一直都默默无闻，唯一能被世人记起的女性可能就是16世纪被英格兰女王斩首的苏格兰玛丽女王。由于默默无闻，苏格兰妇女往往被社会所忽视，苏格兰学者埃丝特·布赖滕巴赫曾经指出，苏格兰妇女在三个方面被学术界所忽视：在苏格兰历史上、在英国妇女史上以及在女权主义者关于性别和民族主义的讨论中，都看不到苏格兰妇女的踪影。[1]然而，20世纪80年代以来，随着苏格兰宪政改革运动的高涨，苏格兰妇女逐渐认清了自己的政治处境：她们不仅身处被英国边缘化的苏格兰，在苏格兰内部又处于男权政治的主宰之下。女权主义者认为，正是这种“双重边缘化”的地位使苏格兰妇女处在社会的最底层。为了摆脱自己被边缘化的地位，她们掀起了声势浩大的争取平等代表权运动，要求与男子有同等的参政权。到20世纪末，她们的斗争取得了很大成功，妇女在议会中的代表性明显提高。由于苏格兰在英国独特的政治地位，苏格

*　王磊，四川大学历史文化学院副教授，主要研究方向为英国史。

1　Esther Breitenbach, “Scottish Women of Interest”, *Scottish Affairs*, No.18, 1997, p. 1.

兰妇女的平等代表权运动为国际妇女运动提供了新的思路和重要的经验教训。然而，国内对此还没有专门的研究，本文尝试从苏格兰女权运动与宪政改革运动互动的视角，探讨妇女争取平等代表权运动的历程，以求对妇女研究有所裨益。

一、女权运动与宪政改革运动的结合

20世纪初，苏格兰的女权运动以争取妇女的选举权为目标。1918年，英国正式赋予妇女选举权，到1928年，妇女享有了与男子同等的选举权。之后，很多女权主义者认为女权运动以胜利告终，她们迷失了继续前进的方向。但纵观20世纪的历史，苏格兰妇女在政治机构中的代表性一直都很低，自1918年以来的80年时间里，苏格兰选区只选出了24名女议员。[1] 直到1997年大选，有12名苏格兰妇女当选议员，只占议员总人数的16.6%，苏格兰仍是欧洲女性代表性最低的地区之一。[2]

尽管苏格兰妇女的政治代表性一直很低，女权主义者起初并未投身到争取平等代表权的议会政治中去。20世纪60年代后期，随着“第二波”女权主义思潮的到来，苏格兰的女权运动陷入了分裂。一部分女权主义者坚持在现有的宪政框架下争取提高妇女的政治权益，被称为体制内的女权运动。而更多的女权主义者受到激进女权主义思潮的影响，批判现行的宪政制度，认为现有的政府机构和政治理念都是压迫性的。因此，她们反对传统女权运动中的改良主义，抛弃了体制内的政治斗争，主张以妇女自治组织为依托，开展体制外的妇女解放运动。[3]

妇女解放运动将政治界定为“私人的也是政治的”，认为男权的统治

1 Alice Brown et al., *Politics and Society in Scotland*, New York: Macmillan, 1996, p. 165.

2 Alice Brown, “Building a Representative House in Scotland and the Role of Women in the Developmental Process”, *Political Science and Politics*, Vol. 31, No. 1, 1998, p. 18.

3 Isobel Lindsay, “Constitutional Change and the Gender Deficit”, in Esther Breitenbach, Fiona Mackay (eds.), *Women and Contemporary Scottish Politics: An Anthology*, Edinburgh: Polygon, 2001, p. 171.

不仅存在于公共领域，也存在于私人生活领域，私人的事以及两性关系也是政治问题，她们高度关注私人领域的性别压迫问题。苏格兰的妇女解放运动在更广泛的领域中展开，包括在爱丁堡和圣安德鲁设立妇女解放运动研究会，发展苏格兰妇女援助与强暴危机中心，支持同性恋参政，反对色情运动以及参与保护环境和反核示威等。因此，在70年代末工党政府的苏格兰放权改革中，几乎看不到女权主义者的身影，因为她们敌视参与议会政治，对拟议中的苏格兰议会缺乏信任，害怕它会损害妇女的权益。[1]苏格兰女权主义杂志*MsPrint*曾经报道说，女权主义者毫不重视1979年关于苏格兰议会的全民公决，对她们来说，英国议会才能更好地维护妇女的权益，设立苏格兰议会可能是一个退步。[2]

然而，自20世纪80年代以来，苏格兰的政治环境发生了显著变化，民间性质的苏格兰宪政改革运动逐渐兴起。1979年工党政府的《苏格兰法案》[3]失败以后，苏格兰民族主义者于次年成立了“争取苏格兰议会运动”（Campaign for a Scottish Assembly），目标是确保苏格兰自治的问题保持在政治日程上，推动苏格兰各党派在宪政改革问题上达成共识。1987年，保守党连续第三次赢得全国大选，但在苏格兰的72个议席中只获得了10个席位。这一选举结果推动了宪政改革运动的发展，“保守党的统治没有得到苏格兰的授权”“苏格兰陷入了民主赤字”等主张在苏格兰得到广泛认可。1988年6月，“争取苏格兰议会运动”发布了《苏格兰权利宣言》，批判苏格兰现行的宪政结构，强调苏格兰人民有权建立适合于自己的政府形式，并建议成立苏格兰制宪会议为将来设立苏格兰议会做准备。1989年，苏格兰的工党、自由民主党、工会、志愿组织以及教会等组织联合成立了

1 Sue Innes, Jane Rendall, “Women, Gender and Politics”, in Lynn Abrams (ed.), *Gender in Scottish History since 1700*, Edinburgh: Edinburgh University Press, 2006, pp. 72-73.

2 Alice Brown et al., *Politics and Society in Scotland*, New York: Macmillan, 1996, p. 176.

3 该法案是1977年11月英国工党政府提出向苏格兰下放权力的法案，要求设立有一定权限的苏格兰议会。1979年3月，该法案在全民公决中被否决，工党政府随后被反对党倒阁，法案失败。

苏格兰制宪会议（Constitutional Convention），正式提出苏格兰人民主权的概念，承认苏格兰人民有决定自己政府形式的主权权力。制宪会议的决议虽然没有法律效力，但却有力地推动了宪政改革运动的发展。

这场宪政改革运动的实质是争取苏格兰在英国有更大的发言权，它重新激起了苏格兰妇女的参政热情，打开了妇女参与宪政讨论的大门，女权组织参加了制宪会议，使之成为各界女权主义者争取妇女权益的重要平台。制宪会议成立了多个委员会调查宪政改革问题，其中包括玛丽亚·法伊夫议员为主席的妇女问题委员会，负责具体调查苏格兰的妇女问题。

然而，制宪会议几乎完全由男性主宰，妇女代表只占10%。这一事实表明，在宪政改革运动的政治决策中，妇女的代表性也是严重不足的。苏格兰女权主义者指出："再一次，在妇女未被充分代表的情况下，影响苏格兰人民生活和福利的主要建议和决定将要被做出了。"[1]严峻的现实推动了女权主义者在政治上的觉醒，"对于那些在女权运动中已经熟悉了英国政治运作的妇女而言，这一点渐渐变得清楚，即如果权力不受到挑战那就没有什么会发生改变——只有那些坐在桌子上的人才能分到一杯羹"[2]。

因此，摆脱妇女在参政中被相对排斥的困境成为各派女权主义者共同关注的问题。苏格兰妇女被"双重边缘化"的观念应运而生，根据这一观念，英格兰在英国的优势地位催生了否定英国的地区差异和特殊性的政治环境，其结果是苏格兰被边缘化，而苏格兰内部男权政治的主宰地位，又导致了妇女地位的边缘化。苏格兰在英国的地位以及苏格兰政治中男权的主宰，导致了苏格兰妇女地位的双重边缘化。要改变这一状况，苏格兰妇女就要支持宪政改革运动，推动英国建立放权的苏格兰议会，同时确保妇

1 Lesley Sutherland, "A Woman's Place: Who Decides?", *Scottish Affairs*, No.13, 1995, pp. 5-6.

2 Isobel Lindsay, "Constitutional Change and the Gender Deficit," in Esther Breitenbach, Fiona Mackay (eds.), *Women and Contemporary Scottish Politics: An Anthology*, Edinburgh: Polygon, 2001, p. 172.

女在议会中获得平等的代表权。[1]女权主义者进一步认为，未来的苏格兰议会必须从一开始就确立起妇女的平等代表权，否则一旦议会建立，议会的席位确定，强大的既得利益将使改革新议会变得非常困难。[2]

由此，女权主义者改变了20世纪70年代敌视议会政治的态度。她们认识到，苏格兰的宪政改革运动为妇女争取平等的发言权创造了难得的机遇，妇女不能再做旁观者，必须直接参与宪政改革。女权主义者态度的转变推动了女权运动与宪政改革运动的有机结合。正如女权主义者卡奇奥娜・伯恩斯指出的，妇女代表权的问题本质上与苏格兰的放权和提高民主参与的宪政改革密切相连。[3]因此，当宪政改革带来机遇的时候，女权运动的关键在于确保平等代表权，这成为宪政改革运动的优先议程。来自苏格兰各界的女权主义者抓住宪政改革运动的机遇，发起了争取平等代表权的运动。

二、妇女争取平等代表权的历程

在苏格兰宪政改革运动创造的有利政治环境下，1989年苏格兰各派别的女权主义者成立了苏格兰妇女权利宣言小组，向制宪会议提交了《妇女权利宣言》。该宣言批判了英国政府的统治方式和敌视妇女参政的男性政治文化，要求妇女积极行动起来提高民主参政的意识和能力。“《妇女权利宣言》鼓励苏格兰妇女参加代议制和参与制民主政治……我们已经收集到了足够的证据，证实妇女有愿望、有经验并且有能力参与最高层次的决策……《妇女权利宣言》怀疑这样的观点，即妇女的权利能自动实现——在这个方面，历史并没有给我们多少可以乐观的理由。”[4]这份宣言表明苏格兰妇女在政治上的觉醒，她们开始将女权运动的重点转向议会的平等代

1 Esther Breitenbach et al., “Understanding Women in Scotland”, *Feminist Review*, No. 58: International Voices, 1998, p. 57.

2 同上，第62页。

3 Alice Brown, “Deepening Democracy: Women and the Scottish Parliament”, *Regional & Federal Studies*, Vol. 8, Iss. 1, 1998, p. 115.

4 同上，第118页。

表权上，而且要通过积极行动争取妇女在参政中的平等地位。

1990年，苏格兰制宪会议发布了其第一份报告《通向苏格兰议会》。在女权主义者的压力下，报告指出“英国的政治制度未能正视妇女代表性不足这一现实”，承诺“新议会将为妇女提供新的开始，制宪会议决心采取积极行动，保证妇女在政治过程中扮演重要的和平等的角色。妇女在苏格兰议会中的平等代表权的原则已经被一致认可。制宪会议承诺在未来关于选举制度的磋商和讨论中确保达成实现这一原则的机制”。[1] 随后，制宪会议设立两个小组，详细调研苏格兰议会的程序和选举制度。负责议会程序的小组建议，未来的议会委员会应更多地在社区开会，以便妇女更好地参与立法，因为妇女在社区政治中更活跃。此外，还建议议会的会期应考虑到议员的家庭生活，议会应该提供照顾老人的服务人员以及旅行津贴等，以扫除妇女参政的实际障碍。负责议会选举制度的小组建议，采取积极有效的措施实现男女平等的代表权，以建立性别平等的新议会。[2] 制宪会议的报告和调研小组的建议表明，在女权主义者的宣传和压力下，妇女的平等代表权原则已经得到了认可，但对于如何实现这一原则，制宪会议还处于探索阶段，其建议还不具备可操作性。因此，制订实现平等代表权的方案制成为女权运动的重要议题。

女权主义者认识到，在当代政党政治的环境中，要实现妇女的平等代表权，首先要实现在党内候选人选拔上的平等。尽管苏格兰各政党几乎有一半党员是妇女，但在高级管理岗位以及议员候选人的人选上，妇女的代表性严重不足。苏格兰女权主义者提出质疑：“政党本身是民主的吗？是有代表性的吗？”[3] 因此，如果妇女要在苏格兰政治生活中起到平等的作用，各政党本身则需要改革。

1 Alice Brown et al., *Politics and Society in Scotland*, New York: Macmillan, 1996, p. 182.

2 Alice Brown, “Deepening Democracy: Women and the Scottish Parliament”, *Regional & Federal Studies*, Vol. 8, Iss. 1, 1998, p. 108.

3 同上，第115–116页。

然而，在实现性别平等的具体措施上，女权主义者之间出现了分歧。苏格兰民族党和自由民主党的妇女认为，改革选举制度将会改善妇女的代表性，工党则主张政党在席位分配上应该采取积极措施，而苏格兰工会代表大会下属的妇女委员会提出了激进的50：50计划，即各政党的男女候选人平分苏格兰的议会选区，一举实现平等代表权。1991年3月，苏格兰工党采纳了50：50计划，4月苏格兰工会代表大会也宣布支持该计划，它成为苏格兰工党和工会的正式政策。[1] 50：50计划的优势在于，它在实现平等代表权的问题上简洁明确，并且能在性别的比例构成上实现激进的变革。但这一计划遭到了自由民主党的强烈反对，认为这侵犯了选民的选择权，并质疑为什么是性别问题而不是其他的问题应该被特别对待。[2]

1992年，保守党连续第四次赢得大选。由于保守党反对向苏格兰放权，也反对人为地干预性别比例问题，这就意味着在下次大选之前不可能设立苏格兰议会，妇女平等代表权的要求也不可能实现。保守党的再次当选，使平等代表权运动一度陷入低潮，但女权主义者并没有退出宪政改革运动，她们转而打破政党和派别的界限，通过广泛联合推动改革事业。1992年，女权主义者召开苏格兰各界妇女大会，商讨如何使妇女的平等代表权议题继续保持在政治议程上。同年，来自苏格兰政党、工会、女权组织以及志愿机构的女权主义者成立了苏格兰妇女协调小组（Scottish Women's Co-ordination Group）。它的目的是将不同政治信仰的女权主义者联合在一起，协调彼此的观点和利益，确保妇女的平等代表权问题保留在宪政改革的议程中。[3] 女权主义者通过妇女协调小组实现了非正式的联合，这表明即使在女权运动陷入困境的情况下，追求政治平等和参与决策仍然

1 Fiona Mackay, Chrisma Bould, *Gender Audit 1997*, Edinburgh: Engender, 1997, p. 28.

2 Isobel Lindsay, "Constitutional Change and the Gender Deficit," in Esther Breitenbach, Fiona Mackay (eds.), *Women and Contemporary Scottish Politics: An Anthology*, Edinburgh: Polygon, 2001, pp. 174-175.

3 Alice Brown et al., "Women and Constitutional Change in Scotland and Northern Ireland", *Parliamentary Affairs*, Vol. 55, Iss. 1, 2002, p. 73.

是女权主义者的首要目标，各派别妇女的联合增强了女权运动的力量。[1]

苏格兰妇女协调小组通过各种活动推动苏格兰各界在平等代表权问题上的对话。协调小组游说苏格兰制宪会议以及苏格兰各政党，使之确保在选举制度、候选人的招聘和选拔程序上考虑到妇女的需要；组织研讨会邀请其他国家的妇女传授女权运动的经验；对英国议会和欧洲议会的候选人进行问卷调查，游说这些身处决策地位的政治家支持平等代表权运动；出版有关妇女与政治问题的资料（例如，在联合国第四届世界妇女大会上苏格兰妇女的提案），并举行出版会宣传实现平等代表权的重要意义。[2] 妇女协调小组通过各种活动使女权主义者联合自强，持续推动女权主义事业的发展；制宪会议中的各政党也不能无视她们的要求，很多政党领袖都公开承诺，他们的党在妇女代表权问题上将有实质性的改善。

1994年，苏格兰制宪会议下属的宪法委员会发表了关于未来苏格兰宪政安排的调查报告，建议苏格兰议会应有112名议员，其中72名从传统的英国议会选区选举产生，其余40名议员从苏格兰8个欧洲议会选区中产生；实行单一选区两票制的选举制度（Additional Member System）；要求各政党自愿使女议员的比例达到40%的目标。[3] 这份报告遭到了女权主义者的广泛批评，她们认为报告关于女议员比例达到40%的建议是对50：50原则的倒退，而且苏格兰议会的规模太小，不利于充分发挥民主。

苏格兰女权主义者一致要求修改对妇女不利的条款，但在实现性别平等的机制上仍未达成一致。工党仍然强调50：50计划，主张苏格兰每一个选区应该选拔一名男性候选人和一名女性候选人，这是实现平等代表权最容易和最公平的方式，而且要求这一方式法律化，强制各政党遵照执行。其他政党，特别是自由民主党仍然反对50：50计划，理由是强迫政党和选

1 Lesley Sutherland, "A Woman's Place: Who Decides?", *Scottish Affairs*, No.13, 1995, p. 8.

2 Alice Brown et al., "Women and Constitutional Change in Scotland and Northern Ireland", *Parliamentary Affairs*, Vol. 55, Iss. 1, 2002, p. 73.

3 Alice Brown, "Deepening Democracy: Women and the Scottish Parliament", *Regional & Federal Studies*, Vol. 8, Issue 1, 1998, p. 110.

民选择一个男性候选人和一个女性候选人，这种做法本身就是不民主的，政党内部的民主进程也不是国家可以干涉的。自由民主党强调，议会选举制度的改革才是保证平等代表权的基础，支持实行单一选区两票制的选举制度。[1]

然而，各派妇女之间仍有广泛的共识。她们认为，未来的苏格兰议会应该有完全不同于英国议会的工作程序和方式；新议会将向妇女提供历史性的独特机遇，推动妇女在苏格兰政治中起到完全平等的作用。[2]因此，女权主义者之间仍然有达成一致的妥协空间。妇女协调小组召集各派别的妇女，努力寻求解决分歧的方法，为1994年宪法委员会的报告制订一个替代方案。

经过协商，在各方都做出让步的基础上，妇女协调小组制订了一份《选举合约》。这份合约认可了苏格兰议会中性别比例平衡的原则，要求选拔同等数量的男女议员候选人，并在有胜选把握的选区公平配置男女候选人，但具体的实施措施由各政党自行制订；未来的议会采用单一选区两票制的选举制度；确保苏格兰议会的规模足够建立更有效的民主政府。[3] 1995年3月和4月，制宪会议的两大政党——苏格兰工党和自由民主党分别讨论了《选举合约》，同意在苏格兰第一届议会选举中适用该合约。同年11月，两党最终批准了合约，它成为两党的正式协定。妇女协调小组的《选举合约》也得到了苏格兰制宪会议的支持，其1995年报告《苏格兰的议会，苏格兰的权利》体现了合约的精神。[4]《选举合约》是苏格兰女权主义者原则性和灵活性的统一，在平等代表权的实施机制上既规定了总体的原则和目标，又允许各政党在具体政策上有一定的差异。《选举合约》的制定标

1 Alice Brown, “Deepening Democracy: Women and the Scottish Parliament”, *Regional & Federal Studies*, Vol. 8, Issue 1, 1998, pp. 108-109.

2 Alice Brown, “Women’s Political Representation in Scotland: Progress Since 1992”, *Scottish Affairs*, No.14, 1996, p. 4.

3 Alice Brown, “Deepening Democracy: Women and the Scottish Parliament”, *Regional & Federal Studies*, Vol. 8, Iss. 1, 1998, pp. 111-112.

4 Fiona Mackay, Chrisma Bould, *Gender Audit 1997*, Edinburgh: Engender, 1997, p. 29.

志着苏格兰女权主义者在平等代表权的原则和实施方案上都达成了一致。

随着1997年大选的临近，苏格兰各政党着手制定和实施性别比例平等政策，争夺妇女的选票。工党的措施是最激进的，这一方面由于工党的女党员对平等代表权的渴望，工党内的妇女组织——妇女干部会议立场激进，要求在工党的各个层次上提高妇女的代表性；另一方面也在于工党连续四次大选的失败，迫使其在妇女代表权问题上采取激进措施，以吸引更多的妇女选票。工党起初的政策是全女性的终选名单（All-women Short-lists），在某些选区提供全是女性候选人的选举名单，选民只能从这份名单中选举议员。这一政策首先准备在英国下院选举中实施。但1995年末，英国劳资法庭否决了这项政策，认为工党的全女性终选名单违反了《性别歧视法》。[1]工党又制定了配对选区政策（Twinning）作为替代措施。其具体计划是，根据地理位置和胜选把握等因素，挑选两个选区配对，参与配对选区候选人选拔的申请人也要男女配对，得票最高的女性申请人将成为配对选区中一个选区的工党候选人，得票最高的男性申请人将成为另一个选区的候选人。这一政策用来选拔苏格兰所有选区（四个高地和海岛选区除外）的候选人。[2]

其他的苏格兰政党虽然支持妇女平等代表权的原则，但在具体措施上与工党有很大差异。自由民主党虽然签署了承诺性别比例平衡的《选举合约》，但反对实施工党的政策，它制定了“平衡的”终选名单政策（“Balanced” Shortlist），即在每一个选区，选取两名男性和两名女性作为候选人参与选拔。苏格兰民族党作为工党在苏格兰的主要对手，自然不敢在妇女问题上掉以轻心。民族党的妇女组织制定了在候选人名单上交替排列男女候选人的政策（Zipping），但1998年被该党大会否决，认为它抹杀了党员个人的贡献。然而，该党最终确定的政策却是把女性候选人放在

1 Alice Brown, “Deepening Democracy: Women and the Scottish Parliament”, *Regional & Federal Studies*, Vol. 8, Iss. 1, 1998, p. 112.

2 Alice Brown et al., “Women and Constitutional Change in Scotland and Northern Ireland”, *Parliamentary Affairs*, Vol. 55, Iss. 1, 2002, p. 74.

终选名单的前端，以增强妇女获胜的机会。保守党反对以特殊的方式干预妇女代表性的做法，认为任何特殊的政策都是对妇女恩赐性的侮辱，他们按照党员的贡献大小选择候选人。[1]

三、妇女平等代表权运动的成效

在1997年大选中，英国工党赢得了议会的绝对多数，由于工党支持苏格兰宪政改革和妇女的平等代表权，这意味着设立苏格兰议会、实现妇女的平等代表权成为可以实现的目标。工党政府以苏格兰制宪会议的报告为蓝本，制定了《苏格兰法案》，要求在苏格兰设立拥有相当权限的议会。1998年，《苏格兰法案》在议会获得通过。1999年5月6日，举行了苏格兰议会的第一次选举，12日第一届苏格兰议会开幕。苏格兰议会的成立是苏格兰宪政改革运动的重要胜利，使苏格兰在其内部事务上有了更多的发言权。

苏格兰议会的成立也是女权运动的胜利，议会中妇女的代表性有了显著提高。在1999年第一届苏格兰议会中，女议员的比例达到37.2%（如表1所示）。而1997年英国议会大选中，女议员的比例只有16.6%，与之相比，苏格兰议会中女性议员的比例高出一倍多，妇女在参与决策上有了更大的发言权。工党是这次选举的最大赢家，它激进的性别平等政策取得了很大成功，共有28名妇女当选议员，占工党当选议员总数的50%，在所有当选的女议员中占58.3%。苏格兰民族党也表现不俗，女议员达到该党当选议员总数的42.9%。此外，在苏格兰议会的各种职位中，妇女也拥有相当大的比例。在16个议会委员会的164个职位中，67个职位由妇女担任，占总数的41%，其中6名妇女还担任了会议召集人。2001年1月委员会体制改革后，妇女占有135个职位中的52个，占38.5%，17个会议召集人中6名是妇女，占35%。[2] 以上数据表明，妇女在苏格兰议会中已经拥有了“关键多数”

---

1 Alice Brown et al., “Women and Constitutional Change in Scotland and Northern Ireland”, *Parliamentary Affairs*, Vol. 55, Iss. 1, 2002, pp. 74-75.

2 Alice Brown et al., “Women and Constitutional Change in Scotland and Northern Ireland”, *Parliamentary Affairs*, Vol. 55, Iss. 1, 2002, p. 75.

（Critical Mass）[1]的地位。

表1　1999年苏格兰议会的性别构成

政党	选区席位		大选区席位		总席位	女议员的百分比（%）
	男议员	女议员	男议员	女议员		
工党	27	26	1	2	56	50.0
苏格兰民族党	5	2	15	13	35	42.9
保守党	0	0	15	3	18	16.7
自由民主党	10	2	5	0	17	11.8
绿党	0	0	1	0	1	0.0
苏格兰社会主义党	0	0	1	0	1	0.0
独立候选人	1	0	0	0	1	0.0
合计	43	30	38	18	129	37.2

资料来源：Fiona Mackay, "Women and the Labour Party in Scotland", in Gerry Hassan (ed.), *The Scottish Labour Party*, Edinburgh: Edinburgh University Press, 2004, p. 114.

从与世界其他国家和地区的横向比较来看，苏格兰妇女的进步也是明显的。在世界各国的国家级和次国家级议会中，苏格兰女议员的比例排在瑞典（42.7%）、威尔士国民大会（40%）和丹麦（37.7%）之后，居世界第四位。[2] 根据联合国的统计资料，各国妇女在国家级议会中的平均比例从1997年的11.7%上升到1999年的12.7%，其中比例最高的是斯堪的纳维亚国家，女议员占到38.9%，而阿拉伯国家的女议员比例最低，只有3.4%；在国际层面，在联合国的高级官员和决策层级上，女性的比例从1995年6月的17.5%上升到1999年10月的30.1%，但是希望到2000年达到50：50比例的目标没有实

1　依据斯堪的纳维亚国家的经验所做的研究表明，直到妇女的比例达到30%或更多形成"关键多数"的时候，男性政治文化才有可能改变。Cf. Alice Brown et al., *Politics and Society in Scotland*, London: Macmillan, 1996, p. 73.

2　Sue Innes, "'Quietly Thrilling': Women in the New Parliament", in Esther Breitenbach, Fiona Mackay (eds.), *Women and Contemporary Scottish Politics: An Anthology*, Edinburgh: Polygon, p. 249.

现。[1] 由此，苏格兰妇女在政治代表权上的成就已经进入了世界先进行列，标志着苏格兰妇女在摆脱“双重边缘化”的目标上取得了重要进展。

2003年5月1日，苏格兰议会进行了第二次选举，女议员的比例稳中有升。这次选举的特点是，各政党已经不再受《选举合约》的束缚，只有工党和苏格兰社会主义党采取了提高妇女比例的积极干预措施。从表2的选举结果看，在2003年的选举中，女议员的人数从1999年的48人上升到51人，占议员总数的39.5%，略高于1999年的37.2%。苏格兰主要政党除苏格兰民族党略有下降外，其余都稳中有升。其中，工党的50名议员中女性有28人，所占比例从上次选举的50%提高到了56%。苏格兰社会主义党和绿党异军突起，在女议员的选举上实现了突破，特别是社会主义党的6名议员中有4名女性，比例高达66.7%。

表2　2003年苏格兰议会的性别构成

政党	选区席位		大选区席位		席位合计	女议员百分比（%）
	男议员	女议员	男议员	女议员		
工党	20	26	2	2	50	56.0
苏格兰民族党	6	3	12	6	27	33.3
保守党	3	0	11	4	18	22.2
自由民主党	11	2	4	0	17	11.8
绿党	0	0	5	2	7	28.6
苏格兰社会主义党	0	0	2	4	6	66.7
独立候选人	1	1	1	1	4	50.0
合计	41	32	37	19	129	39.5

资料来源：Fiona Mackay, “Women and the Labour Party in Scotland”, in Gerry Hassan (ed.), *The Scottish Labour Party*, Edinburgh: Edinburgh University Press, 2004, p. 119.

1　United Nations, Secretary-General, *Review and Appraisal of the Implementation of the Beijing Platform for Action: Report of the Secretary-General*, UN, E/CN.6/2000/PC/2, 14 Mar., 2000, p. 69.

在2007年苏格兰议会的第三次选举中，女议员的比例仍然保持在38.8%的高位，远高于当时英国下院中苏格兰选区13.6%的女议员比例，也高于英国下院19.8%的女议员比例以及欧洲议会中英国13.6%的女议员比例。[1] 由此表明，苏格兰女议员的能力在一定程度上得到了社会的认可，她们在苏格兰议会中已经站稳了脚跟。

平等代表权运动不仅推动了苏格兰妇女代表性的提高，也推动了苏格兰新型政治文化的建构，苏格兰议会的立会原则和议事规则都表现出与传统男权政治不同的倾向。苏格兰议会确立了四大立会原则：权力分享、责任感、接近和参与以及机会均等。在女权主义者积极倡导的两性机会均等上，1998年的《苏格兰法》授权议会推动机会均等原则的实施。议会设立了常任的机会均等委员会，使这一原则在苏格兰实现了制度化，议会要求所有的法案都要附加说明其对机会均等的潜在影响。[2] 为了扫除妇女参政的实际障碍，苏格兰议会的议事规则也有一些特别规定：议会在正常的工作日运作，只有特殊情况下才召开夜间会议；议会会期更多地与家庭生活的时间协调，与苏格兰学校的假期一致；议会应该更多地使用议会委员会而不是全体大会，并视事务的大小使用不同的会议场所，使议会更接近普通公民；议会设立公民论坛，允许普通妇女参与决策过程等。[3] 苏格兰议会的这些规定与英国威斯敏斯特议会已有较大的不同。

四、结语

苏格兰女权主义者围绕平等代表权进行的不懈努力，提高了妇女的政治地位，其成就的取得凸显了苏格兰各界妇女之间联合与团结的重要价值。妇女之间通过广泛的联合，创造了支持妇女运动的政治环境，使妇

1 Suzi Macpherson, Sue Bond, *Equality Issues in Scotland: A Review of Research, 2000-08*, Edinburgh: Equality and Human Rights Commission, 2009, p. 33.

2 Esther Breitenbach, "Developments in Gender Equality Policies in Scotland Since Devolution", *Scottish Affairs*, No. 56, 2006, p. 10.

3 Alice Brown et al., "Women and Constitutional Change in Scotland and Northern Ireland", *Parliamentary Affairs*, Vol. 55, Iss. 1, 2002, pp. 75-76.

女能最大限度地施展影响。特别是1992年苏格兰妇女协调小组的成立，有利于协调不同派别的妇女之间的观点和行动，在妇女协调小组的联络和调解下，苏格兰各派妇女求同存异，在妥协的基础上达成了广泛一致，促进了女权运动的团结，形成了女权运动强大的合力。在女权主义者的集体压力下，妇女参政的平等代表权问题得到了制宪会议及其各政党的支持并采取了积极行动，提高了苏格兰妇女参政的代表性。苏格兰妇女争取平等代表权运动的经验表明，各派女权主义者——政党政治的和民间女权组织的妇女之间的联盟，对于争取妇女权益有重要的作用。妇女的权益不会自动得到维护，如果要继续推动妇女运动的发展，女权主义者就必须进行不懈的努力，必须维持她们之间的联盟。就像苏格兰学者埃丝特·布赖滕巴赫和菲奥纳·麦凯指出的："交流、对话、支持和联盟，对于确保这些体制内和体制外以及持有中间立场的妇女支持女权主义的改革计划都是重要的。"[1] 在英国议会和苏格兰议会中，妇女的代表性和参政地位的差异，就是苏格兰妇女在宪政改革中团结争取的结果。苏格兰女权运动的团结协作为其他地区的妇女运动贡献了宝贵的经验。

虽然苏格兰社会普遍认为，自苏格兰议会成立以来，妇女的平等参政权有了很大改善。但是，这种改善是不是一种实质性的进步，在苏格兰社会内部还有不小的争议。因为苏格兰是通过采取积极的性别配额政策才提高了妇女的代表性，矫正了议会中妇女代表性过低的状况。对于这种以人为干预的方式保障议员性别比例平衡的政策，是否有助于实现真正的男女平等，苏格兰社会内部有明显对立的两派。[2] 支持者认为，苏格兰议会的建立不仅导致了在中央和次国家区域之间对权力的重新划分，而且也是在两性之间对政治权力的重新分配。通过积极的性别配额政策，苏格兰议

1 Sue Innes, Jane Rendall, "Women, Gender and Politics", in Lynn Abrams (ed.), *Gender in Scottish History since 1700*, Edinburgh: Edinburgh University Press, 2006, p. 74

2 Judith Squires, "The Implementation of Gender Quotas in Britain", *Paper Written for International IDEA Project on Electoral Quotas for Women*, 2005, p. 1.

会中女议员的人数比例得到了显著提高，打破了政治机构中传统的男权政治主宰的局面，这是苏格兰女权运动的重要成就，也是苏格兰政治形态转向无性别歧视的新型政治的重要步骤。批评者则质疑性别配额政策，认为这种政策意味着在立法机构内女性和男性在数字上的平等本身就是政党的目标，而不管这些人的信仰和他们通过的政策，不管妇女的利益有没有实现，民主可能因此而变得萎缩，它体现的是结果平等的思想，削弱了对更加公平的机会均等的追求。[1]

因此，就出现了这样一个问题：女议员是否比男议员更有资格做妇女利益的代言人？英国学者根据对1997年当选为下院议员的101位工党女议员的研究，并没有得到肯定的答案。一种研究发现，这些女议员相较于工党的男议员而言，更忠诚于布莱尔政府。通过查看工党女议员的投票记录表明，她们更倾向于投票支持政府，因此她们也被戏称为“布莱尔宝贝”（Blair’s Babes）。究竟她们的当选能在多大程度上维护妇女的权益，还有待进一步研究。另一种研究发现，女议员们认为，她们的当选已经在实质上代表了广大妇女的利益，因为她们在议会中的参政使妇女议题在议会中得以直接表达。然而，对于女议员们的这种说法，媒体和公众仍然持怀疑态度。[2]

社会内部出现这种争论属于正常现象。一方面，这是对当选女议员的一种鞭策，她们必须不断提高自身素质，保证真正有能力胜任议员的职责，全身心地为妇女的权益工作，为社会公益服务，才能打消社会的疑虑。另一方面，这也表明，相对于制度而言，观念的改变更为困难，妇女政治代表性的提高只是完成了走向男女平等的第一步，要在政治上、工作中以及家庭内部彻底摒弃传统的男性主宰的观念和现实，实现真正的男女平等将是一个漫长的历程。

1 Judith Squires, “The Implementation of Gender Quotas in Britain”, *Paper Written for International IDEA Project on Electoral Quotas for Women*, 2005, p. 4.

2 同上，第16页。

儿童与社会的相互建构：儿童史研究突破的一种可能

辛　旭*

马克·布洛赫（Marc Bloch）曾将历史学家比为“神话中的巨人”，因为他们“善于捕捉人肉的气味”。[1]然而，并不是所有的“人肉气味”都能引起“巨人”的注意。比如，妇女与儿童长期以来沉默不言，就似乎不属于历史学家中意的“食材”。不过，这一状况在最近几十年得到了彻底改观。首先是“妇女”，近来几乎已成为历史研究的显赫对象；而法国历史学家菲利普·阿利埃斯（Phillipe Ariès，或译“阿利斯”“埃里亚斯”等）则牵着“儿童”的小手将其领上了史学舞台。他于1960年出版的法文著作《旧制度下的儿童与家庭》（*L'enfant et la vie familiale sous l'Ancien Régime*），在两年后推出英译本，改名为《儿童的世纪》（*Centuries of Childhood: A Social History of Family Life*），被公认为“儿童史”研究的起点。著名儿童史家休·葛宁汉姆（Hugh Cunningham）指出：“所有的历史学家在自己的历史写作中都绕不过一些‘关系’，童年史家绕不过去的

* 辛旭，四川大学历史文化学院副教授，曾专研意大利文艺复兴与西方文化史，现致力于儿童史学科史和英国儿童史研究。

1　马克·布洛赫：《为历史学辩护》，张和声、程郁译，北京：中国人民大学出版社，2006年，第21页。

即是阿利埃斯的《儿童的世纪》"，因为他的研究使读者确信"童年自有其历史"。[1]不过，这本书对儿童史所做的贡献不止于此，它也以"另类"的姿态推动了儿童史学科的发展：阿利埃斯独特的结论引起了学界极大争议，大批学者纷纷登场叫阵，遂使这一领域繁花似锦。

从《儿童的世纪》诞生至今，有关儿童的历史研究著作已不胜枚举，其研究方法、取径和理论得到充分讨论，相关研究也在近年被引入中国。俞金尧教授对这一学科做了系统介绍，详尽介绍了儿童史领域的重要著作，勾勒出西方世界儿童史研究的编年脉络。台湾学者陈贞臻对儿童史的发展做了较为详尽的学术史回顾，勾勒出两条研究路线，即20世纪70年代后期兴起的"社会建构"取向和20世纪80年代在批评前一取向的基础上兴起的"生活经验论"取向。[2]不过，近些年来，儿童史研究的速度明显放慢

---

1 Hugh Cunningham, "Histories of Childhood", *The American Historical Review*, Vol. 103, No. 4, 1998, p. 1196.

2 俞金尧：《儿童史研究四十年》，载于《中国学术》第3卷第4期，北京：商务印书馆，2001年，第298-336页；《儿童史研究及其方法》，载于《国外社会科学》2001年第5期，第34-40页；陈贞臻：《西方儿童史研究的回顾与展望——阿利斯（Ariès）及其批评者》，载于《新史学》第15卷第1期，2004年3月，第167-188页。据陈贞臻的判断，"社会建构"取向大致分为两个不同的"建构"阶段，一是20世纪70年代，以阿利埃斯、劳伦·斯通、劳何·德莫斯等人为代表的研究，注重"童年概念"的追寻、成人对待儿童的态度以及亲子关系的演变问题。第二个阶段是此后直至90年代，社会建构取向的史家将研究重点扩大至儿童与周遭社会关系上，以此探讨社会如何形塑了儿童的概念。社会建构取向认为童年概念并非生物性使然，而是一种文化产品，是不同时空之下的社会现象。陈贞臻的这一论断是准确的，也是儿童史研究领域的共识。"生活经验论"的代表是琳达·波洛克（Linda A. Pollock）。她主要批评20世纪70年代兴起的儿童史研究如阿利埃斯、斯通等人的研究都陷入了"现代性"范式而不自知。虽然她并没有否认累世以来亲子关系的变化，但她并不认同"情感革命"这种"断裂式"的论断。她指出，古代到中世纪的儿童世界并不像前期史家断定的那样，充满了黑暗暴力和成人的漠不关心，对他们的处罚也并不是整体状况，而只是亲子关系诸面向之一。父母疼爱小孩自古有之，也一样期待孩子的到来，并关心他们的教育。同时，波洛克坚持认为，阶级、受教育程度、文化、宗教、道德价值等因素对亲子关系并不具影响力（Linda A. Pollock, *Forgotten Children: Parent-Child Relations from 1500-1900*, Cambridge: Cambridge University Press, 1983）。波洛克的批评自有其道理，然而，在某种程度上，正是她过于关注累世普遍共同的"人性"，也就使得儿童史不可能具有更多的讨论空间，从而直接制约了儿童史的研究。

了，似乎进入了瓶颈期。它是不是能实现新的研究突破？如果可能的话，将会对学科发展带来什么样的变化？这是本文所要讨论的主题。当然，要寻求问题的答案，还是要先回到这个学科的发展历史中。因此，笔者先对儿童史的学科史做一个简单描述，在此基础上，指出其瓶颈所在。接着，笔者提出一个解决方案，并通过一些实例，展示突破的可能。

一、儿童史学科的发展及其瓶颈

20世纪60年代到80年代，是历史学界将“儿童”对象化，从而催生各种与儿童相关研究的时代，也是对后来儿童史学科影响最重大的时代。这一时期崛起的史家，均以挑战阿利埃斯的观点为主要出发点。他们讨论的问题包括中世纪是否“存在”对儿童的爱，是否具有“儿童”或“童年”的概念，近代是否发生了一场“情感革命”，亲子关系的变化究竟呈现出更多的“断裂性”还是“延续性”，阿利埃斯对家庭情感关系的“现代性”到底持什么态度，阿利埃斯的研究隶属家庭史还是儿童史，这两个领域的关系如何，等等。他们从方法、路径、问题各方面将挑战阿利埃斯的观点，将这一研究进一步深化。尽管他们对阿利埃斯不乏“误解”[1]，不过，无论如何，我们都必须承认，经由阿利埃斯以及他的反对者之手，今天的史家已经将“史学边界拓展到儿童”[2]。

经过50年的发展，到了今天，儿童史研究早已与最初的“搏斗”式研究面貌大为不同，儿童史家在这一领域所展现出来的成熟的理论观点、多样的研究方法和强烈的问题意识，已经远远超出了“阿利埃斯典范”。在主题上，研究者考察了儿童世界的大量疆域。其中既有宏大壮阔者如劳伦·斯通等人对情感结构与家庭类型变化的描绘，也有细致深入者如大

1　有关这些“误解”如何催生儿童史学科的“建立”，以及投入这场“思想搏斗”的史家及其作品，见辛旭：《由“误解”发现“童年”：“阿利埃斯典范”与儿童史学科的兴起》，载于《四川大学学报》2014年第3期。

2　彼得·伯克：《法国史学革命：年鉴学派，1929—1989》，刘永华译，北京：北京大学出版社，第60页。

卫·格利尔斯（David Grylls）对19世纪文学作品中父子关系的精当描述[1]，还有很多人将“童书”“玩具”等以儿童为中心的“制作物”纳入视野，这些都极大地拓展了儿童史研究的空间。[2]在史料范围方面，研究者从传统的档案文献、教区人口登记，扩大至日记、信件、玩具、游戏、服饰等从前不被注意的日常生活的遗留痕迹，也使得儿童的历史更加立体化。

比起主题的扩展，更重要的是儿童史研究理论方面的变化。实际上，研究主题的改变也和史家们理论视野的革新分不开。儿童史成长的过程，尤其是到了70年代，恰好伴随着整个历史研究的“语言学转向”，历史学家开始将目光投向一个“主观”的领域，那就是“儿童”概念的社会建构过程。根据埃里森·詹姆士（Allison James）的解释，对儿童“本性”的认知精炼地体现了某一文化的“儿童”概念，而“儿童”的概念可以被理解为儿童“像什么”和“是什么”的观念表象，及成人“为了”（for）儿童的生活所做的一切思考。[3]这样，儿童和童年不再只是等待历史学家去挖掘的静态的客观事实，而是处在主客观生活互动之中的流动体。历史学家需要讨论的是，哪些力量在塑造“儿童”的概念，又是怎样塑造的。

实际上，今天的大多数历史学家越来越倾向于认为，依据特殊的历史、社会、文化和经济而有不同的“儿童”或“童年”概念。[4]在此意义上，作为今天的学者，我们也可以对阿利埃斯增加一种了解之同情。大多数人们认为，阿氏的观点是：中世纪“缺乏”儿童的概念；但不如说，阿利埃斯的著作展示的是中世纪的“儿童”概念，它和其批评者们心中那种更一元化的“儿童”形象是不同的。这样，《儿童的世纪》便不再只是一

---

1 David Grylls, *Guardians and angels: parents and children in nineteenth-century literature*, London & Boston: Faber and Faber, 1978.

2 部分儿童史家专注于儿童的物质文化，研究与儿童相关的历史遗存，尤其注重对儿童图像和图像中的儿童的研究，成果卓著，如伦敦贝特内尔·格林儿童博物馆馆员们的儿童图像研究，例如Mary Frances Durantini, *The Child in Seventeenth-Century Dutch Painting*, Michigan: UMI Research Press, 1983。

3 Allison James, *Childhood Identities: Self and Social Relationships in the Experience of the Child*, Edinburgh: Edinburgh University Press, 1993, p.72.

4 Anja Muller, *Fashioning Childhood in the Eighteenth Century: Age and Identity*, Farnham: Ashgate, 2006.

个质疑的对象，我们也需要重新评估其内容和观点。

从研究取径上看，在早期的儿童史研究中，“儿童”还仅仅是一个研究“对象”，在某种程度上讲，如同早期的妇女史一样，那时的儿童史还属于“补赎的历史”阶段。[1]在今天，已经有新的史家在努力向新的境界提升。卡门・鲁克（Carmen Luke）说：“我并不将儿童当作客体，而是将童年作为话语研究。”这是典型的社会建构派的态度。这一派不是将儿童“当作关注焦点”，而是关注“儿童如何成为关注焦点”。[2]在后结构主义、福柯话语理论、新历史主义、文化批评的冲击下，史家已经承认，童年不再是一个静等着“被发现”的“不受时间影响的分类”，它是文化的建构，被视为成人社会在医学、法律、教育、文学、艺术话语体系的作用下，为达到不同目的而做的积极表述。以往的研究表明，儿童一向被认为是一个“不成熟”的群体。但是，所谓的“不成熟”作为一种生理“事实”是一回事，成人对这种“不成熟”如何理解，赋予其什么样的意义，又是另一回事。后者涉及的不是生理的事实，而是文化意义上的“事实”。

对儿童概念建构过程的关注，无疑深化了儿童史的研究水平。但也正是这样一个过程，使它逐渐走向了自己的瓶颈期。根据这个理论，儿童的概念主要是由阶级、性别、区域等社会结构性因素“建构”起来的，也随着它们的差异而不同。那么，儿童仅仅是一个被动的角色吗？如果是这样的话，儿童史将永远是成人历史的附属品。但是，近来的微观史学研究提醒我们：每个历史行动者在不同程度上都“参与”了历史进程。[3]因此，儿童自身当然应该被当作行动主体，他们也参与了对他们自身乃是整个社会的建构进程。故而，我们应该进一步探索的是，对于成人加诸他们身上的种种“文化”，他们怎样看待，做何反映？

1 在妇女史研究中，曾有一个阶段（主要是20世纪60—70年代），可以称作“补赎的历史”，其目标是补充男性历史记录中女性的缺失，女性在其中所扮演的只是填补历史画卷空白的作用。

2 Carmen Luke, *Pedagogy, Printing, and Protestantism: the Discourse on Childhood*, Albany: State University of New York Press, 1989, p. 5.

3 彼得・伯克：《法国史学革命：年鉴学派，1929—1989》，刘永华译，北京大学出版社，2006年，第xxii页。

可是，也就是在这个地方，我们看到了目前的儿童史研究的“无能为力”。就像人们通常在生活中经常把“妇女儿童”连用一样，在20世纪的史学史上，儿童史和妇女史的地位也具有极其相似之处。如前所述，他们一度只是“补赎”的对象。但是今天，女性主义史学已经在历史研究中呼唤出一种“有意识的女权主义立场”，女性不再只是“被研究”的对象，更重要的是，她作为一个行动主体的地位得到了历史学的认可。同样的道理，儿童史也应该不以成人的目光为焦点，而应以儿童的视角出发，通过儿童的眼睛观看，并借由他们界定的价值来解释他们所在的世界。但事实上，儿童与妇女还是有着相当大的不同：虽然都处于权力中心之外，但女性成人仍有可能以她们的价值来描述历史，儿童则永不可能。如果我们把目光投向婴幼儿的世界，问题就更为严重。既往的研究者所研究的儿童多少都是有“最小行为能力”的人，也就是说，他们基本上都是3岁以上的儿童。至于0～3岁的婴幼儿，尤其是那些尚未“看见”的胎儿，因其无行为能力，无所表现，则更少被史家关注到。[1]

1 实际上，有一些史家非常细致地研究了有关分娩的历史，如伊尔文·鲁登的《死于分娩》（Irvine Loudon, *Death in Childbirth: An International Study of Maternal Care and Maternal Mortality 1800-1950*, Oxford: Clarendon Press, 1992）即是其中佼佼者。不过，这本书的主旨在于讨论历史上人们如何建构“母性”，如何实践“母爱”，也讨论了产妇的死亡状况，胎儿只是其中不可或缺的角色。雅克·盖利斯的《分娩史》（Jacques Gelis, *History of Childbirth: Fertility, Pregnancy and Birth in Early Modern Europe*, Oxford: Polity Press, 1991）详细阐释了近代早期欧洲有关“丰产”“怀孕”和“分娩”的观念与实践。不过该书关注的同样只是“成人”，并非胎儿。其他如阿德里安·威尔森的《制作男性助产士：英格兰分娩史1660—1770》（Adrian Wilson, *The Making of Man-Midwifery: Childbirth in England 1660-1770*, London: University College Press, 1995）关注了男性助产士与传统产婆之间的知识与权力之争，与本文关注的一些问题非常密切。迈克尔·多得等主编的《产科学史》（Michael J. O'Dowd, Elliot E. Philipp, *The History of Obstertrics and Gynaecology*, New York and London: The Parthenon Publishing Group, 1994）亦关注到知识带来的权力更替与社会重组。克莱尔·汉森（Clare Hanson）的《怀孕文化史：怀孕、医学和文化（1750—2000）》（章梅芳译，北京：北京大学出版社，2010年）将怀孕这一私事置于现代国家的“管理”机制中，展现了“国家”应用“怀孕知识”将“人”深层“管制”的过程。不过，这些具有代表意义的与“胎儿”相关的著作，并没有将“胎儿”置于视野的中心。

因此，尽管有些史家自觉地希望把“儿童”视为一个行动者，力图站在他们自身的立场上看问题；然而，由于现存史料的性质，这种努力受到了很大的局限。实际上，在某种程度上，这可以说是一个无法逾越的障碍：历史学家只能依据史料说话，而现存这一时期几乎所有的史料都出自成人之手，即使里面折射出一些儿童自身的信息，也很难从成人的眼光中区分出来。我认为，这就是儿童史学科目前面临的最重要的一个挑战，如果不能在这个问题上取得一定的突破，儿童将永远处于实际的失语状态，所谓儿童史也将难以继续存在下去。

二、突破瓶颈的可能：儿童与社会的相互建构

不过，在笔者看来，无论是在理论上还是实践中，这个障碍虽然难以“克服”，却不是完全不能“绕过”的。

首先，以儿童为主体，并不是要把他们从社会中孤立出来。儿童并不是天然就具有某种面貌，他本身就是一个社会持续不断但却是常常不动声色地通过各种微观机制对其身体和头脑加以规训的结果。按照法国社会学家布尔迪厄的看法，在同一阶级或群体的不同成员中表现出来的“个别习性”，其实也是同一阶级或群体共享文化的产物，“个人风格……从来只是对一个时代或一个阶级固有风格的偏离”[1]。因此，在一个特定文化中，儿童对成人世界的反映在很大程度上和成人世界塑造他们的方式、对他们的要求有关；他们的看法不会离大人们的“期待”太远，这便是即使那些“不乖”的小孩，也要符合成人们对“不乖”小孩的定义。所以，要了解儿童这一“主体”，首先还是应该先弄清楚社会建构他们的过程，在此基础上，即使儿童沉默不语，我们也能大致勾勒出他们的内在世界。

这里要特别提出的是，由于历史上儿童的生活环境不同，在通常情况下，学者们会倾向于将儿童史视为“家庭史”的一部分。准确地讲，无

1　皮埃尔·布迪厄：《实践感》，蒋梓骅译，南京：译林出版社，2003年，第93页。

论是所谓“社会建构”取径还是“生活经验”取径，所说的“社会”都是“家庭内部”这个小社会，他们关注的社会关系主要是一种亲子关系。但是，这样一来，儿童就被封闭在一个有限的空间内。儿童跟更广大的社会之间的关系如何，儿童之间的社会关系如何，儿童与家庭外的成人之间的关系又如何，一概难以知晓，因此我们也就难以准确地勾勒出社会建构儿童概念的具体路径。为了突破这个限制，我们就应突破“家庭史”的眼光，在一个更大的社会、文化立场上观察问题，注意到围绕着儿童产生的多重社会关系。

其次，这也需要我们特别地对“社会建构”的研究路径加以深入反思。以往的研究，主要是单向的，重视的是成人“建构”儿童的过程；然而，儿童并不真的是洛克所说的“一张白纸”，他们在被成人世界建构的同时，也对成人世界施加了反作用力——而这一点正是被过去的研究所忽视的。当然，我们说儿童在“反作用”于社会的时候，并不意味着儿童是在有意识地、自觉地这样做。有的时候，他们只是不知不觉地“改造”了成人社会，“参与”了由成人们把控的历史进程——而他们之所以能够做到这一点，又建立在一个前提下：成人们认为“儿童”很重要，对儿童的“本性”采取了一种新的认知方式。爱德华·肖特（Edward Shorter）就曾指出，现代家庭是“被制造”出来的。在其中，有关儿童“本性”的新观念将儿童置于一个代表着未来的位置，但同时也把儿童身体上和理性上的不成熟当作一个重要前提。当人们意识到儿童“本性”的观念时，便意味着成人已经开始关注儿童了。[1]但它也带给我们另一种启示：就在成人塑造儿童的同时，成人们岂不也在受到这种新观念的塑造吗？那么，儿童就是看似以一种完全“被动”的方式，通过成人本人改造了“成人世界”。

通过上述两个步骤，我们可以把成人和儿童放在同一个世界中，而且这个世界不是单向的，儿童虽然仍然很难通过自己的嘴巴发声，但我们可

1 Randolph Trumbach, “Review, The Rise of the Egalitarian Family; Edward Shorter, The Making of the Modern Family”, *History of Childhood Quarterly: The Journal of Psychohistory*, Vol. 4, No. 2, 1976, p. 212.

以看到，他们也以成人们所预料不到的方式，成为改造历史的行动主体。

以近代早期欧洲儿童史为例。肖特所提出的近代早期有关儿童“本性”的新观念，已经获得了不少证明。不过，他的重点仍在借此讨论“亲子关系”。换言之，他仍把儿童放在家庭的范围内考虑。笔者想在此基础上进一步指出的是，这种有关儿童“本性”的“新观念”，也来自那个时期爆发的“新知识”。福柯已经敏锐地观察到，16世纪以来的欧洲，发生了一场知识变革，并分别在17世纪中叶和19世纪初导致了“间断性”突变，“人随之变迁第一次走入了西方知识领域”[1]。它赋予人们一种新的眼光，人开始以“观看”和“实验”的方式，重新思考“我们是谁”，以及“我们”该如何对待“自己”这一并非“神圣”造物这样的问题。而对儿童“本性”的思考，正是对“人”的思考的一部分。

因此，对那一时期“儿童史”的认识，就必须跟（广义的）启蒙运动联系起来。但以往研究儿童史的学者们过多地关注“家庭”这一范畴，多少忽视了近代早期欧洲历史上这个最重大的事件对“儿童”的影响。当然，启蒙运动对于儿童的关注，不少学者都多多少少提到了。比如，法国学者托多罗夫所列举的启蒙运动在人权方面的成就之一就是“儿童被作为个体看待”[2]。美国史学家彼得·盖伊的巨著《启蒙运动》也偶尔会闪过一些孩童的面容，尤其是在讲教育的部分。[3]美国文化史家巴森则强调“我们这个年代”的特征之一就是“儿童的年代”。[4]不过，儿童在启蒙运动中到底居于什么样的地位，起到了什么样的作用，以往的研究却忽视了。

如同人们经常意识到的，“儿童”是启蒙思想家的目光所向，启蒙思想家们运用新的知识重塑了人们对“儿童”的认识。正是这一点，使得过

1 米歇尔·福柯：《词与物——人文科学考古学》，莫伟民译，上海：上海三联书店，2001年，第11-12页。

2 茨维坦·托多罗夫：《启蒙的精神》，马利红译，上海：华东师范大学出版社，2012年，第21页。

3 彼得·盖伊：《启蒙运动》（下册），梁永安译，台北：立绪文化事业有限公司，2008年，第582-633页。

4 雅各布·巴森：《从黎明到衰颓：五百年来的西方文化生活》，郑明萱译，台北：猫头鹰出版社，2011年，第989页。

去学者关注启蒙思想与儿童的关系时，都将这种关系界定在“教育”层面上，特别突出洛克和卢梭的“教育”理念对后世产生的极大影响。但也需要指出的是，洛克的目标在于理解“人”，并经由“人”而理解人所在的“世界”。在他的思路中，儿童的本性被看作人性的样本。他正是通过对儿童的观察和思考，才提出一套“人类知性论”的。这一点，托多罗夫也意识到了，他在讨论启蒙精神时说，“投射在儿童身上的目光正是人类意识的起源”[1]。在这个意义上我们可以说，儿童位于启蒙运动的“核心地带”。

人对自己的了解不限于心理世界，身体甚至可能是一个更为重要的认知出发点。这一时期，伴随着新的知识理念和技能实践，出现了一系列教人识“人”的文献，它们主要体现为各种医疗指导手册。手册的写作者多是在知识突变的大潮中，开展解剖学实验、掌握外科手术新知识的医生，他们试图从人体的物质性结构来认识“人”，并将他们的“认识”教导给民众。这种知识的增加进一步改变了此前基督教传统观念中有关人的“本性”的认识，随之而来的是一系列儿童生产和养育实践的变化。通过这种变化，“生命历程”展示了不同年龄段生命的路径，而路径的深远程度则在生命的时间、空间和行动中体现出来，它是社会的“模型”。[2]布尔迪厄更提出，有共同社会经历的生物个体对精神结构的“归并”，可以称之为“习性”。他认为，“归并很早就开始发生，甚至在会说话之前，在具有理性和控制思维之前就开始了”。因此，“婴儿期可能是个人将社会结构并入内心的关键时期”。换句话说，社会化的生物个体即是个体化的社会。[3]这意味着，“人”，从出生到死亡，没有一瞬不受到社会结构的影

1　茨维坦·托多罗夫：《启蒙的精神》，马利红译，上海：华东师范大学出版社，2012年，第53页。

2　Glen H. Elder Jr., *Children in Time and Place: Developmental and Historical Insights*, Cambridge: Cambridge University Press, 1994.

3　皮埃尔·布尔迪厄、罗杰·夏蒂埃：《社会学家与历史学家：布尔迪厄与夏蒂埃对话录》，马胜利译，北京：北京大学出版社，2012年，第84页。引文出自夏蒂埃对布迪厄思想的阐释，得到了布迪厄的赞同。

响，而无论这一生命历程多短暂，都极富意义。

透过启蒙运动中关于“人”的新知识的扩展，我们看到，“不言不语”的婴幼儿以一种“沉默”的方式“参与”到由生产和养育实践带来的思想观念和社会模型重组的变化中。首先，启蒙思想家对“儿童”的关注固然出自成人自己的知识兴趣，但正如洛克的例子所表现的，成人对“儿童”的新认知又影响到有关“人”的整体观念。其次，彼得·盖伊已经提示过：启蒙运动不仅开启了一种新观念，也开启了人与世界的一种新关系。[1]儿童的生产和养育不仅是家庭的私事，它从来都是社会行为。一个人从其诞生的那一刻（甚至在此之前）开始，就身不由己地卷入了和这个世界的关系中。

另一方面，当社会的价值转向以儿童为中心的时候，对儿童的“爱”就带来整个社会资源与机会的重新配置。这里我们只简略地展示一下它对社会领域的影响。首先是职业结构的变化。启蒙运动之后，男性助产士（医生）借助于新知识的“霸权”，手持新的医疗“器械”，闯入并占有了传统女性专有的“知识领域”。他们跟女性接生婆的职业竞争，被视为代表“进步”的“医生”战胜囿于习俗和偏见的“无知”产婆的过程。正如启蒙思想家约翰·托兰（John Toland）的呼声：“我们从见‘光’开始，就身处巨大的骗局”——那“产婆以迷信的仪式将我们亲手带入此世”。参加这场“仪式”的“善女人”们，手中其实有“千般符咒”，婴儿的不幸或幸福都只在“她手中”，就看她怎么用。[2]这段话，不但针对产婆的“无知”，也指出偏僻黑暗的产房里发生的一切，谁也“看不清楚”，暗示了杀婴的社会现象。但是当男性医生介入生产，他们即需要“观看”。因此当婴儿的生产从偏于一隅光线幽暗、门厅紧闭的产房转移到有日光照入、亮亮堂堂、可以实践临床观察的产房乃至医院时，既可为新的医疗实

1 彼得·盖伊：《启蒙运动》（下册），梁永安译，台北：立绪文化事业有限公司，2008年。

2 Roy Porter, *Enlightenment: Britain and the Creation of the Modern World*, London: Penguin Books, 2000, p. 117.

践提供条件，也让“生产”之事可被“看见”，杜绝“阴谋”。正如克里斯蒂娜·哈德门特（Christina Hardyment）所论断的那样：当医生们将产房从幽暗之处转移至明亮的地方，就在某种意义上抓住了“‘启蒙’的真谛”[1]。

儿童养育的工作同样导致了一系列社会后果。由于人们强调母乳养育的重要性，使得此前一直在婴幼儿生活中担任重要角色的“乳母”，转为辅助性的“保姆”；而新的“保姆”不需要一定的生养经验，在年龄上趋于年轻化，在儿童生活中则日益边缘化。[2] 由于“喂养”在塑造儿童的社会关系中成为关键一环，导致了一个新观念：“养”甚至比“生”还重要。这导致以“爱”为基础而产生了一种新型的私人收养关系，人们将无血缘的孩子收养后，通过“家庭化”的过程，使其成为新的家庭成员。随着这种个人化的“民间慈善”方式的推广，社会也介入其中。民间慈善机构兴起，最为著名的如英国的“伦敦资助院”等，承担起弃婴、孤儿的失怙救助与养育责任，对它们施行了更大范围内的“家庭化”。这在社会结构领域引发的一个重要结果是，“职业化”的“保姆”——保育员也相伴而生。[3]

这种现象也引导我们重新审视儿童史研究中的一些重要成果，比如阿利埃斯与劳伦·斯通有关近代新型情感诞生的著名讨论。其中，阿利埃斯将新情感视为“私领域”的“专有产品”，特别强调这一因素使得家庭日益从社会中退出，成员在这一“私密、狭小”的空间内“抱团取暖”。斯通则将这种新型情感置放于更广阔的社会空间，但他同样认为，在现代社会中，“公领域”与“私领域”的界线越来越明显，“私领域”的功能逐

1 Christina Hardyment, *Dream Babies: Child Care from Locke to Spoke*, Oxford: Oxford University Press, 1984, p. 198.

2 George Armstrong: *An Account of the diseases, most incident to children, from the birth till the age of puberty*, London: T. Cadell in the Strand, 1783, p. 17.

3 Ruth McClure, *Coram's children: The London founding hospital in the eighteenth century*, New Haven: Yale University Press, 1981.

渐缩小为提供情意的温床。[1]他的看法确实给人无尽的启发，然而也必须注意的是，家庭毕竟是社会的一个组成单位，与广大的社会存在多种形式的交流。对于儿童来说，家庭是生活的中心，社会关系是通过家庭这一途径进入他们的世界的。然而，上文谈到的现象表明，儿童被社会建构，反过来又重新组织社会的过程，并不限于家庭这一“私领域”，而现代社会中“公领域”与“私领域”的疆界并非那么界限分明。“私领域”中的变化实际上是“公领域”改变的结果。因此，劳伦·斯通发现的“核心家庭”的日益封闭化的现象，还应予以重新认识。

可见，胎儿虽然沉默无言，婴幼儿也只会呱呱而哭、咯咯而笑，但它们也以自己的方式在改变着社会，重组了与之相关的人际关系，调整着更广阔的社会结构。毫无疑问，儿童在这里扮演的似乎仍是一个“被动的”和“消极的”角色，可是它和过去我们认知的“被动”不同：它呈现出自己对更为广阔的社会产生的影响，甚至可以说非常“积极”地在起作用。

上面的简略描述当然无法展示更加复杂的内容，但是基本可以告诉我们：在社会建构儿童的同时，儿童也在建构着成人社会。相对于“社会建构论”的研究方法，这里呈现的面向无疑要更加立体，也给了儿童一个更加积极的行动者的地位。为此，我试图把它命名为“儿童—社会相互建构”的研究取径。在一定程度上，它是对“社会建构论”的继承和超越：强调有关儿童的“概念”对社会生活的重要性，强调历史的变动性等。在这些方面，它不同意“生活经验论”对政治、社会结构和文化脉络的轻视。当然，它也吸取了“生活经验论”的一些内容，比如关注作为实体的儿童和他们的真实生活。实际上，这两个理论并不一定是相互矛盾的：在一定程度上，“生活经验”也是概念建构的结果，而任何一种新的概念，

1 进一步的讨论详见辛旭：《从“卧室”走出的“个人主义”：劳伦·斯通家庭史研究的启示》，载于《读书》2014年第5期。

也都必须建立在过去的（有可能是少数人的）生活经验基础上。

三、结论

在儿童史学科的发展过程中，“社会建构论”产生了最为重要的影响，但是也把这个学科带向了一个尴尬的境地：儿童在这里只是成人处置的“对象”，对于外界完全无能为力，这使其仍然无法摆脱“被动”的失语地位，而儿童史也始终脱离不了“补赎历史”的性质。另一方面，对其表示异议的“生活经验论”，又不免矫枉过正，几乎完全否定社会对儿童的作用。为了让儿童史走出这个瓶颈阶段，本文在“社会建构论”的基础上，提出了“儿童—社会相互建构”的研究取向，希望为儿童史研究提供一个新的视角和方法。

“儿童—社会相互建构”的理论由两部分组成：（1）突破传统儿童史中的家庭史研究取向，将儿童置于更为广阔的社会环境下加以认知；（2）从成人世界对待儿童的认识、态度、实践和制度等方面，探讨站在“被动”和“消极”地位的儿童怎样成为历史中的一个行动主体，参与到对社会的建构中。

当然，即使做了这些努力，我们也不能不承认：无论如何，儿童的世界仍是难以探知的，无论是局内人还是局外人都难以真正进入，就像儿童不能完全理解成人一样。但是，作为一个历史学者，不能因为我们无法完全把握他们，就把他们丢弃在历史之外，耳闻他们的哭声和笑声而毫不心动。儿童史家奥雷尔·恩德（Aurel Ende）宣称：“我坚定地相信，若不能重建童年史，我们就不能够重建历史。”[1] 这也是我的信念。我们当然清楚地知道，儿童史是“崭新而又困难重重的领域”。在这个领域中，“我们的证据‘在风中颤动’”。（可是，在历史学的哪一个领域中，证据不

1 Aurel Ende, “Children in history: a personal review of the past decade’s published research”, *History of Childhood Quarterly: The Journal of Psychohistory*, Vol. 11, No. 3, 1983, p. 65.

是“在风中颤动”的？）但即便如此，“我们”仍将致力于“此学术志业”，力图“理解人类的窘境”。[1]

1 Patrick Dunn, “Modernization and the family; review Edward Shorter, The making of the Modern Family”, in Lloyd de Mause (ed.), *History of Childhood Quarterly: The Journal of Psychohistory*, Vol. 4, No. 2, 1976, p. 203.

西方史学界的人权史研究述评

刘　祥*

人权是当代国际社会的重要议题，在政治文件、传媒评论、社会生活中常常被提及，所有改善人类现状的事务都与其相关，它被称作“全球道德思想的通用语”[1]。追溯历史可以发现，虽然人道主义理念早已有之，但直到20世纪40年代“人权”作为英美等国在第二次世界大战中的战争目标及战后制度安排才开始被广泛使用，国际人权标准和区域人权保护机制随之得到发展。70年代，人权议题扩展至全球，成为国际政治中不可忽视的因素。与此同时，人权研究开始起步，1979年《人权季刊》的发行标志着这一领域逐渐成形。起初，研究者主要从政治理念与制度、思想起源与演变、法律制定与实施等角度探讨当代人权议题。70年代末80年代初，出现

---

* 刘祥，四川大学历史文化学院专职博士后，主要研究方向为美国史、国际关系史。

1 Michael Ignatieff, *Human Rights as Politics and Idolatry,* Princeton: Princeton University Press, 2001, p. 53.

了一些从历史角度考察美国人权外交的研究[1]，但这些研究的着眼点主要在于评价卡特政府的人权政策，并提出改进建议，并非真正意义上的史学研究。

20世纪90年代，受国际形势和学术潮流的双重影响，人权史学逐渐兴起。[2]从国际局势来看，冷战结束后围绕联合国的国际人权保障机制取得了较大发展。联合国新设了人权事务高级专员一职，1993年世界人权大会又通过了《维也纳宣言和行动纲领》，跨国性人权组织不断设立。与此相对的是，东西方之间围绕人权的争论日趋激烈，卢旺达大屠杀等严重侵犯人权的事件时有发生。这些都使得人权成为当时国际政治中备受关注又充满争议的话题，从而促使更多的学者投身到人权史的研究之中。从学术潮流来看，一方面，20世纪90年代西方史学出现了对“自然权利观念”的研究热潮，推动史学家开始尝试将一些经典史学论题纳入人权史中。[3]另一方面，这一时期方兴未艾的跨国史研究也与现代人权超越国家疆界的理念有暗合之处，正如有的学者所说，“跨国史或全球史的框架比民族国家框架

---

1 Arthur Schlesinger Jr., “Human Rights and American Tradition”, *Foreign Affairs*, Vol. 57, No. 3, pp. 503-526; A. Glenn Mower Jr., *The United States, The United Nations and Human Rights: The Eleanor Roosevelt and Jimmy Carter Eras*,Westport: Greenwood Press, 1979; M. Glen Johnson, “Historical Perspectives on Human Rights and U. S. Foreign Policy”, *Universal Human Rights*, Vol. 2, No. 3, 1980, pp. 1-18.

2 Kenneth Cmiel, “The Recent History of Human Rights”, *The American Historical Review*, Vol. 109, No. 1, 2004, p. 118; Akira Iriye, Petra Goedde, William I. Hitchcock, *The Human Rights Revolution: An International History*, Oxford: Oxford University Press, 2012, p. 3. 20世纪90年代史学家对人权兴趣的兴起并不意味着这之前没有史学家关注人权问题。德国历史学家格哈德·利特尔（Gerhard Ritter）曾于1949年发表过一篇与人权论题相关的学术论文，塞缪尔·莫恩据此称利特尔是第一位人权史学家。但这篇文章在利特尔个人的学术生涯和当时的学术潮流中均未占据重要地位，这与90年代以来的状况有很大差别。Cf. Samuel Moyn, “The First Historian of Human Rights”, *The American Historical Review*, Vol. 116, No. 1, 2011, pp. 58-79.

3 Kenneth Cmiel, “The Recent History of Human Rights”, in Olwen Hufton (ed.), *Historical Change and Human Rights: The Oxford Amnesty Lectures 1994*, New York: Basic Books, 1995, pp. 120-122; Paul Gordon Lauren, *Power and Prejudice: The Politics and Diplomacy of Racial Discrimination*, Boulder: Westview Press, 1996.

更适合理解人权现象”[1]，跨国组织与人权的关系受到学者关注[2]。在研究内容方面，人权史学主要关注现代人权的起源、国际人权标准的形成、大国政治与人权外交、跨国人权组织的发展等议题。

从整体上看，已有研究大致经历了三个阶段。第一阶段为20世纪90年代人权史整体框架的奠基阶段。代表人物有保罗·劳伦和米舍利娜·伊谢。前者率先梳理了人权史的整体脉络，探讨了历史上与“权利”相关的社会组织、运动领袖和权利文本。后者则以核心问题为导向，关注各个时期的重要人权事件、人权内容、人权引起的争议和享受人权的主体范围等主题，突出了人权发展进程中的连续性。[3]不过，第一阶段的人权史研究很快就遭到了学者们的批评，这种从长时段、宽泛意义上定义人权的处理方式被认为脱离了具体的历史语境，忽视了不同组织运动、社会思想、人物经历背后的政治社会背景，未能展现出人权史更为复杂的一面。[4]第二阶段从21世纪初到2010年，研究特点是个案研究盛行，比较强调历史背景，研究时段集中在美法革命时期和20世纪40年代，研究者多来自美国。第三阶段以2010年塞缪尔·莫恩的《最后的乌托邦：历史中的人权》[5]的出版作为起始，研究时段转向了冷战时期，尤其是70年代，欧洲学者加入研究队伍，出现了对人权通史性论述的进一步批判甚至颠覆。受后现代史学思潮影响的新研究认为，人权历史的发展并不是连续向上、不断进步的，而是充满断裂性和偶然性。西方史学界的人权史研究体现出“多样性和碎片

1 王立新：《跨国史的兴起与20世纪世界史的重新书写》，载于《世界历史》2016年第2期，第16页。

2 William Korey, *NGOs and the Universal Declaration of Human Rights: A Curious Grapevine*, New York: St. Martin's Press, 1998; Paul Gordon Lauren, *The Evolution of International Human Rights: Visions Seen*, Philadelphia: University of Pennsylvania Press, 1998.

3 Micheline R. Ishay, *The History of Human Rights: From Ancient Times to the Globalization Era*, Berkeley: University of California Press, 2004.

4 Reza Afshari, "On Historiography of Human Rights: Reflections on Paul Gordon Lauren's *The Evolution of International Human Rights: Visions Seen*", *Human Rights Quarterly*, Vol. 29, No. 1, 2007, pp. 1-67.

5 Samuel Moyn, *The Last Utopia: Human Rights in History*, Cambridge, Mass.: Belknap Press of Harvard University Press, 2010.

化”[1]的特征。

史学家对人权史研究的问题切入乃至历史解释本身，并非产生于真空的环境，而是与现实政治紧密相连的。以保罗·劳伦为代表的第一代人权史学者对人权历史发展脉络的构建，洋溢着“欢快庆祝”气氛，体现出后冷战初期美国等西方国家对在全球范围内推广西式民主与人权观念的乐观态度。然而，塞缪尔·莫恩等人提出的人权史新论则反映出冷战结束二十余年后以新自由主义为代表的西方霸权理念在国内外遭受重重困境，非西方国家倡导的人权观念开始发挥更大的影响，对此，新的研究试图重新阐释人权史的脉络，为改变西方既有的人权政策提供参考。

本文按照研究时段的先后顺序，分四个部分对西方史学界的人权史研究成果进行梳理，即对20世纪40年代之前的人权史的研究，对40年代“人权革命”与国家、非政府组织、个人关系的研究，对五六十年代人权议题在国际、区域、国家三个层面发展的研究，对70年代人权取得全球性突破的研究。

一、对20世纪40年代之前人权史的研究

尽管“人权”一词直到20世纪40年代才频繁出现，但有不少史学家将这之前的某些议题也纳入人权史范畴之中。在这些学者看来，这并非时间倒错，而是从更宽泛的角度来定义人权。对40年代之前的人权史的研究，重点关注权利理念与革命、奴隶制度、战争等议题的关系，研究的目的在于探寻人权的起源。保罗·劳伦即认为，人权思想可追溯到世界主要宗教典籍和古希腊、罗马哲学思想，古代中国、印度、伊斯兰文明都对人权思想有所贡献。[2]更多学者认为人权起源于西方世界，约翰·黑德利即认为文艺复兴时期欧洲人地理知识的丰富增进了对人类一致性的理解，自然法和

1 Devin O. Pendas, “Toward A New Politics? On the Recent Historiography on Human Rights”, *Contemporary European History*, Vol. 21, No. 1, 2012, p. 96.

2 Paul Gordon Lauren, *The Evolution of International Human Rights: Visions Seen*, Philadelphia: University of Pennsylvania Press, 1998, p. 9.

基督教的发展确立了内在人权的法律原则。[1]米舍利娜·伊谢也认为西方文明的兴起推动着启蒙时期人权观念的发展，为现代人权观念的形成提供了更大的可能性。[2]

18世纪美法革命时期诞生了《独立宣言》《权利法案》《人权与公民权宣言》等诸多权利文本，被一些学者视作现代人权的起源。文化史学者林恩·亨特认为，18世纪晚期的革命时代是人权观念获得极大发展的第一个时期，人权观念兴起的基础在于人对他人的平等性想象。法国大革命前的人们通过阅读书信体小说等方式产生了“想象的移情”，情感共鸣的机制使人作为平等的个体从旧制度的封建秩序中被解放出来，具备普遍性、自然性、平等性三大特征的权利观念得以确立，推动了废除酷刑运动的发展，并扩大了享受权利的主体范围，人权观念和实践都获得发展。[3]保罗·劳伦基本认同亨特的观点，但他指出，这一时期仍然未能实现人人皆可享有的人权，而且这一新生观念的影响也仅限于少数地区。[4]

19世纪，民族主义思潮盛行。以亨特为代表的一些学者认为，以公民身份为基础的权利观念备受重视，而人权观念在这一时期受到压制。但也有学者主张，这一阶段仍然存在人权理念和实践的发展。保罗·劳伦将19世纪的反奴隶制运动、妇女运动以及各国规范战争行为的国际会议等纳入人权史范畴，认为这些实践推动了人权观念及人道主义理念的发展。[5]米舍利娜·伊谢认为，19世纪工业化时代诞生了社会主义人权理念，它对社会经济权利的强调成为国际人权标准的重要组成部分。[6]珍妮·马丁内斯考察

1 John M. Headley, *The Europeanization of the World: On the Origins of Human Rights and Democracy*, Princeton: Princeton University Press, 2008.

2 Micheline R. Ishay, *The History of Human Rights: From Ancient Times to the Globalization Era*, Berkeley: University of California Press, 2004.

3 Lynn Hunt, *Inventing Human Rights: A History*, New York: W.W. Norton & Company, 2007.

4 Paul Gordon Lauren, *The Evolution of International Human Rights: Visions Seen*, Philadelphia: University of Pennsylvania Press, 1998, pp. 15-36.

5 同上，第37–71页。

6 Micheline R. Ishay, *The History of Human Rights: From Ancient Times to the Globalization Era*, Berkeley: University of California Press, 2004, pp. 117-155.

了19世纪奴隶贸易结束的历程，称这期间形成的跨国性条约和机制构成了当代国际人权法的起源。[1]还有学者关注了法国在西非殖民统治时期的人权问题。[2]

第一次世界大战带来了巨大的人员伤亡，如何避免战争，消除战争对人类权利乃至生命的践踏是战后国际秩序需要解决的问题。美国总统伍德罗·威尔逊提出建立以十四点原则为基础的国际联盟，以创造安全的国际环境。有些学者将威尔逊对国际秩序的改造视为人权史的一部分。迈克尔·菲洛佐夫认为，威尔逊在巴黎和会上强调民族自决权和劳工权利，主张通过国际联盟保护东欧少数民族权利，这也被后来的联合国人权保护机制所借鉴。[3]但是，也有学者并不认同威尔逊是现代人权的拥护者。保罗·劳伦指出，巴黎和会期间，以威尔逊为代表的欧美国家领导人出于国内政治及帝国政策等因素的考虑，最终否决了种族平等提案，为战后世界的持续冲突埋下了伏笔。[4]1915—1917年，奥斯曼帝国境内发生了针对亚美尼亚人的大屠杀，这是一起严重的侵犯人权事件。米歇尔·图珊研究了英国对这一事件的反应，认为人道主义理念与现实政治的交锋降低了实现人权保障的可能性。[5]

二、对20世纪40年代“人权革命”的研究

20世纪40年代通常被认为是人权史上的重要时期，也是人权研究十分

1 Jenny S. Martinez, *The Slave Trade and the Origins of International Human Rights Law*, Oxford: Oxford University Press, 2012.

2 Alice K. Conklin, “Colonialism and Human Rights: A Contradiction in Terms? The Case of France and West Africa, 1895-1914”, *The American Historical Review*, Vol. 103, No. 2, 1998, pp. 419-442.

3 Michael Philozof, *Woodrow Wilson and International Human Rights*, Buffalo: State University of New York at Buffalo, 1999.

4 Paul Gordon Lauren, *The Evolution of International Human Rights: Visions Seen*, Philadelphia: University of Pennsylvania Press, 1998, pp. 99-103.

5 Michelle Tusan, “Crimes against Humanity: Human Rights, the British Empire, and the Origins of the Response to the Armenian Genocide”, *The American Historical Review*, Vol. 119, No. 1, 2014, pp. 47-77.

受关注的时期。著名国际法学者路易斯·亨金提出，“当代人权理念形成于第二次世界大战及其后续事件之中”[1]。纳粹德国的种族屠杀、联合国的建立、纽伦堡审判、1948年《防止及惩治灭绝种族罪公约》《世界人权宣言》和1949年《日内瓦公约》的出台，都被看作人权史上的重要事件。人权在国际政治和国际法领域的地位大为提升，因此，有的学者称40年代出现了“人权革命”[2]。对这一阶段的人权史研究多关注国家、非政府组织及个人在人权革命中扮演的角色，突出了人权理念与推动国家利益和国际和平实践之间的博弈。

如何解释40年代人权议题的兴起，荷兰学者简·博格斯认为，第一次世界大战后战胜国就通过订立条约来保护欧洲少数民族的权利，两次世界大战之间也有国际法学家试图通过国联机制保障个人权利。第二次世界大战爆发后，捍卫人权成为反法西斯国家的战争目标之一，在非政府组织和拉美国家代表的强烈呼吁下，1945年旧金山会议制定的《联合国宪章》最终包含7处涉及人权保障的内容。[3] 正如博格斯所说，非政府组织在40年代“人权革命”中的作用不可小视，这些组织通过制定人权宣言、制造社会舆论、游说国会成员等方式增进公众对人权议题的认可，推动政府在人权问题上采取更为积极的态度。围绕非政府组织与人权的关系，学者们分别

1 Louis Henkin, *The Age of Rights*, New York: Columbia University Press, 1990, p. 1.

2 Akira Iriye, Petra Goedde, William I. Hitchcock, *The Human Rights Revolution: An International History*, Oxford: Oxford University Press, 2012.

3 Jan Herman Burgers, "The Road to San Francisco: the Revival of the Human Rights Idea in the Twentieth Century", *Human Rights Quarterly*, Vol. 14, No. 4, 1992, pp. 447-477.

考察了新教、天主教教会与犹太人组织[1]、非裔美国人组织[2]、法学家组织[3]、国际主义组织[4]在“人权革命”中所起的作用。

大国与人权的关系也是史学家关注的重点。马克·马佐尔认为，巴黎和会后，战胜国试图通过订立和约与建立国际联盟机制来保护东欧的少数民族权利，但最终这一机制收效甚微，反而成为希特勒借助苏台德问题扩张领土的借口。第二次世界大战中人权议题对大国的吸引力在于，它既能提供与纳粹思想对立的自由政治理念，还能代替两次世界大战之间无效的少数民族权利保护机制。[5] 具体到国别研究，学者们着墨最多的是美国与人权的关系。英国学者托尼·埃文斯考察了人权国际机制的建立与美国的关系，认为人权的发展与霸权国家美国的意愿和支持相关。[6] 伊丽莎白·伯格瓦特将美国对战后国际秩序的改造视作美国国内新政的延续，认为以《大

---

1 John Nurser, *For All Peoples and All Nations: The Ecumenical Church and Human Rights*, Washington, D.C.: Georgetown University Press, 2005; Joseph S. Rossi, *Uncharted Territory: The American Catholic Church at the United Nations, 1946-1972*, Washington, D.C.: Catholic University of America Press, 2006; James Loeffler, “The Conscience of America: Human Rights, Jewish Politics, and American Foreign Policy at the 1945 United Nations San Francisco Conference”, *The Journal of American History*, Vol. 100, No. 2, 2013, pp. 401-428.

2 Carol Anderson, *Eyes off the Prize: The United Nations and the African American Struggle for Human Rights, 1944-1955*, Cambridge: Cambridge University Press, 2003.

3 Louis B. Sohn, “How American International Lawyers Prepared for the San Francisco Bill of Rights”, *The American Journal of International Law*, Vol. 89, No. 3, 1995, pp. 540-553; Hanne Hagtvedt Vik, “Taming the States: The American Law Institute and the Statement of Essential Human Rights”, *Journal of Global History*, Vol. 7, No. 3, 2012, pp. 461-482.

4 Glenn Mitoma, “Civil Society and International Human Rights: the Commission to Study the Organization of Peace and the Origins of the UN Human Rights Regime”, *Human Rights Quarterly*, Vol. 30, No. 3, 2008, pp. 607-630.

5 Mark Mazower, “The Strange Triumph of Human Rights, 1933-1950”, *The Historical Journal*, Vol.47, No.21, 2004, pp. 379-398; Mark Mazower, *No Enchanted Palace: The End of Empire and the Ideological Origins of the United Nations*, Princeton: Princeton University Press, 2009.

6 Tony Evans, *US Hegemony and the Project of Universal Human Rights*, New York: St. Martin’s Press, 1996.

西洋宪章》为核心的新世界秩序体现了美国将人权观念国际化的构想。[1]不过，罗兰·布鲁肯主张，人权在美国政府对战后秩序的设计中只占边缘性地位。在制定国际人权标准时，为了避免国际条约对其国内事务的干涉，1953年艾森豪威尔政府宣布不会批准任何人权条约，短暂的“人权革命”就结束了。[2]

此外，其他大国在人权问题上的立场也受到学者的关注。英国法律史学者布莱恩·辛普森通过研究英国政府的人权政策，认为英国的习惯法传统及其殖民统治的历史中几乎没有现代人权的因素。第二次世界大战爆发后，英国政府在人权问题上也抱着现实主义的谨慎态度。直到20世纪60年代后期英帝国彻底瓦解后，欧洲人权法院的司法权才得到英国政府的承认，英国的人权政策才转向积极。[3]詹妮弗·阿莫斯关注了苏联的人权政策，认为苏联人权理念的基础是马克思主义，而非简单的反西方立场；苏联并未要求将社会经济权利置于公民政治权利之上，而是认为二者密不可分；苏联人权政策的底线是维护绝对的国家主权；苏联更加重视具有法律约束力的《防止及惩治灭绝种族罪公约》，而不是一般宣言性质的《世界人权宣言》。[4]

作为“人权革命”中的标志性文件，《世界人权宣言》受到了众多学者的关注。围绕《世界人权宣言》产生过程中英美国家对社会经济权利的态度问题，学者们展开了激烈的争论。有学者认为，英美历史传统和第二

---

1 Elizabeth Borgwardt, *A New Deal for the World: America's Vision for Human Rights*, Cambridge, Mass.: Belknap Press of Harvard University Press, 2005.

2 Rowland Brucken, *A Most Uncertain Crusade: The United States, the United Nations and Human Rights, 1941-1953*, Dekalb, IL: North Illinois University Press, 2014.

3 A. W. B. Simpson, *Human Rights and the End of Empire: Britain and the Genesis of the European Convention*, Oxford: Oxford University Press, 2001.

4 Jennifer Ann Amos, *Soviet Diplomacy and Politics on Human Rights, 1945-1977*, Chicago: University of Chicago, 2012.

次世界大战后对外政策都体现了它们对社会经济权利的支持。[1] 也有学者主张，这类权利在英美国内只有少数支持者，并很快被保守主义的声音完全掩盖。[2] 还有学者指出，尽管美国对待社会经济权利的态度在不同时期出现过摇摆，但它对社会经济权利表示支持的文本对后来的《国际人权公约》产生了更大的影响。[3]《世界人权宣言》是各方协商妥协的产物，所以制定宣言的联合国人权委员会各国代表也引起了学者们的研究兴趣。这类研究[4]体现了不同政治社会背景和人权理念之间的交锋。苏珊·华尔兹认为，小国代表在宣言制定过程中贡献较大，他们在社会经济权利、妇女权利、反对歧视和殖民统治等问题上态度坚决。[5] 玛格丽特·麦吉尼斯则强调第二次世界大战的经历对宣言制定者的不同影响。[6] 克里斯托弗·罗伯茨指出，在人权委员会内部，美国与其他国家代表在社会经济权利、殖民地权利、权利实施手段等条款上争论不断，这在很大程度上推迟了两大国际人权公约的出台。同时，社会公众也并非完全支持国际人权，不同的组织和个人基

1 Daniel J. Whelan, Jack Donnelly, "The West, Economic and Social Rights and the Global Human Rights Regime: Setting the Record Straight", *Human Rights Quarterly*, Vol. 29, No. 4, 2007, pp. 908-949.

2 Alex Kirkup, Tony Evans, "The Myth of Western Opposition to Economic, Social, and Cultural Rights? A Reply to Whelan and Donnelly", *Human Rights Quarterly*, Vol. 31, No. 1, 2009, pp. 221-238.

3 Sally-Anne Way, "The Myth and Mystery of US History on Economic, Social, and Cultural Rights: the 1947 United States Suggestions for Articles to be Incorporated in an International Bill of Rights", *Human Rights Quarterly*, Vol. 36, No. 4, 2014, pp. 869-897.

4 Mary Ann Glendon, *A World Made New: Eleanor Roosevelt and the Universal Declaration of Human Rights*, New York: Random House, 2001; Jay Winter, Antoine Prost, *René Cassin and Human Rights: From the Great War to the Universal Declaration*, Cambridge: Cambridge University Press, 2013; Glenn Mitoma, *Human Rights and the Negotiation of American Power*, Philadelphia: University of Pennsylvania Press, 2013.

5 Susan Waltz, "Universalizing Human Rights: The Role of Small States in the Construction of the Universal Declaration of Human Rights", *Human Rights Quarterly*, Vol. 23, No. 1, 2001, pp. 44-72.

6 Margaret E. McGuinness, "Peace v. Justice: The Universal Declaration of Human Rights and the Modern Origins of the Debate", *Diplomatic History*, Vol. 35, No. 5, 2011, pp. 749-768.

于历史和现实的原因对人权条约表示质疑甚至是反对，这体现了国际人权在当时社会背景下的复杂性一面。[1]

三、对20世纪五六十年代人权史的研究

20世纪五六十年代的人权史发展体现在多个层次，国际层面的人权条约进一步深化，区域层面的欧洲人权标准及机制开始形成，国家层面的人权发展则体现出国际人权标准与第三世界及英美国家历史、法律和政治理念之间的紧张关系，冷战意识形态斗争是五六十年代人权不同层次发展过程中的重要因素。学者对这一阶段的人权史研究主要围绕上述三个层面展开，学术视野也拓展至更多的国家和地区，研究群体也更加多元化。

20世纪五六十年代，联合国着手制定《公民权利和政治权利国际公约》《经济、社会和文化权利国际公约》等一系列人权公约。丹尼尔·惠兰从人权的“不可分割性”来考察这两项公约代表的两大类权利，即社会经济权利和公民政治权利之间的关系。[2]

第三世界的民族独立运动是这一时期国际政治的一大主题。有关民族独立运动是否属于人权运动，史学家给出了不同看法。布莱恩·辛普森认为，民族独立运动的首要目标是结束外国统治，民族独立运动中的民族自决权首先强调的是国家的权利，而人权强调的是个人独立于国家之外的权利，因此民族独立运动并非人权运动。[3]德国学者扬·埃克尔认为，人权在民族独立运动、新生国家建立以及不结盟运动和泛非运动中都处于边缘地位。[4]

与之相对的是，不少学者认为，应当把民族独立运动纳入人权史研究当中。澳大利亚学者罗兰德·伯克认为，民族独立运动对国际人权起到了

1 Christopher N. J. Roberts, *The Contentious History of the International Bill of Human Rights*, Cambridge: Cambridge University Press, 2015.

2 Daniel J. Whelan, *Indivisible Human Rights: A History*, Philadelphia: University of Pennsylvania Press, 2010.

3 A. W. B. Simpson, *Human Rights and the End of Empire: Britain and the Genesis of the European Convention*, Oxford: Oxford University Press, 2001, pp. 276-322.

4 Jan Eckel, “Human Rights and Decolonization: New Perspectives and Open Questions”, *Humanity*, Vol. 1, No. 1, 2010, pp. 111-135.

推动和破坏的双重作用。一方面，20世纪50年代第三世界国家大多承认人权的重要性，并将民族自决权视为保护个人权利的前提，而西方殖民帝国以文化相对论为借口，认为殖民地人民并不享有人权。另一方面，到了六七十年代，许多第三世界国家转向威权政治，对经济发展的强调超过了对个人权利的保护。[1]英国学者查尔斯·帕金森通过分析1953—1963年间苏丹等英帝国殖民地独立后的立宪过程，认为英帝国为了使非殖民化进程平稳过渡，对人权的态度也由漠视和怀疑转向支持。[2]德国学者费边·克洛泽在研究五六十年代肯尼亚茅茅起义和阿尔及利亚独立战争时发现，英国和法国使用了双重的人权标准，尽管两国在此前支持普遍人权标准，但这一标准并不适用于殖民地。在镇压反叛运动时，酷刑、集体惩罚、强制迁移等侵犯人权的事件频频发生，帝国仍然使用旧式的文明话语来为自己辩护。[3]丹麦人权研究所的史蒂文·詹森认为，南方国家围绕种族歧视和宗教宽容等议题在联合国人权问题上的不懈努力，促成了60年代国际人权条约的达成，并在很大程度上推动了70年代跨国人权活动的发展。[4]

这一时期欧洲人权的发展同样受到学者们的关注。以《欧洲人权公约》为基础的欧洲人权机制是第一个区域人权保护机制，《冷战时期欧洲的人权》一书将其视为欧洲人权的奠基[5]。该书的部分内容涉及挪威政府如何处理区域人权机制与联合国机制的关系，20世纪50年代初欧洲保守主义如何将社会经济权利排除在《欧洲人权公约》之外，瑞典政府的难民政策

1 Roland Burke, *Decolonization and the Evolution of International Human Rights*, Philadelphia: University of Pennsylvania Press, 2010.

2 Charles O. H. Parkinson, *Bills of Rights and Decolonization: The Emergence of Domestic Human Rights Instruments on Britain's Overseas Territory*, Oxford: Oxford University Press, 2007.

3 Fabian Klose, *Human Rights in the Shadow of Colonial Violence: The War of Independence in Kenya and Algeria*, Philadelphia: University of Pennsylvania Press, 2013.

4 Steven L. B. Jensen, *The Making of International Human Rights: The 1960s, Decolonization and the Reconstruction of Global Values*, Cambridge: Cambridge University Press, 2016.

5 Rasmus Mariager, Karl Molin, Kjesti Brathagen, *Human Rights in Europe during the Cold War*, New York: Routledge, 2014, pp. 1-55.

与难民权利保护在冷战背景下的冲突。欧洲各国对《欧洲人权公约》的反应也是人权史研究的新热点。悉尼大学历史系学者马可·杜兰迪的最新研究表明，《欧洲人权公约》是一场"保守主义人权革命"，英法等国的保守主义力量将公约视为防止法西斯主义复活的工具，从而实现德国与欧洲其他国家的和解，防止战后民选政府的左翼政策对自由权利的侵犯。[1]

美国与国际人权的关系也得到了学者的关注，大卫·斯洛斯认为，《联合国宪章》和《世界人权宣言》中的反种族歧视人权条款在某种程度上影响了美国国内的宪法实践，最终推动了最高法院在1954年的布朗案中推翻了"隔离但平等"的法律原则。[2] 娜塔莉·考夫曼关注国际人权公约与美国国会的关系，认为20世纪50年代初美国律师协会等保守主义势力以反共为由发动舆论攻势，使《防止及惩治灭绝种族罪公约》未能在参议院获得通过。她强调，美国国内对联合国机制和国际条约的不信任是此后美国消极对待国际人权条约的重要原因。[3] 莎拉·斯奈德通过分析美国约翰逊政府对希腊和南罗德西亚的政策，认为人权在对外议题中的地位有所提升。[4] 此外，学界对20世纪五六十年代社会组织与国际人权的关系也有一定的研究，包括国际劳工组织与第三世界国家在人权与经济发展等问题上的冲突与合作[5]，大赦国际人权活动模式的形成及其与美国分部的关系[6]等。

1 Marco Duranti, *The Conservative Human Rights: European Identity, Transnational Politics, and the Origins of the European Convention*, Oxford: Oxford University Press, 2017.

2 David L. Sloss, "How International Law Transformed the U.S. Constitution", *Human Rights Quarterly*, Vol. 38, No. 2, 2016, pp. 426-449.

3 Natalie H. Kaufman, *Human Rights Treaties and the Senate: A History of Opposition,* Chapel Hill: The University of North Carolina Press, 1990.

4 Sarah B. Snyder, "The Rise of Human Rights during the Johnson Years", in Francis J. Gavin, Mark A. Lawrence (eds.), *Beyond the Cold War: Lyndon Johnson and the New Global Challenges of the 1960s*, Oxford: Oxford University Press, 2014, pp. 237-260.

5 Daniel Maul, *Human Rights, Development and Decolonization: International Labor Organization, 1940-70*, New York: Palgrave Macmillan, 2012.

6 Sarah B. Snyder, "Exporting Amnesty International to the United States: Transatlantic Human Rights Activism in the 1960s", *Human Rights Quarterly*, Vol. 34, No. 3, 2012, pp. 779-799.

四、对20世纪70年代"人权突破"的研究

20世纪70年代是人权历史上的大发展时期，全球范围内的人权议题获得广泛关注。1975年《赫尔辛基最后文件》中的人权内容、美国卡特政府的人权外交、跨国人权活动的显著增长，这些都表明人权在这一时期获得了"突破性的进展"。对这一阶段的人权史研究体现出人权"全球化"的开始，人权涉及的地域扩大，人权议题的范围也进一步扩张。对人权"突破"的研究诞生了以莫恩为代表的修正派，他们决心突出70年代的重要地位并重新解释整个人权史的发展脉络，其观点及引起的争论影响至今。

塞缪尔·莫恩指出，20世纪70年代才是当代人权的真正起源，并提出了一系列具有颠覆性的观点。他主张，美法革命时期的权利观念仅限于国家框架内，是基于公民身份而非"人"的身份，这与现代人权强调的摆脱国家权力束缚截然相反。40年代的人权理念"出生即死"，人权话语没有在当时主流舆论中站稳脚跟，也并未激起广泛持久的民众运动[1]，《世界人权宣言》在联合国得以通过，主要是因为大国认为它不会对其内政外交产生约束力。五六十年代的民族独立运动也不是人权运动，民族自决反而正是人权所要取代的理念。70年代苏联、东欧、拉美等地区出现的以道德作为武器对抗现实政治，标志着人权全球化开始最终形成。[2] 此外，莫恩等人还主编了《突破：20世纪70年代的人权》[3]一书，探讨了60年代末尼日利亚内战带来的人道主义危机，东德、波兰、阿根廷、印尼和南非等国兴起的人权话语和活动，美国卡特政府及共和党的人权主张等议题，关注人权如何进入国内和国际政治竞技场，突出了国际政治、国内政策、社会观念等因素对人权观念和实践的挑战，展示出人权发展的偶然性、多样性和可塑性。

1 Samuel Moyn, *The Last Utopia: Human Rights in History*, Cambridge, Mass.: Belknap Press of Harvard University Press, 2010, pp. 20-28, 44-83; Samuel Moyn, *Human Rights and Uses of History*, New York: Verso, 2014, p. 73.

2 同上，第120-175页。

3 Jan Eckel, Samuel Moyn, *The Breakthrough: Human rights in the 1970s*, Philadelphia: University of Pennsylvania Press, 2013.

美国在“人权突破”中扮演重要角色。肯尼斯·卡密尔的研究关注这一时期美国国内人权政治的发展，认为美国国会和人权社会组织扮演了比行政部门更重要的角色，社会组织在信息收集、筹集资金和舆论影响方面发展出新的模式，提升了人权在国内生活中的影响力。[1]墨尔本大学历史系学者芭芭拉·基斯认为，人权在美国战后很长一段时间内处于边缘地位，20世纪60年代的民权运动与普遍人权之间并不存在较大联系。越南战争结束后，人权作为挽回美国自信心和重振美国道德的方式才被重新纳入美国政治生活中。人权议题能同时满足美国国内自由派和保守派的不同要求：自由派希望人权政策能提升美国在国际上的形象和道德地位，保守派则借人权来结束冷战缓和政策，重拾对苏联政权的攻击，获取冷战的最终胜利。[2]此外，学者也不乏对70年代美国人权外交进行个案研究，比如卡特政府对苏联的人权政策[3]和对韩国人权的关注[4]等。

社会组织与跨国人权活动网络的发展也是这一时期人权史研究的重要议题。威廉·科里关注了20世纪70年代以来美国福特基金会与跨国人权的关系。[5]萨拉·斯奈德则考察了这一时期跨国人权进程与冷战结束的关系，她认为1975年《赫尔辛基最后文件》中的人权条款在冷战终结的历史进程中起到了关键性作用。[6]70年代兴起的欧洲安全与合作会议及赫尔辛基进程

1 Kenneth Cmiel, “The Emergence of Human Rights Politics in the United States”, *Journal of American History*,Vol. 86, No. 3, 1999, pp. 1231-1250.

2 Barbara J. Keys, *Reclaiming American Virtue: The Human Rights Revolution of the 1970s*, Cambridge: Cambridge University Press, 2014.

3 Christian Philip Peterson, “The Carter Administration and the Promotion of Human Rights in the Soviet Union, 1977-1981”, *Diplomatic History*, Vol. 38, No. 3, 2014, pp. 628-656.

4 Patrick Chuang, “The Pictures in Our Heads: Journalists, Human Rights, and U.S.-South Korean Relations, 1970-1976”, *Diplomatic History*, Vol. 38, No. 5, 2014, pp. 1136-1155.

5 William Korey, *Taking on the World's Repressive Regimes: The Ford Foundation's International Human Rights Policies and Practices*, New York: Palgrave Macmillan, 2007.

6 Sarah Snyder, *Human Rights Activism and the End of the Cold War*, Cambridge: Cambridge University Press, 2011.

是这一时期人权史研究的新热点，已有不少欧洲学者开始探讨民主德国、瑞典、波兰、英国在这一历史进程中的决策。[1]

尽管以塞缪尔·莫恩为代表的修正派强调人权历史的断裂性和偶然性，但也有不少研究指出修正派忽略了20世纪40年代与70年代之间人权发展的连续性。这方面的代表作为《20世纪的人权》[2]和《人权革命：一部国际史》[3]两部论文集。前者指出，人权史上的许多重要主题，如非洲民族主义与人权、国际劳工组织与人权全球化、社会主义国家与人权的关系等，在此期间都经历了阶段性演变，不能将其割裂看待。后者中的某些观点对莫恩的主张提出了挑战：大屠杀经历虽未反映在《联合国宪章》中，却影响了《世界人权宣言》的制定；纽伦堡原则虽未能使人权保护在国际法中得到立刻体现，但法治的理念在更长的时段内获得了胜利；《日内瓦公约》在欧洲引起的不同反应和德国占领区围绕食物供应引发的对人权问题的争议都表明，40年代人权议题并非无足轻重。围绕人权历史发展特征的争论并未停息，反而推动更多学者从不同角度重新审视人权在世界范围内的复杂历程。

五、结语

如上所述，20世纪90年代以来，西方史学界的人权史研究在构建研究框架、挖掘重要文本、考察个人和组织的影响、阐释历史演变等方面取得了令人瞩目的成就，人权问题不断受到学界的重视。《人权季刊》的历史类文章所占比例大幅增加，宾夕法尼亚大学出版社的人权研究系列也加入

1 Rasmus Mariager, Karl Molin, Kjesti Brathagen, *Human Rights in Europe during the Cold War*, New York: Routledge, 2014, pp. 75-160.

2 Stefan-Ludwig Hoffman, *Human Rights in the Twentieth Century*, Cambridge: Cambridge University Press, 2011.

3 Akira Iriye, Petra Goedde, William I. Hitchcock, *The Human Rights Revolution: An International History*, Oxford: Oxford University Press, 2012.

了许多史学家的著作，相关的历史词典[1]、文献读本[2]也已经出现。人权已成为历史研究中一个不可忽视的主题。曾任美国历史学会主席的琳达·科伯尔曾称："我们都是人权史学家。"[3]人权史学的发展一方面丰富了美国对外关系史[4]、冷战史[5]、20世纪国际史[6]乃至整个世界史[7]的书写，填补了以往被忽视的历史经验，深化了对一些重要历史问题的理解。另一方面，也在一定程度上推动了其他学科人权研究的深入，尤其是塞缪尔·莫恩等人的批判性论述，引发其他学科学者的热议，促使学界重新思考人权概念及其在当代世界的发展走向。[8]有的学者更是称："自2010年以来，历史学为人权研究提供了最富活力的贡献。"[9]可见，人权史研究也为理解当代人权议题提供了新的思考角度。

1 Jacques Fomerand, *Historical Dictionary of Human Rights*, New York: Rowman & Littlefield, 2014.

2 Micheline R. Ishay, *The Human Rights Reader: Major Political Essays, Speeches, and Documents from Ancient Times to the Present*, New York: Routledge, 2007.

3 Linda K. Kerber, "We Are All Historians of Human Rights", *Perspectives*, Vol. 44, No. 7, 2006, pp. 3-4.

4 Sarah B. Snyder, "Human Rights and U.S. Foreign Relations: A Historiographical Review", *Passport*, Vol. 44, No.1, 2013, pp. 16-21; Joe Renouard, *Human Rights in American Foreign Policy: From the 1960s to the Soviet Collapse*, Philadelphia: University of Pennsylvania Press, 2015. 美国对外关系史学家对人权的关注在2010年后更为明显。以《外交史》（*Diplomatic History*）为例，该期刊自1978年刊登保罗·劳伦关于巴黎和会种族平等提议的文章以来，到2009年底共有8篇文章和书评标题包含"Human Rights"（人权）一词，2010年后至今则飙升至14篇。

5 Melvyn Leffler, Odd Arne Westad, *The Cambridge History of the Cold War*, Vol. 3, Cambridge: Cambridge University Press, 2010, pp. 445-465; Richard H. Immerman, Petra Goedde, *The Oxford Handbook of the Cold War*, Oxford: Oxford University Press, 2013, pp. 486-502.

6 以英国学者安东尼·贝斯特等人编写的《二十世纪国际史》为例，该书2015年第三版比2004年第二版增加了一章来论述20世纪人权的历史发展。Cf. Antony Best, Joseph A. Maiolo, *International History of the Twentieth Century and Beyond*. 3rd ed. New York: Routledge, 2015, pp. 579-604.

7 Peter N. Stearns, *Human Rights in World History*, New York: Routledge, 2012.

8 *Qui Parle*, Vol. 22, No. 1, 2013, Special Issue: Human Rights Between Past and Future, pp. 1-254.

9 Steven L. B. Jensen, *The Making of International Human Rights: The 1960s, Decolonization and the Reconstruction of Global Values*, Cambridge: Cambridge University Press, 2016, p. 8.

人权史研究在取得这些成就的同时，也存在很大的不足。第一，学者对概念和主题的界定不是非常清晰，造成学术讨论中的混乱。人权是一种特殊的权利观念，如果将历史上的权利运动都归结于人权之下，那这个概念就没有存在的必要，人权与公民权及其他权利观念之间的微妙关系是史学家不应忽视的问题。就主题界定而言，学者们在人权起源问题上的争论[1]体现出已有研究的缺陷。人权起源是非常复杂的问题，包括不同的主题，人权观念、人权活动、人权机制、现代国际人权的起源都可以被纳入人权起源的叙述之中。史家对这一主题的争论实际上是从不同的角度对人权史进行考察。保罗·劳伦的研究主要关注的是人权观念和活动的起源，关注20世纪40年代“人权革命”的学者实际讨论的是国际法中的人权标准和机制的起源。塞缪尔·莫恩等人则主张，以个人权利独立于国家之外作为特征的当代西方人权观念始于20世纪70年代。事实上，学者对“人权起源”的争论实际关注的是不同的问题，这些研究不能相互取代，而应互相补充。第二，既有研究未能将人权置于更为复杂的国内历史背景中加以考察。不同国家在不同时期对人权的理解是不一样的，以莫恩为代表的修正派强调人权是独立于国家之外的权利，公民政治权利的地位高于社会经济权利，这是对人权历史的片面理解。通过考察历史上的人权文献，我们可以发现，国家权力是人权的潜在危害，却也是改善人权的重要手段，社会经济权利以及非西方国家提出的个人生存权和发展权都需要国家权力的支持，权利与权力之间的复杂关系需要置于具体的历史语境中进行辨析。人

1 Lynn Hunt, “The Paradoxical Origins of Human Rights”, in Jeffrey N. Wasserstrom, Greg Grandin, Lynn Hunt et al. (eds.), *Human Rights and Revolutions*, New York: Rowman & Littlefield, 2007, pp. 3-20; Philip Alston, “Does the Past Matter? On the Origins of Human Rights”, *Harvard Law Review*, Vol. 126, No. 7, 2013, pp. 2043-2081; Devin O. Pendas, “Toward A New Politics? On the Recent Historiography on Human Rights”, *Contemporary European History*, Vol. 21, No. 1, 2012, pp. 95-111; Stefan-Ludwig Hoffman, “Genealogies of Human Rights”, in Stefan-Ludwig Hoffman (ed.), *Human Rights in the Twentieth Century*, pp. 1-26; Samuel Moyn, *Human Rights and Uses of History*, New York: Verso, 2014.

权史领域需要更为精细的个案研究，这既包括对非西方国家的不同人权理念更为深入的历史阐释，也包括对西方国家历史上作为人权的社会经济等权利观念及活动的进一步挖掘。已有研究的这些不足反映出西方在人权问题上的偏见及其对人权史研究的危害。第三，除了非殖民化问题，对人权与其他重要国际议题之间关系的研究也有待加强。已有学者注意到20世纪70年代兴起的人权理念强调公民政治权利，这与同一时期国际经济动荡、凯恩斯主义经济学陷入颓势、福利国家下的社会经济权利受到质疑有关。[1]除此之外，人权与巴以冲突、反核运动、柏林危机、朝鲜战争和越南战争、冷战缓和等重大议题和事件的关系还需要进一步探明。

从未来发展方向来看，人权史学的研究主题和路径都须进一步深化。就研究主题而言，学者可以从上述国内和国际两个层面推动人权研究主题的多样化。当代人权议题内涵丰富，人道主义干涉、难民问题、气候变化、生育权和同性恋权利等议题也进入人权领域，这些都是人权史学界未来可以努力的方向。就研究路径而言，人权史学的既有研究较多关注观念和活动两个方面[2]，体现了思想史和社会史在人权史研究中的重要性，这两类路径的相关研究将继续发展。同时，也可将跨国因素带进人权史研究中来，特别是冷战与人权发展的研究。[3]新文化史将有助于展示人权史的微观层面，在此路径下，记忆、情感、叙述、身体感知等因素对人权历史产生

1 Michael Cotey Morgan, “The Seventies and the Rebirth of Human Rights”, in Niall Ferguson, Daniel J. Sargent (eds.), *The Shock of the Global: The 1970s in Perspective*, Cambridge, Mass.: Harvard University Press, 2010, pp. 237-250.

2 Kenneth Cmiel, “The Recent History of Human Rights”, *The American Historical Review*, Vol. 109, No. 1, 2004, pp. 117-135.

3 Sarah B. Snyder, “Bringing the Transnational in Writing Human Rights into the International History of Cold War”, *Diplomacy & Statecraft*, Vol. 24, No. 1, 2013, pp. 100-116.

的影响都将体现出来。[1] 总之，这些新的主题和路径都体现出人权史学的广泛前景，将人权写入历史既是对史学研究的补充，又将推动对现实人权问题的深入理解，为当代人权状况的改善提供具有历史维度的参考。

1 Thomas W. Laqueur, "Bodies, Details, and the Humanitarian Narrative", in Lynn Hunt (ed.), *The New Cultural History*, Berkeley: University of California Press, 1989, pp. 176-205. 马克·布拉德利的最新研究考察了20世纪美国人如何通过观看图片展览、阅读苏联异见者出版的书信集等方式“想象人权”，将人权由政治口号转变为“可信”的“美国方言”的历史过程，参见Mark Philip Bradley, *The World Reimagined: Americans and Human Rights in the Twentieth Century*, Cambridge: Cambridge University Press, 2016。